"十二五"职业教育国家规划教材
经全国职业教育教材审定委员会审定

普通高等教育"十一五"国家级规划教材

21世纪高职高专财经类专业核心课程教材

税法习题与解答（第九版）

王曙光 张小锋 主 编

SHUIFA XITI YU JIEDA

东北财经大学出版社
Dongbei University of Finance & Economics Press
大连

图书在版编目（CIP）数据

税法习题与解答 / 王曙光，张小锋主编. —9版. —大连：东北财经大学出版社，2021.4（2022.8重印）
（21世纪高职高专财经类专业核心课程教材）
ISBN 978-7-5654-4152-3

Ⅰ. 税… Ⅱ. ①王…②张… Ⅲ. 税法-中国-高等职业教育-题解 Ⅳ. D922.22-44

中国版本图书馆CIP数据核字（2021）第041060号

东北财经大学出版社出版
（大连市黑石礁尖山街217号 邮政编码 116025）
网 址：http://www.dufep.cn
读者信箱：dufep@dufe.edu.cn
大连日升彩色印刷有限公司印刷 东北财经大学出版社发行

幅面尺寸：185mm×260mm 字数：330千字 印张：14
2021年4月第9版 2022年8月第2次印刷

责任编辑：张晓鹏 责任校对：欢 歌
封面设计：原 皓 版式设计：钟福建

定价：32.00元

教学支持 售后服务 联系电话：（0411）84710309

如有印装质量问题，请联系营销部：（0411）84710711

第九版编写说明

本书是王曙光、张小锋主编的《税法习题与解答》（第八版）（2018年9月东北财经大学出版社出版）的修订版，是与王曙光主编的《税法》（第九版）（2021年3月东北财经大学出版社出版）教材相配套的辅助教材。

本次修订版的体例、范围和内容，与《税法习题与解答》（第八版）大体相同，各章仍分为“学习目的与要求”“重点与难点问题解析”“习题”三部分，并以“重点与难点问题解析”为核心，以“习题”为重点。其中，“习题”又分为判断题、单项选择题、多项选择题、计算题和综合题等题型。

本书在修订过程中，着重对“重点与难点问题解析”部分、有缺陷或陈旧的习题及答案部分做了删减和更正，并增加了近年来全国注册会计师、税务师资格考试的试题。为检验学习效果，书后附有各章习题参考答案和期末测试题及参考答案。

本次修订由王曙光和张小锋任主编，刘丽和金向鑫任副主编，金瑛、王晰和孙懿参与了修订工作，研究生章力丹、王菁彤、张泽群、杨淑敏、鲁诗语、李琪、郭沐聪参加了部分内容的修订与校正等工作，最后由王曙光教授总纂定稿。在此，对参与《税法习题与解答》前八版编写的人员表示由衷的感谢！

自2001年《税法习题与解答》一书出版以来，有关学校的师生和广大读者对本书的不足和疏漏之处提出了一些宝贵的意见和建议，在此深表敬意和感谢！

书中不足之处，真诚地欢迎读者批评指正。

编　者

2020年12月

第一版编写说明

《税法习题与解答》一书是与《税法》（王曙光主编）教材相配套的辅助教材，也可作为在职人员学习税法、参加注册类社会专业技术职务考试的参考书。

本书的编写体例和范围，以2001年版高职高专《税法》教材为基础。每章分为“学习目的与要求”、“重点与难点问题解析”、“习题”和“习题参考答案”四部分，以“重点与难点问题解析”为核心，以“习题”为重点。其中，“习题”部分分为判断题、单选题、多选题、计算题和综合题五种题型，既有根据教材之需编写的试题，又有近几年注册类税法考试的试题，难易结合、内容系统、题型全面。此外，为方便读者检验学习效果，书后附有税法测试题及参考答案。

书中引用的税收法律制度和有关数据，截至2001年4月底，实际运用时应予以注意。

本书由哈尔滨商业大学王曙光等同志编写。第一、十一章由王曙光编写，第二、三、四章由李兰编写，第五、六章由高艳荣编写，第七章由宋英华和李树林编写，第八章由李兰和蔡德发编写，第九章由苏之涛和高艳荣编写，第十章由周丽俭和王曙光编写。最后，由王曙光、高艳荣和李兰总纂定稿。

由于时间仓促，加之水平所限，书中不足或错漏之处，请读者批评指正。

编　者

2001年6月

目　录

第1章　税法总论

【学习目的与要求】

学习本章的目的，是使学生理解并掌握税收的含义、特征、职能及历史发展过程，理解税法的含义、分类、地位与作用，掌握税收法律关系和税法构成要素，熟悉税收立法的原则、程序与实施，了解我国税制建立与发展的过程及现行税法体系。其要求学生充分认识税法在社会主义市场经济中的地位和现实作用，熟悉并掌握税法各要素的内涵及相互关系，把握好各级税收立法权和执法权及执法、守法的基本要求；从税法的建立与发展过程中，掌握我国现行的税收法律体系。

【重点与难点问题解析】

在教材中，本章分为税收的概念、税法基础、税法要素、税收立法和税法体系五节内容。其重点既包括税收的含义及职能，也包括税法的含义、分类和作用等基础理论，还包括税法的要素和体系；难点是税法的要素。本章的重点与难点问题分为以下8个方面，简析如下：

一、税收的含义及职能

1.税收的含义

税收是国家凭借其政治权力，强制、无偿地参与国民收入分配，从而取得财政收入的一种手段。其基本内涵包括：

（1）税收的依据。国家取得任何一种财政收入，总是要凭借其某种权力，归结起来可概括为财产权利和政治权力。国家税收凭借的是唯一的政治权力而不是财产权利。

（2）税收的特征。其包括强制性、无偿性和固定性，这三个特征是统一的整体，是在各种社会制度下的税收共性。只有同时具备这三个特征才是税收，否则就不是税收。

（3）税收的范畴。税收在社会再生产过程中属于分配范畴，税收分配所体现出来的是一种特定的分配关系。

（4）税收的形态。其包括力役、实物和货币，其中力役是税收的特殊形态，实物和货币尤其是货币是税收的主要形态。从封建社会末期至资本主义社会，税收从实物形态过渡到货币形态。我国现行的各税种均以货币形态征收。

2.税收的职能

税收的职能一般是指税收分配在一定社会制度下所固有的功能和职责，是税收的一种长期固定的属性。一般认为，税收具有财政、经济和管理三种职能。

（1）税收的财政职能，是指税收为国家组织财政收入的功能。

(2) 税收的经济职能，是指国家运用税收来调控经济运行的功能。

(3) 税收的管理职能，是指国家通过税收征管法令来约束纳税人社会经济行为的功能。

二、税法的含义、税法与其他法律的关系

(1) 税法的含义。税法是指国家制定的用以调整国家与纳税人之间在税收征纳方面的权利与义务关系的法律规范的总称。

税法有广义与狭义之分。广义的税法是指国家立法机关、政府及有关部门制定的有关税收方面的法律、规章和规定等；狭义的税法仅指国家立法机关或其授权制定的税收法律，这是严格意义上的税法。在本教材中所提及的税法是指广义上的税法，即通常所言的税制。

(2) 税法与其他法律的关系。税法在我国的法律体系中，除自身规定的内容外，在某种情况下也需要援引一些其他法律，它与其他法律或多或少地存在相关性。在本教材中，我们主要阐述税法与宪法、刑法等最为密切相关的法律之间的关系。

税法制定的依据是宪法，任何税收法律、法规和规章均不得违背宪法的规定或者与其矛盾；当税法的某些规范同民法典的规范相同时，一般可直接援引民法典条款，但当涉及税收征纳关系的问题时，则以税法规定为准；对纳税人的违反税法行为进行处罚时，要区分情节轻重，情节较轻时可由税务机关依税法的有关规定进行处罚，但情节严重触犯刑法时，则税务机关必须将其移送司法机关并追究其刑事责任。

三、税法的分类

税法的分类是指按一定的标准把性质、内容、特点相同或相似的税法归为一类。在税法体系中，税法按不同的标准可分为不同类型：按照税法的基本内容和功能、效用的不同，可分为税收基本法、税收实体法、税收程序法；按照税法所规定的征税对象的不同，可分为流转税法、所得税法、资源税法、财产税法、行为目的税法；按照税收收入归属和征管权限的不同，可分为中央（国家）税法和地方税法；按照主权国家行使税收管辖权的不同，可分为国内税法、外国税法和国际税法等。

上述分类标准及每一种分类的内容、含义应当理解并且能举例予以说明。

四、税法的地位和作用

税法属于国家法律体系中重要的部门法律。它是调整国家与各经济单位和公民个人收入分配关系的基本法律规范以及最基本、最直接的方式，在组织财政收入、保证经济良性运行与发展等方面具有举足轻重的地位。

在市场经济条件下，税法对国家组织财政收入、调控经济运行、维护经济秩序、保护纳税人的合法权益、保障国家经济权益等具有积极、重要的保障作用。其具体表现在：①税法是国家组织财政收入的法律方式；②税法是国家调控经济运行的法律手段；③税法是国家维护经济秩序的法律工具；④税法是国家保护纳税人合法权益的法律依据；⑤税法是国家维护其经济权益的法律保障。

五、税收法律关系

税收法律关系是国家与纳税人之间在税收分配及管理活动中，以国家强制力保证实施的具有经济内容的权利与义务的关系。它是一种反映国家意志而不是纳税人意志的关系，有着特殊的个性特征，即主体的双重性、纳税的义务性、权责的相对性和财权的转移性。

税收法律关系包括这种关系的主体、客体、内容、产生、变更、终止和保护。其中，“主体”是指参与税收法律关系并享有权利和承担义务的人，包括征税主体和纳税主体两个方面，而不是仅指征税主体；“客体”是指税收法律关系主体的权利和义务共同指向的对象，具体包括物、货币和行为；“内容”是指税收法律关系主体所享有的权利和所承担的义务，是税收法律关系中最实质的规定，表现为相反的权利与义务的对应性；“产生”是指税收法律关系主体之间权利与义务关系的形成，以征税行为和事件的发生为标志；“变更”是指依法形成的税收法律关系由于客观情况的变化而引起权利与义务的变化，其原因包括税法的修改或补充、征税手续的变动及管理行为和事件的变化等；“终止”是指征纳税主体之间权利与义务关系的消失，分为绝对终止和相对终止两种；“保护”是指保障征纳税主体行使权利和监督义务主体履行义务的活动，其实质是保护国家正常的经济秩序、保障国家的财政收入、维护纳税人的合法权益，主要包括法律约束、行政制裁和刑事制裁3种方式。

六、税法构成要素

（1）税法构成的基本要素。税法构成要素一般指税收实体法的组成要素，主要包括总则、纳税人、征税对象、税率、纳税环节、纳税期限、税收优惠、征收方法、纳税地点、罚则、附则等。其中，纳税人、征税对象和税率是基本要素。这些要素对每一税种都是缺一不可的，必须严格、明确地予以规定。

（2）征税对象与税目、征税范围的基本关系。征税对象又称课税对象，是指在税法中规定的征税的标的物，即对什么东西征税，是区分不同税种的主要标志。与征税对象相关的概念主要有税目、征税范围等。其中，税目又称“征税品目”，它规定征税对象的具体项目，是征税对象在应税内容上的具体化；征税范围是指税法规定的征税对象的具体区间。

税目、征税范围与征税对象之间有时是一致的，有时又是不一致的。其中，税目是一个很重要的要素，它体现了征税的广度。

（3）税率的种类及其理解。税率是指应纳税额占征税对象数额的比例，是征税对象（或计税依据）的征收比例或征收额度。它体现了征税的深度，也是衡量税负轻重的主要标志。在实际运用中，税率主要有比例税率、累进税率、定额税率和特殊税率，其中以累进税率的运用最为重要，但在理解和掌握上有一定的难度。

累进税率是指将征税对象按照一定的标准划分为若干个等级，每一等级规定逐级上升的征税比例的税率。这里的“一定的标准”，可以是征税对象的金额，也可以是与征税对象紧密相关的指标，还可以是征税对象某一数额的倍数。依此3种标准制定的累进税率，分别称为金额累进税率（简称额累）、比率累进税率（简称率累）、倍数累进税率（简称倍累）。究竟采用哪种累进税率，是由征税对象的性质决定的。累进税率有两种累进方式，即全数累进和超数累进。依据这两种方式和划分级次的标准，可将累进税率分为全额累进税率和超额累进税率、全率累进税率和超率累进税率、全倍累进税率和超倍累进税率等。我国现行运用的有超额累进税率和超率累进税率两种。

这里以额累为例，说明全额累进税率与超额累进税率的区别：前者是征税对象数额按累进税率所属级次适用的税率，直接一次性计算应纳税额；而后者是征税对象数额按累进税率所属的各个级次分别适用税率计算税额，然后把分别计算的税额相加即为应纳税额。

在实践中，各国一般不采用全额累进税率而运用超额累进税率，但按超额累进税率计算的应纳税额又比较麻烦，故采用速算扣除数法计算。所谓速算扣除数，是指按全额累进税率计算的应纳税额与按超额累进税率计算的应纳税额之间的差额。其计算公式为：

本级速算扣除数=本级征税对象起点数额×（本级税率-上一级税率）+上级速算扣除数

现以5级超额累进税率表来计算各级次的速算扣除数，见表1-1。

表1-1　5级超额累进税率表

级次	全年应纳税所得额	税率（%）	速算扣除数（元）
1	不超过1 500元的部分	3	0
2	超过1 500～4 500元的部分	10	105
3	超过4 500～9 000元的部分	20	555
4	超过9 000～35 000元的部分	25	1 005
5	超过35 000元的部分	30	2 755

根据表1-1，各级次速算扣除数计算如下：

第1级速算扣除数=0×（3%-0）+0=0（元）

第2级速算扣除数=1 500×（10%-3%）+0=105（元）

第3级速算扣除数=4 500×（20%-10%）+105=555（元）

第4级速算扣除数=9 000×（25%-20%）+555=1 005（元）

第5级速算扣除数=35 000×（30%-25%）+1 005=2 755（元）

如某一纳税人全年应纳税所得额为40 000元，则用速算扣除数法计算的应纳税额为：

应纳税额=应纳税所得额×适用税率-本级速算扣除数

=40 000×30%-2 755=9 245（元）

全率累进税率和超率累进税率、全倍累进税率和超倍累进税率的基本原理，与全额累进税率和超额累进税率大体相同，此处不再重复。

（4）对税收优惠的理解。税收优惠是税法对某些纳税人或征税对象给予鼓励和照顾的特殊性规定，主要有减免税、起征点与免征额等规定。其中，减免税是指对某些纳税人和征税对象采取减少征税或免予征税的优惠规定；起征点又称“起税点”，是征税对象达到征税数额开始计税的界限；免征额是指在征税对象全部数额中规定免予计税的数额。

需注意区分起征点与免征额，两者的共同之处都是达不到的不征税。其区别是：起征点是指达不到起征点的不征税，达到或超过就其全部数额征税而不作任何扣除；免征额是指达到或超过免征额的，按扣除该数额后的余额征税。

如某纳税人应税收入为3 000元，比例税率为10%，假定2 000元为起征点，其应纳税额为300元（3 000×10%）；假定2 000元为免征额，其应纳税额为100元（（3 000-2 000）×10%）。

七、税收立法及其实施

税收立法是国家立法机关或其授权机关根据一定的立法程序，制定税收法律规范的一系列活动。

（1）税收立法原则。它是指在税收立法活动中必须遵循的准则，是根据我国的社会性质和具体国情而建立的。税收立法原则主要包括公平性与效率性、法定性与灵活性、稳定性与连续性、民主性与可行性等。

（2）税收立法机关。根据现行有关法律的规定，我国的立法体制如下：全国人民代表大会及其常务委员会行使立法权，制定法律；国务院及所属各部委有权根据宪法和法律制定行政法规和规章；地方人民代表大会及其常务委员会在不违背宪法、法律、行政法规的前提下，有权制定地方性法规，但要报全国人民代表大会常务委员会与国务院备案；民族自治地方的人民代表大会有权依照当地民族政治、经济和文化的特点，制定自治条例和单行条例。根据国家立法体制的规定所制定的一系列税收法律、法规、规章和规范性文件，构成了我国的税收法律体系。

（3）税收立法程序。它是指国家权力机关及其授权机关，在制定、修改、补充、废止等税收立法活动中，必须遵循的法定步骤和方法。我国税收立法的一般程序包括提出税法草案、审议税法草案、通过税法草案和公布实施税法。

（4）税法实施原则。一方面，其要求税务机关及其人员正确运用税收法律制度，并且对违法者进行制裁；另一方面，其要求税务机关、税务人员、公民、法人、社会团体及其他组织严格遵守税收法律。对税收执法过程中的适用性或法律效力的判断，一般遵循以下原则：一是层次高的法律优于层次低的法律；二是在同一层次的法律中，特别法优于普通法；三是国际法优于国内法；四是实体法从旧、程序法从新。

八、我国税法的建立及其现行体系

1.税法的建立过程

我国现行的税法（实体法）体系，大体上是经历了10次较大的改革而逐步建立、完善的，现简述如下：

（1）1950年建立新税制。《中国税政实施要则》中规定：全国除农业税外，统一征收14种税，其核心税种是货物税和工商业税。

（2）1953年修正税制。其主要内容如下：试行商品流通税，修订货物税，其核心税种是商品流通税。工商税收共有11种。

（3）1958年税制改革。其主要内容如下：将商品流通税、货物税、营业税和印花税合并为工商统一税；统一全国农业税制，工商税收共有8种。

（4）1973年试行工商税。其主要内容如下：将企业缴纳的工商统一税及其附加、城市房地产税、车船使用牌照税、盐税和屠宰税合并为工商税。工商税收共有7种。

（5）1980—1981年建立涉外税制。其主要内容如下：明确对涉外企业和个人征收中外合资企业所得税、外国企业所得税、个人所得税、工商统一税、城市房地产税和车船使用牌照税。

（6）1983—1984年国营企业利改税。其主要内容如下：对国营企业改利润上缴为征税，即对国营企业普遍征收国营企业所得税，另对大中型国营企业征收国营企业调节税。

（7）1984年工商税制的全面改革。其主要内容如下：将工商税分为产品税、增值税、营业税和盐税4种；开征国营企业所得税、国营企业调节税、资源税、城市维护建设税、房产税、土地使用税和车船税（其中后4种暂缓征收）。

（8）1985—1993年的税制调整和改革。其主要内容如下：开征集体企业所得税、私营企业所得税、个体工商业户所得税、个人收入调节税、奖金税、工资调节税、耕地占用税、印花税、筵席税和固定资产投资方向调节税等。

（9）1994年为适应市场经济体制进行税制改革。其主要内容如下：建立增值税、消费税和营业税三税并立、双层次调节的流转税制体系；合并内资企业所得税、个人所得税；修订资源税；开征土地增值税；取消燃油特别税、奖金税和涉外单独适用的工商统一税等。

（10）21世纪以来的税制改革。其主要内容包括：对烟、酒实行复合计征消费税办法；调整增值税、营业税的起征点；扩大消费税的征税范围；实施新的企业所得税法；在全国范围内取消农业税；修订资源税、房产税、车船税、船舶吨税和耕地占用税；单独设立并征收烟叶税；修订关税条例；修订增值税、消费税暂行条例，废止营业税暂行条例；完善企业所得税优惠政策；颁布环境保护税法、船舶吨税法、烟叶税法、耕地占用税法和车辆购置税法；修订个人所得税法及其实施条例；调整增值税税率；实施小微企业普惠性税收减免政策；颁布资源税法、契税法和城市维护建设税法等。

2.我国现行税收实体法体系

经过1994年税制的全面改革以及21世纪以来的税制调整与改革，我国现行的税收法律体系，从实体法上看共有18个税种。按其征税对象的性质，大致可分为以下5类：

（1）流转税法类，包括增值税、消费税、关税、船舶吨税和烟叶税5种税的税法。

（2）所得税法类，包括企业所得税和个人所得税2种税的税法。

（3）资源税法类，包括资源税、土地增值税、城镇土地使用税和耕地占用税4种税的税法。

（4）财产税法类，包括房产税、车船税和契税3种税的税法。

（5）行为目的税法类，包括印花税、车辆购置税、环境保护税和城市维护建设税4种税的税法，以及具有税收性质的教育费附加和社会保险费等。

3.我国现行税收程序法体系

我国现行税收程序法体系主要包括核心和辅助的税收程序法两类：

（1）核心的税收程序法。如2015年4月第十二届全国人大常委会第十四次会议通过修订的《税收征管法》以及2016年2月国务院发布的《中华人民共和国税收征收管理法实施细则》（以下简称《征管法细则》）等。

（2）辅助的税收程序法。如2017年4月颁布的《增值税发票开具指南》、2018年6月修订的《税务行政复议规则》、2019年3月国务院修订的《中华人民共和国发票管理办法》和2019年7月国家税务总局审议通过的《中华人民共和国发票管理办法实施细则》等。

一、判断题

1.税收是国家凭借政治权力和财产权利对纳税人的一种强制性征收。 （　）

2.国家征税不需要支付任何代价，是对私有财产制度的一种侵犯。 （　）

3.税收的固定性是对强制性和无偿性的一种规范和约束。 （　）

4.税收在社会再生产中属于分配范畴，税收分配是以国家为主体的分配。 （　）

5.国家征税的依据是经济权力。 （　）

6.一般认为，我国税收产生于春秋时期鲁国的初税亩。（　　）

7.税收经济职能是国家通过税收法令来约束社会与经济行为的功能。（　　）

8.按照税法规定的征税对象，税法分为税收基本法、税收实体法和税收程序法。（　　）

9.税法是国家及其有关部门制定的各种税收法令和征管办法的总称。（　　）

10.税法具有经济分配的性质，经济利益实现纳税人与国家相互之间的转移。（　　）

11.宪法是我国的根本大法，是制定税法的根本依据，而税制又是对税法的必要解释和补充。（　　）

12.在社会主义条件下，不少企业是自觉纳税的，这意味着税收在一定程度上不带有强制性。（　　）

13.税收与法密不可分，有税必有法、无法不成税。（　　）

14.税收基本法是规定税种及其征收对象、纳税人和税率等要素内容的法律规范。（　　）

15.《中国税政实施要则》是我国第一部税收基本法。（　　）

16.税法是调整国家与企业、公民个人收入分配关系的最基本、最直接的方式。（　　）

17.税收的强制性、无偿性和固定性是税收区别于其他财政收入的基本标志。（　　）

18.税收是政府取得财政收入的主要来源，而税法是国家调控经济运行的法律手段。（　　）

19.税收的固定性表明税收在课税对象、范围和征收比例上是稳定不变的。（　　）

20.税务机关在征税过程中，对纳税人征税多少可根据其困难状况来决定。（　　）

21.在税收法律关系中，征纳双方法律地位平等，但权利与义务不对等。（　　）

22.税收法律关系是国家以法律形式规定的，反映了国家与纳税人双方的意志关系。（　　）

23.我国对税收法律关系中纳税义务人的确定，采取的是属地兼属人的原则。（　　）

24.税收法律关系的主体：一方必须是国家；另一方可以是企业、单位和个人。（　　）

25.权利主体双方法律地位是平等的，但权利和义务不对等。（　　）

26.税收法律关系客体中的“物”，仅指与税收有关的应税货物，如房产税法中的房屋等。（　　）

27.税收法律关系的内容是权利主体所享有的权利和所承担的义务，具体指税务机关有权征税，纳税人有义务纳税。（　　）

28.税收法律关系的内容是税法的灵魂。（　　）

29.由于不可抗力或其他特殊原因，致使纳税人难以履行纳税义务的，会变更税收法律关系。（　　）

30.税收法律关系的产生、变更或消失是由税收法律事实决定的，税收法律事实又分为税收法律事件和税收法律行为。（　　）

31.税法中规定的限期纳税、征收滞纳金和罚款以及采取纳税担保等内容，是对税收法律关系的有效保护。（　　）

32.税目是征税对象在应税内容上的具体化，它体现了征税的深度。（ ）

33.税率是应纳税额占征税对象数额的比例，也是衡量税负轻重的重要标志。（ ）

34.征税对象即纳税客体，指税法规定对什么征税，是征纳税双方权利、义务共同指向的客体或标的物。（ ）

35.区分不同税种的重要标志是征税对象。（ ）

36.幅度比例税率是将征税对象按照一定标准分为若干个等级，每一等级规定逐级上升征税比例的税率。（ ）

37.超率累进税率是征税对象数额按所属比率级次适用的征税比例计税的一种累进税率。（ ）

38.超额累进税率从根本上解决了课税对象数额增加时税负的增加超过课税对象数额增加的矛盾。（ ）

39.定额税率因其单位征税对象应征税额是固定不变的，又称为“单位税额”“固定税额”。（ ）

40.定额税率的优点是计算简便，同时税额不受商品价格变动的影响。（ ）

41.零税率是比例税率的一种特殊形式，它实际上是税率的收缩。（ ）

42.税目体现征税的广度，而税率体现征税的深度。（ ）

43.从税收的立法意义上说，每一种税都应规定其纳税环节要素。（ ）

44.纳税期限是税收强制性和固定性在时间上的体现，因此各种税在其税法中都应规定纳税人的纳税期限。（ ）

45.纳税人的具体纳税期限，由主管税务机关根据纳税人应纳税额的大小分别核定；不能按照固定期限纳税的，可以按次纳税。（ ）

46.国家制定税法，旨在取得税收收入，但减税、免税的规定直接减少了国家的税收收入，因而减税、免税不应该成为税法构成的要素。（ ）

47.起征点是指达到或超过的就其全部数额征税，达不到的不征税；而免征额是指达到和超过的，按扣除该数额后的余额计税。（ ）

48.纳税人采取何种纳税方法，由主管税务机关根据税法和纳税人的具体情况来决定。（ ）

49.纳税人具体的纳税地点，是由税务机关根据其自身利益和纳税人的实际情况来确定的。（ ）

50.税法总则一般规定与该法紧密相关的内容，如该法的解释权和适用范围等。（ ）

51.普遍征税和按能力纳税，是我国税收立法原则的重要内容之一。（ ）

52.税收立法权只能由权力机关来行使，但经法律授权，地方政府也可以因地变更税法。（ ）

53.税法一经制定，应在一定阶段内保持其相对稳定，不能经常变化。（ ）

54.国家各级立法机关制定的税收法律、法规、规章和规范性文件，构成了我国税收法律体系。（ ）

55.在税法执行过程中，应遵循“实体法从旧、程序法从新”的原则。（ ）

56.在实施税法时，税收实体法优于税收程序法，税收基本法优于税收普通法。

（　　）

57.国务院及其所属各部委有权根据宪法和法律的规定制定税收法律、行政法规和规章。（　　）

58.在我国，制定税收法律的机关只能是全国人民代表大会及其常务委员会。（　　）

59.在国家税收中，凡是基本的、全局性的问题，都需国务院以税收行政法规的形式制定与实施。（　　）

60.国家征税要使经济能力相同或纳税能力相同的人缴纳数额相同的税收，这是指税收的纵向公平原则。（　　）

61.地方人大及其常委会制定的地方税收法规、部门规章或地方规章不得与税收行政法规相抵触，否则无效。（　　）

62.对同一事项的两部法律分别订有一般和特殊规定时，特殊规定的效力高于一般规定的效力，这体现了“实体法从旧、程序法从新”的原则。（　　）

63.在税收实际工作中，省级地方政府和税务机关可根据本地区的实际情况，决定征税或减免税。（　　）

64.税务机关及其工作人员对纳税人作出征税或处罚行为，必须以税法规定为依据，没有依法实施的行为是违法行为。（　　）

65.我国目前的税制基本上是以间接税和直接税为双主体的税制结构。（　　）

66.全国人民代表大会及其常务委员会制定的《税收征管法》属于实体法。（　　）

67.税法的义务性是由税收的无偿性和强制性特点所决定的。（　　）

68.我国现行的个人所得税是由1994年税制改革的个人所得税、个人收入调节税和城乡个体工商业户所得税合并而成的。（　　）

69.在我国现行的各税种中，企业所得税、个人所得税是以国家法律形式发布并实施的，其他各税种都是国务院或其授权制定的税收行政法规，它们共同组成了我国的税收实体法体系。（　　）

70.我国现行的税法体系是由税收实体法构成的。（　　）

二、单项选择题

1.税法的本质是（　　）。

A.正确处理国家与纳税人之间的权利、义务关系

B.保证征税机关的权力

C.一种分配关系

D.纳税人和征税单位履行义务的规范

2.关于税法与其他法律的关系，下列说法中，不正确的是（　　）。

A.当税法的某些规范同民法典的规范基本相同时，税法一般援引民法典条款

B.纳税人违反了税法，就一定是犯罪

C.《宪法》规定，中华人民共和国公民有依照法律纳税的义务

D.税法具有经济分配的性质，而一般行政法不具有这种性质

3.从税收法律关系的构成看，税收法律关系的实质和灵魂是（　　）。

A.税收法律关系的主体　　B.税收法律关系的客体

C.税收法律关系的内容　　D.税收法律关系中的纳税人

4.下列说法中，错误的是（　　）。

A.税法在性质上属于公法，但具有一些私法的属性

B.税法具有行政法的一般特性

C.涉及税收征纳关系的问题，如符合民法典的规定，可按民法典处理

D.税法是国家法律的组成部分，是依据宪法的原则制定的

5.下列各项中，属于税法基本原则核心的是（　　）。

A.税收法定原则　　B.税收公平原则

C.税收效率原则　　D.实质课税原则

6.一部新法实施后，对新法实施之前人们的行为不得适用新法，而只能沿用旧法，这体现了税法适用原则中的（　　）。

A.实体从旧、程序从新原则　　B.新法优于旧法原则

C.特别法优于普通法原则　　D.法律不溯及既往原则

7.下列关于征税对象、税目、税基的说法中，错误的是（　　）。

A.征税对象又叫课税对象，决定着某种税的基本征税范围

B.税基又叫计税依据，是据以计算征税对象应纳税款的直接数量依据

C.税目是在税法中对征税对象分类规定的具体的征税项目，反映具体的征税范围

D.我国对所有的税种都设置了税目

8.下列关于税法要素的说法中，不正确的是（　　）。

A.税率是计算税额的尺度

B.税率是衡量税负轻重与否的重要标志

C.征税对象是对税率的征收额度

D.征税对象是区别一种税与另一种税的重要标志

9.下列关于我国税收立法权划分层次的表述中，不正确的是（　　）。

A.经国务院授权，国家税务主管部门有税收条例的解释权和制定实施细则的权力

B.地方税收的立法权属于县级及其以上立法机关

C.经全国人大及其常委会授权，国务院有税法的解释权

D.经全国人大及其常委会授权，国务院有制定税法实施细则的权力

10.我国目前的税制基本上是（　　）的税制结构。

A.以直接税为主体　　B.以间接税为主体

C.以间接税和直接税为双主体　　D.多种税种结合

11.税收权利主体是指（　　）。

A.征税方　　B.纳税方　　C.征纳双方　　D.中央政府

12.税收法律关系中的征税主体，其主要职能机关是（　　）。

A.国家权力机关　　B.国家行政机关　　C.国家财政机关　　D.国家税务机关

13.在下列关于税收法律关系的表述中，正确的是（　　）。

A.税法是引起法律关系的前提条件，税法可以产生具体的税收法律关系

B.在税收法律关系中，权利主体双方的法律地位并不平等，双方的权利、义务也不对等

C.代表国家行使征税权的各级国家税务机关是税收法律关系中的权利主体之一

D.税收法律关系总体上与其他法律关系一样，都是由权利主体、权利客体两方面构成的

14.在税收法律关系中，纳税义务人享有的税收法律权利主要是（　　）。

A.办理税务登记　B.进行纳税申报　C.申请延期纳税　D.依法缴纳税款

15.下列说法中，不正确的是（　　）。

A.税收基本法是税法体系的主体和核心

B.个人所得税法属于税收实体法

C.税收征收管理法属于税收普通法

D.国际税法就是外国各个国家制定的税法

16.税法中规定的纳税人是指（　　）的单位和个人。

A.负有纳税义务　B.最终负担税款　C.代收代缴税款　D.承担纳税担保

17.下列说法中，不正确的是（　　）。

A.目前在我国的税法体系中采用超额累进税率的是个人所得税

B.税收法律关系的内容就是权利主体所享有的权利和应承担的义务，这是税收法律关系中最实质的东西

C.税法中关于期限纳税、征收滞纳金和罚款的规定是对税收法律关系的直接保护

D.税法按照主权国家行使税收管辖权的不同可分为国内税法、国际税法

18.在下列关于税法要素的说法中，表述不正确的是（　　）。

A.税目是征纳税双方权利、义务共同指向的客体或标的物

B.税率是衡量税负轻重的重要标志

C.所得税在分配环节进行纳税

D.征税对象就是在税收法律关系中征纳双方权利、义务共同指向的客体或标的物

19.（　　）是对同一征税对象，不论数额大小，均按相同比例征税的税率。

A.比例税率　B.累进税率　C.定额税率　D.累退税率

20.为了解决超额累进税率计算复杂的问题，在税率表中一般规定有（　　）。

A.边际税率　B.平均税率　C.速算扣除率　D.速算扣除数

21.在我国现行税法中，采用超率累进税率的税种是（　　）。

A.企业所得税　B.个人所得税　C.土地增值税　D.土地使用税

22.以征税对象的相对率划分为若干个级距，分别规定相应的差别税率，相对率每超过一个级距的，对超过的部分按高一级的税率计税，这种税率称为（　　）。

A.差别比例税率　B.超额累进税率

C.全率累进税率　D.超率累进税率

23.定额税率的一个重要特点是（　　）。

A.按税目确定税额　B.与课税数量成正比

C.不受价格的影响　D.与课税数量成反比

24.下列说法中，不正确的是（　　）。

A.征税对象是区分不同税种的主要标志

B.税目是征税对象的具体化

C.税率是衡量税负轻重与否的唯一标志

D.纳税义务人即纳税主体

25.在下列各项中，属于纳税人应承担的义务的是（　　）。

A.进行纳税申报　B.申请延期纳税　C.申请税收复议　D.进行税务检查

26.在我国现行的税法体系中，多次课征的税种是（　　）。

A.增值税　B.消费税　C.个人所得税　D.资源税

27.在我国现行的税法体系中，按次纳税的税种是（　　）。

A.土地使用税　B.房产税　C.车船税　D.车辆购置税

28.税法规定的起征点为200元，税率为10%。某纳税人甲取得的应纳税收入为500元，甲应纳税（　　）元。

A.20　B.30　C.50　D.70

29.下列税种中，属于流转税的是（　　）。

A.契税　B.增值税　C.资源税　D.房产税

30.税收行政法规由（　　）制定。

A.全国人民代表大会及其常务委员会　B.地方人民代表大会及其常务委员会

C.财政部和国家税务总局　D.国务院

31.在税法构成要素中，区别某一税种与另一税种的重要标志是（　　）。

A.课税对象　B.税率　C.纳税人　D.纳税环节

32.在下列各税种中，不能由地方政府制定实施细则的是（　　）。

A.城镇土地使用税　B.房产税

C.车船税　D.消费税

33.在下列各项中，属于税收部门规章的是（　　）。

A.纳税担保试行办法　B.城市维护建设税法

C.消费税暂行条例　D.个人所得税法

34.在我国税收法律关系中，征纳双方权利与义务及税目税率的确定、税种设置的权限归属于（　　）。

A.全国人大及其常委会　B.国务院

C.国家税务总局　D.财政部

35.我国税收立法权规定地方政府有权制定的是（　　）。

A.税收法律　B.地方性税收法规

C.部门规章　D.地方规章

36.下列不属于全国人大及其常委会正式立法的税种是（　　）。

A.中央税　B.中央与地方共享税

C.全国范围内执行的地方税　D.香港特别行政区的税种

37.下列税收收入中，不属于地方政府固定收入的是（　　）。

A.土地增值税　B.车船税　C.增值税　D.城镇土地使用税

38.下列各项中，不属于纳税人、扣缴义务人的权利的是（　　）。

A.要求税务机关为纳税人、扣缴义务人的商业秘密及个人隐私保密

B.纳税人依法享有申请减税、免税、退税的权利

C.纳税人、扣缴义务人有权控告和检举税务人员的违法、违纪行为

D.要求税务机关为纳税人、扣缴义务人的税收违法行为保密

39.下列各项中，不属于涉税专业服务机构的是（　　）。

A.律师事务所　　B.代理记账机构　　C.税务代理公司　　D.小额贷款公司

40.下列各项中，属于国际重复征税的根本原因的是（　　）。

A.纳税人所得或收益的国际化　　B.各国行使的税收管辖权的重叠

C.各国所得税制的普遍化　　D.国际税收协定

三、多项选择题

1.一般认为，税收的形式特征包括（　　）。

A.强制性　　B.稳定性　　C.无偿性　　D.固定性

2.在下列关于税法原则的表述中，正确的有（　　）。

A.新法优于旧法原则属于税法的适用原则

B.税法主体的权利、义务必须由法律加以规定，这体现了税收法定原则

C.税法的原则反映税收活动的根本属性，包括税法基本原则和税法适用原则

D.在税法的适用原则中，法律优位原则明确了税收法律的效力高于税收行政法规的效力

3.下列关于税法的地位的相关陈述中，正确的有（　　）。

A.税法的地位在我国法律体系中是由税收在国家经济活动中的重要性决定的

B.税收是取得财政收入的基本来源，而财政收入是维持国家机器正常运转的经济基础

C.税收是国家宏观调控的重要手段

D.税收与法密不可分，有税必有法、无法不成税

4.税收职能是税收的一种长期固定的属性，我国社会主义税收的职能包括（　　）。

A.组织财政收入职能　　B.调控经济运行职能

C.促进经济发展职能　　D.监督管理经济职能

5.在下列关于税收实体法构成要素的说法中，正确的有（　　）。

A.纳税人是税法规定的直接负有纳税义务的单位和个人，是实际负担税款的单位和个人

B.征税对象是税法中规定的征税的标的物，是国家征税的依据

C.税率是指对征税对象的征收比例或征收额度，是计算税额的尺度

D.税目是课税对象的具体化，是对课税对象质的规定

6.以税法的基本内容和功能、效用为标准，税法可分为（　　）。

A.税收基本法　　B.税收实体法　　C.税收征管法　　D.税收程序法

7.在下列各项中，属于我国现行税法的有（　　）。

A.税收基本法　　B.企业所得税法

C.进出口关税条例　　D.中央与地方共享税条例

8.下列属于特定目的税类的税种有（　　）。

A.土地增值税　　B.城镇土地使用税

C.城市维护建设税　　D.耕地占用税

9.下列关于税收法律关系的构成，说法正确的有（　　）。

A.我国税收法律关系中确定的纳税主体采取属地兼属人原则

B.税法是引起税收法律关系的前提条件，并能产生具体的税收法律关系
C.税收法律关系的内容是税收法律关系中最实质的东西，也是税法的灵魂
D.税收法律关系是由权利主体、客体和内容三方面构成的
10.流转税法是规定对货物流转额和劳务收入额征税的法律规范，主要包括（　　）。
A.资源税法　　B.土地税法　　C.增值税法　　D.消费税法
11.在下列项目中，属于税收法律的有（　　）。
A.企业所得税法
B.个人所得税法
C.税收征收管理法实施细则
D.关于外商投资企业和外国企业适用增值税、消费税等税收暂行条例的决定
12.在税收法律关系中，纳税主体应承担的义务有（　　）。
A.办理纳税申报　　B.申请减税免税　　C.依法缴纳税款　　D.接受税务检查
13.下列关于税法的分类陈述中，不正确的有（　　）。
A.按照基本内容和效力的不同，税法可分为税收基本法和税收普通法
B.按照主权国家行使税收管辖权的不同，税法可分为国内税法和国际税法
C.按照相关税种征收对象的不同，税法可分为商品和劳务税法、资源税法等
D.按照职能、作用的不同，税法可分为税收实体法和税收程序法
14.税收法律关系的内容之一是纳税人所享有的权利，主要包括（　　）。
A.生产经营权　　B.延期纳税权　　C.复议申诉权　　D.纳税申报权
15.税收法律关系的产生是主体之间权利与义务的形成，其产生的原因有（　　）。
A.税法行为的产生　　B.税法事件的产生
C.征税手续的变动　　D.新税种的开征
16.下列税种全部属于中央政府固定收入的有（　　）。
A.消费税　　B.增值税　　C.车辆购置税　　D.资源税
17.在税法构成要素中，（　　）是基本要素。
A.纳税人　　B.征税对象　　C.纳税期限　　D.税率
18.下列各项中，表述不正确的有（　　）。
A.税目是各个税种所规定的具体征税项目
B.税率是衡量税负轻重的重要标志
C.纳税人是履行纳税义务的法人和其他组织
D.征税对象是在税收法律关系中征纳双方权利、义务所指向的物品
19.比例税率在实际运用中派生出的税率有（　　）。
A.单一比例税率　　B.单位比例税率　　C.定额比例税率　　D.幅度比例税率
20.在同一税种的同一税目中，采用从量定额与从价定率相结合实行税款复合征收办法的税种有（　　）。
A.消费税　　B.增值税　　C.关税　　D.印花税
21.累进税率在运用中，可按一定的标准划分为若干组，主要包括（　　）。
A.数累税率　　B.额累税率　　C.率累税率　　D.倍累税率
22.我国现行税法中采用的累进税率主要有（　　）。

A.全额累进税率　　B.超额累进税率　　C.超率累进税率　　D.超倍累进税率

23.在下列税种中，不属于中央税的有（　　）。

A.土地增值税　　B.增值税　　C.车辆购置税　　D.资源税

24.零税率是比例税率的一种特殊形式，其含义包括（　　）。

A.对应税行为可以征税　　B.对应税行为予以免税

C.纳税申报的税率为零　　D.征税后负担税额为零

25.在下列各项中，属于税务机关税收权利的有（　　）。

A.缓期征税权　　B.延期申报权

C.行政复议权　　D.税收强制执行权

26.与征税对象这一税制要素相关的概念主要有（　　）。

A.税率　　B.税目　　C.征税范围　　D.税收优惠

27.在税收的执法过程中，对法律效力的判断应遵循的原则包括（　　）。

A.层次高的法律优于层次低的法律　　B.国际法优于国内法

C.同一层次法律中特别法优于普通法　　D.实体法从新，程序法从旧

28.在下列税种中，征税对象与计税依据不一致的有（　　）。

A.企业所得税　　B.个人所得税　　C.车船税　　D.增值税

29.在下列税种中，税收收入和税收管辖权限均属于中央的有（　　）。

A.车辆购置税　　B.土地增值税　　C.消费税　　D.增值税

30.在下列税种中，由全国人大或其常委会立法通过并开征的有（　　）。

A.企业所得税　　B.土地增值税　　C.个人所得税　　D.车辆购置税

31.在下列关于我国税收法律级次的表述中，正确的有（　　）。

A.《中华人民共和国城市维护建设税法》属于税收行政法规

B.《中华人民共和国个人所得税法实施条例》属于税收行政法规

C.《中华人民共和国企业所得税法》属于全国人大制定的税收法律

D.《中华人民共和国增值税暂行条例》属于全国人大常委会制定的税收法律

32.下列属于财产、行为税类的有（　　）。

A.房产税　　B.契税　　C.印花税　　D.车辆购置税

33.可由省级人民政府制定实施细则的税种有（　　）。

A.印花税　　B.车船税　　C.房产税　　D.土地使用税

34.截止到2020年年底，以下属于我国还未立法的税种有（　　）。

A.消费税　　B.契税　　C.印花税　　D.资源税

35.下列属于税收实体法的有（　　）。

A.消费税暂行条例　　B.个人所得税法

C.增值税暂行条例　　D.税收征管法

36.在下列选项中，采用定额税率征收的有（　　）。

A.房产税　　B.增值税　　C.城镇土地使用税　　D.车船税

37.国家税务主管机关的权力有（　　）。

A.制定税收法律　　B.依照法律征税　　C.进行税务检查　　D.违章税务处罚

38.下列属于特定目的税类的税种有（　　）。

A.车辆购置税　　B.城镇土地使用税

C.城市维护建设税　　D.房产税

39.下列关于税率的表述中，正确的有（　）。

A.是应纳税额占征税对象量的份额

B.是衡量税负轻重的主要标志

C.体现征税的广度

D.主要包括比例税率、累进税率、定额税率和特殊税率

40.在下列税种中，属于财产和行为税类的有（　　）。

A.房产税　　B.耕地占用税

C.城镇土地使用税　　D.契税

四、计算题

1.计算在5级超额累进税率表中的速算扣除数（见表1-2）。

表1-2　　5级超额累进税率表中的速算扣除数

级次	课税对象级距	税率（%）	速算扣除数（元）
1	不超过1 000元（含）的部分	5	
2	超过1 000 ~ 5 000元的部分	10	
3	超过5 000 ~ 20 000元的部分	20	
4	超过20 000 ~ 100 000元的部分	30	
5	超过100 000元的部分	40	

2.计算在下列8级超额累进税率表中的速算扣除数（见表1-3）。

表1-3　　8级超额累进税率表中的速算扣除数

级次	课税对象级距	税率（%）	速算扣除数（元）
1	500元（含）以下的部分	免	
2	超过500 ~ 2 000元的部分	5	
3	超过2 000 ~ 5 000元的部分	10	
4	超过5 000 ~ 8 000元的部分	18	
5	超过8 000 ~ 15 000元的部分	25	
6	超过15 000 ~ 30 000元的部分	32	
7	超过30 000 ~ 50 000元的部分	40	
8	超过50 000元的部分	55	

3.计算在下列5级超率累进税率表中的速算扣除率（见表1-4）。

表1-4 5级超率累进税率表中的速算扣除率

级次	课税对象级距	税率（%）	速算扣除率
1	销售利润率在5%以下的部分	免	
2	销售利润率超过5%~15%的部分	10	
3	销售利润率超过15%~30%的部分	15	
4	销售利润率超过30%~50%的部分	25	
5	销售利润率超过50%的部分	30	

第2章　流转税税法——增值税法

【学习目的与要求】

学习本章的目的，主要是理解增值税的定义、类型及特点，掌握增值税的基本法律内容，熟悉增值税的计算与征收管理。要求学生在学习本章时，认识并理解增值税的概念、类型和特点以及相关的基础知识，理解并掌握增值税的基本法律内容及征管的基本要求，进而熟悉并掌握增值税改革的相关规定，增值税销项税额、进项税额和应纳税额的计算方法，以及增值税出口退税的计算方法。

【重点与难点问题解析】

在教材中，本章分为增值税基础知识、增值税基本法律、增值税计税管理和增值税出口退税4节内容。本章的重点是增值税的征税范围、纳税人、税率、销售额、进项税额及出口退税等；难点是增值税的应纳税额、出口退税的计算以及“营改增”的相关规定。本章的重点和难点分为以下11个问题，解析如下：

一、增值税的特点与类型

1.增值税的特点

一般认为，增值税是对纳税人在生产经营过程中实现的增值额进行征收的一种税。

在我国，增值税是对在中华人民共和国境内销售货物、进口货物或提供加工修理修配劳务，以及销售服务、无形资产、不动产的单位和个人，以其实现的增值额为征税对象征收的一种税。

增值税具有税不重征、道道征税、税负公平、价外计征等特点。其具有保证财政收入的稳定增长、促进专业化协作生产、有利于促进对外经济交往等积极作用。

2.增值税的类型

增值税也因对固定资产的不同处理分为3种类型：

（1）消费型增值税。在征收增值税时，允许将购置的用于生产的固定资产的价值或已纳税款一次性全部扣除。从全社会来看，增值税的征税对象只相当于消费资料部分，故称消费型增值税。

西方发达国家多实行这种类型的增值税，2009年我国全面实行由生产型增值税转为消费型增值税。

（2）收入型增值税。在征收增值税时，只允许扣除固定资产当期折旧部分的价值或已纳税款。从全社会来看，课税对象相当于国民收入，故称为收入型增值税。

（3）生产型增值税。在征收增值税时，只能扣除属于非固定资产的那部分生产资料的税款，不允许扣除固定资产的价值或已纳税款。从全社会来看，课税对象包括消费资料和生产资料两类，其课征的范围与国民生产总值相一致，故称为生产型增值税。

二、增值税与消费税在征管范围上的关系

我国流转税总体上建立了增值税和消费税并立、双层次调节的流转税制体系。增值税与消费税是相互配合征收的税种，消费税的征收对象是从增值税的征收对象（货物）中选择一部分特定的消费品，在征收增值税的基础上再征收一次消费税，即征收消费税的货物一定征收增值税，以体现国家对这些特定的消费品的调节政策，从而引导生产与消费。

增值税和消费税在征管范围上的区别与联系见表 2-1。

表 2-1　增值税和消费税在征管范围上的区别与联系

税种	增值税	消费税
征税范围	销售货物、进口货物	烟、酒等特定消费品
	提供加工、修理修配劳务	
	销售服务、销售无形资产、销售不动产	

三、增值税征税范围的规定

1.增值税征税范围的一般规定

（1）销售货物。它是指有偿转让货物的所有权，包括电力、热力、气体在内。

（2）进口货物。它是指在海关报关进口的货物。

（3）提供加工、修理修配劳务。它是指有偿提供加工和修理修配劳务。其中，加工指受托加工货物，即委托方提供原料及主要材料，受托方按照委托方的要求制造货物并收取加工费，加工后货物的所有权仍归属委托方的业务；修理修配指受托对损伤和丧失功能的货物进行修复，使其恢复原状和功能的业务。

（4）销售服务。它是指有偿提供交通运输服务、邮政服务、电信服务、建筑服务、金融服务、现代服务和生活服务。

（5）销售无形资产。它是指有偿转让无形资产所有权或使用权的业务活动。无形资产包括技术、商标、著作权、自然资源使用权和其他权益性无形资产。

（6）销售不动产。它是指有偿转让不动产所有权的业务活动。不动产是指不能移动或移动后会引起性质、形状改变的财产，包括建筑物和构筑物等。其中，建筑物包括住宅、商业营业用房、办公楼等可供居住、工作或者进行其他活动的建筑物。

2.增值税征税范围的特殊项目

增值税征税范围的特殊项目分为征收和不征收增值税两类。征收增值税项目主要包括：①货物期货，包括商品期货和贵金属期货（在期货实务交割环节纳税）；②银行销售金银的业务；③典当业死当物品的销售业务和寄售业代委托人销售、寄售物品的业务；④集邮商品（如邮票、首日封、邮折等）的生产、调拨、销售和报刊发行等。不征收增值税项目主要包括：供应或开采未经加工的天然水；转让企业全部产权涉及的应税货物的转让等。

四、增值税征收范围的特殊行为

（1）视同销售货物行为。其主要包括以下几个方面：①将货物交付他人代销；②销售

代销的货物；③设有两个以上机构并实行统一核算的纳税人，将货物从一个机构移送至其他机构用于销售，但相关机构设在同一县（市）的除外；④将自产、委托加工的货物用于非应税项目；⑤将自产、委托加工或购买的货物作为投资，提供给其他单位或个体工商户；⑥将自产、委托加工或购买的货物分配给股东或投资者；⑦将自产、委托加工的货物用于集体或个人消费；⑧将自产、委托加工或购买的货物无偿赠送给他人。

（2）视同销售应税行为。有下列情形，视同销售应税行为：①单位或个体工商户向其他单位或个人无偿提供服务，但用于公益事业或以社会公众为对象的除外；②单位或个人向其他单位或个人无偿转让无形资产或不动产，但用于公益事业或以社会公众为对象的除外；③财政部和国家税务总局规定的其他情形。

（3）混合销售行为。一项销售行为如果既涉及服务又涉及货物，则为混合销售。从事货物的生产、批发或零售的单位和个体工商户的混合销售行为，按照销售货物缴纳增值税；其他单位和个体工商户的混合销售行为，按照销售服务缴纳增值税。

五、小规模纳税人和一般纳税人的认定标准

（1）小规模纳税人的认定标准。从事货物生产或提供应税劳务的纳税人，以及以从事货物生产或提供应税劳务为主，并兼营货物批发或零售的纳税人，年应征增值税销售额（以下简称应税销售额，包括一个公历年度内的全部应税销售额）在500万元以下的。

（2）一般纳税人的认定标准。一般纳税人是指年应税销售额超过财政部、国家税务总局规定的小规模纳税人标准，且会计核算健全，并能提供增值税销项、进项税额的企业和企业性单位。其主要规定包括以下3方面：年应税销售额超过规定的小规模纳税人标准的纳税人、年应税销售额未超过规定的小规模纳税人标准的纳税人、不能办理一般纳税人资格认定的纳税人。

六、增值税的税率与征收率

1.基本税率

增值税的基本税率规定为13%，其适用范围是：除国家另有规定外，纳税人销售或进口的货物，以及纳税人提供的加工、修理修配劳务和有形动产租赁服务。

2.低税率

增值税的低税率规定为2档，具体包括：

（1）适用9%的税率。纳税人销售或进口下列货物适用9%的税率征税：粮食、自来水、图书、饲料、农产品等；纳税人提供交通运输服务、邮政服务、基础电信服务、建筑服务、不动产租赁服务、转让土地使用权、销售不动产。

（2）适用6%的税率。纳税人提供增值电信服务、金融服务、现代服务（租赁服务除外）、生活服务、销售无形资产（转让土地使用权除外）。

3.零税率

增值税的零税率制是国家规定的一项特殊优惠政策。除国家另有规定外，纳税人出口货物和跨境应税行为，税率为零。

4.征收率

对增值税征收率的基本规定：一般纳税人销售货物，提供加工、修理修配劳务以及应税服务（进项税额不易确认和计量），可按简易办法计算缴纳增值税，即按不含增值税的销售额乘以征收率计算缴纳增值税。一般纳税人选择按照简易办法计算缴纳增值税的，36

个月内不得变更。

七、增值税当期销售额的确定

1.销售额确定的一般规定

当期销售额是计算一般纳税人应纳税额的重要依据。销售额是指纳税人销售货物或者提供应税劳务时向购买方收取的全部价款和价外费用，但是不包括收取的销项税额。其中，价外费用不包括下列项目：

（1）受托加工应征消费税的消费品所代收代缴的消费税。

（2）同时符合以下条件的代垫运输费用：承运部门的运输费用发票开具给购买方的；纳税人将该项发票转交给购买方的。

（3）同时符合以下条件代为收取的政府性基金或行政事业性收费：由国务院或财政部批准设立的政府性基金，由国务院或省级人民政府及其财政、价格主管部门批准设立的行政事业性收费；收取时开具省级以上财政部门印制的财政票据；所收款项全额上缴财政。

（4）销售货物的同时代办保险等而向购买方收取的保险费，以及向购买方收取的代购买方缴纳的车辆购置税、车辆牌照费。

2.销售额确定的特殊规定

当纳税人采取下列特殊销售方式销售货物时，应按税法的规定计算确定销售额，这是销售额确定的重点和难点：

（1）纳税人采取折扣方式销售货物的，如果销售额与折扣额在同一张发票上分别注明，可以将折扣后的余额作为销售额；如果折扣额另开发票，不论其在财务上如何处理，均不得从销售额中扣除折扣额。折扣销售仅限于货物价格的折扣。

（2）采取还本方式销售货物的，不得从销售额中扣除还本支出。

（3）采取以旧换新方式销售货物的，应按新货物的同期销售价格确定销售额。但对金银首饰以旧换新的销售额，可按销售方实际收取的不含增值税的全部价款进行确定。

（4）采取以物易物方式销售货物的，以物易物的双方都应作购销处理，以各自发出的货物计算销项税额，以各自收到的货物计算进项税额。

（5）纳税人为销售货物而出租、出借包装物收取的押金，单独记账核算的，不并入销售额征税，但对逾期（1年）的包装物押金，无论是否退还，均应按所包装货物的适用税率计算销项税额（计算之前先将该押金换算为不含税价格）。此外，对销售除啤酒、黄酒以外的其他酒类产品收取的包装物押金，无论是否返还以及会计上如何核算，均应并入当期销售额进行征税。

（6）一般纳税人销售货物或提供应税劳务，其销售额为含增值税额的销售额，应将含税销售额换算成不含税销售额计税。其计算公式为：

不含税销售额=含税销售额÷（1+适用税率）

（7）需核定销售额的规定。这里应掌握需核定销售额的情形及核定方法。纳税人销售货物的销售额明显偏低并无正当理由，或视同销售货物行为而无销售额的，按下列顺序核定其销售额：①按纳税人最近时期同类货物的平均销售价格确定。②按其他纳税人最近时期同类货物的平均销售价格确定。③按组成计税价格确定。其组成计税价格的公式为：只征增值税不征消费税的货物，组成计税价格=成本×（1+成本利润率），其成本利润率为10%；属于既征增值税也征消费税的货物，在其组成计税价格中应包括消费税额，组成计税价格=成本×（1+成本利润率）÷（1-消费税税率）；属于按从价定率征收消费税的货物，其组成计税价格公式中的成本利润率为在《消费税若干具体问题的规定》中规定的成本利润率。

八、增值税当期进项税额的确定

当期进项税额是计算增值税一般纳税人应纳税额的又一个重要依据。进项税额是指纳税人购进应税货物或接受应税劳务所支付或负担的增值税额。

1.准予抵扣的进项税额

准予抵扣的进项税额主要包括：

（1）从销售方或提供方取得的增值税专用发票（包括从小规模纳税人处取得的由税务机关代开的专用发票）上注明的增值税额。

（2）从销售方或提供方取得的税控机动车销售统一发票上注明的增值税额。

（3）从海关取得的海关进口增值税专用缴款书上注明的增值税额。

（4）购进农产品，除取得增值税专用发票或海关进口增值税专用缴款书外，按照农产品收购发票或销售发票上注明的农产品买价和9%的扣除率计算其进项税额。

（5）从境外单位或个人购进服务、无形资产或不动产，税务机关或扣缴义务人取得的解缴税款的完税凭证上注明的增值税额。

（6）纳税人支付的道路、桥、闸通行费，按照规定可以抵扣进项税额。

（7）纳税人购进国内旅客运输服务，未取得增值税专用发票的，按照规定可以抵扣的进项税额。

另外，对商业企业采取以物易物、以货抵债、以物投资方式进行交易的，收货单位可凭其书面合同以及与之相符的增值税专用发票和运输费用普通发票确定进项税额，报经税务征收机关批准予以抵扣。

2.不准抵扣的进项税额

不准抵扣的进项税额主要包括：

（1）增值税扣税凭证不符合法律、行政法规或国务院税务主管部门有关规定的，其进项税额不得从销项税额中抵扣。增值税扣税凭证是指增值税专用发票、海关进口增值税专用缴款书、农产品收购发票、农产品销售发票、税收缴款凭证、通行费票据和国内旅客运输票据等。

（2）用于简易计税方法计税项目、免征增值税项目、集体福利或个人消费的购进货物、加工和修理修配劳务、服务、无形资产和不动产。

（3）非正常损失的购进货物及相关的加工、修理修配劳务或应税行为。所称的非正常损失，是指因管理不善造成被盗、丢失、霉烂变质的损失，以及被执法部门依法没收或强令自行销毁的货物。

（4）非正常损失的在产品、产成品所耗用的购进货物、加工和修理修配劳务或交通运输业服务。

（5）非正常损失的不动产，以及该不动产所耗用的购进货物、设计服务和建筑服务。

（6）非正常损失的不动产在建工程所耗用的购进货物、设计服务和建筑服务。纳税人新建、改建、扩建、修缮、装饰不动产，均属于不动产在建工程。

（7）购进的贷款服务、餐饮服务、居民日常服务和娱乐服务。

（8）财政部和国家税务总局规定的其他情形。

3.加计抵减进项税额

自2019年4月1日至2021年12月31日，生产、生活性服务业纳税人可按照当期可抵扣进项税额加计10%抵减应纳税额。

（1）抵减前的应纳税额等于零的，当期可抵减加计抵减额全部结转至下期抵减。

（2）抵减前的应纳税额大于零，且大于当期可抵减加计抵减额的，当期可抵减加计抵减额全额从抵减前的应纳税额中抵减。

（3）抵减前的应纳税额大于零，且小于或等于当期可抵减加计抵减额的，以当期可抵减加计抵减额抵减应纳税额至零；未抵减完的当期可抵减加计抵减额，结转至下期继续抵减。

4.期末留抵税额退税

自2019年4月1日起，同时符合以下条件的纳税人，可以向主管税务机关申请退还增量留抵税额：

（1）自2019年4月税款所属期起，连续6个月（按季纳税的，连续两个季度）增量留抵税额均大于零，且第六个月增量留抵税额不低于50万元。

（2）纳税信用等级为A级或B级。

（3）申请退税前36个月未发生骗取留抵退税、出口退税或虚开增值税专用发票情形。

（4）申请退税前36个月未因偷税被税务机关处罚两次及以上。

（5）自2019年4月1日起未享受即征即退、先征后返（退）政策。

其中，增量留抵税额是指与2019年3月底相比新增加的期末留抵税额。

九、小规模纳税人及特殊货物应纳税额的计算

1.小规模纳税人应纳税额的计算

小规模纳税人销售货物和提供应税劳务，按照销售额和3%的征收率计算其应纳税额，不得抵扣进项税额。其计算公式为：

应纳税额=销售额×3%

小规模纳税人的销售额不包括其应纳税额，其销售货物或提供应税劳务采用销售额和应纳税额合并定价方法的，按以下公式计算销售额：

销售额=含税销售额÷（1+征收率）

2.特殊货物应纳增值税额的计算

特殊货物应纳增值税额的计算主要包括：

（1）销售旧货应纳增值税额的计算。已抵扣进项税额的，销售旧货按适用税率征税；未抵扣进项税额的，按3%的征收率减按2%征收增值税，不得抵扣进项税额。其计算公式为：

销售旧货应纳增值税=旧货销售额÷（1+3%）×2%（一般纳税人）

销售旧货应纳增值税=旧货销售额÷（1+3%）×2%（小规模纳税人）

（2）进口货物应纳增值税额的计算。纳税人进口货物按照组成计税价格和适用税率计算应纳税额，不得抵扣进项税额。其基本计算公式为：

应纳税额=组成计税价格×税率

组成计税价格=关税完税价格+关税

或　　　　　　　=关税完税价格×（1+关税税率）

如果纳税人进口的货物为应征收消费税的消费品，则组成计税价格为：

组成计税价格=关税完税价格+关税+消费税

或　　　　　　　=关税完税价格×（1+关税税率）÷（1-消费税税率）

十、增值税专用发票管理

增值税专用发票管理的内容包括专用发票领购使用范围、专用发票开具范围、专用发票开具要求、专用发票开具时限和退货或转让的税务处理。

十一、出口货物退税的计算

出口货物只有在适用既免税又退税的政策时，才会涉及如何计算退税的问题。其退税的计算方法包括：一是"免、抵、退"方法，主要适用于自营和委托出口自产货物的生产企业；二是"先征后退"方法，主要适用于收购货物出口的外（工）贸企业。

1.免、抵、退税的计算方法

免税是指对生产企业出口的自产货物，免征本企业生产销售环节的增值税；抵税是指生产企业出口自产货物所耗用的原材料、零部件、燃料、动力等所含应予退还的进项税额，抵顶内销货物的应纳税额；退税是指生产企业出口的自产货物在当月内应抵顶的进项税额大于应纳税额时，对未抵顶完的部分予以退税。免、抵、退税计算步骤如下：

（1）计算当期免、抵、退税不得免征和抵扣税额。其计算公式为：

$$\text{当期免、抵、退税不得免征和抵扣税额}=\left(\text{出口货物离岸价}\times\text{外汇人民币牌价}-\text{免税购进原材料价格}\right)\times\left(\text{出口货物征税率}-\text{出口货物退税率}\right)$$

（2）计算当期应纳税额。其计算公式为：

$$\text{当期应纳税额}=\text{当期内销货物的销项税额}-\left(\text{当期进项税额}-\text{当期免、抵、退税不得免征和抵扣税额}\right)-\text{上期留抵税额}$$

结果为正数，表明企业应纳税；结果为负数，表明企业可退税（当期期末留抵税额）。

（3）计算当期免抵退税额。其计算公式为：

当期"免、抵、退"税额=（出口货物离岸价×外汇人民币牌价-免税购进原材料价格）×出口货物退税率

（4）计算应退税额。比较上述（2）当期期末留抵税额与（3）当期"免、抵、退"税额，当期应退税数额取较小值。

如果当期期末留抵税额≤当期"免、抵、退"税额，则当期应退税额=当期期末留抵税额。

当期免抵税额=当期免抵退税额-当期应退税额

如果当期期末留抵税额＞当期"免、抵、退"税额，则当期应退税额=当期"免、抵、退"税额。

当期免抵税额=0

期末留抵税额=当期期末留抵税额-当期"免、抵、退"税额，下期继续抵扣。

【例2-1】某自营出口的生产企业为增值税一般纳税人，出口货物税率为13%，退税率为10%。2020年10月的有关经营业务包括：购进原材料一批，取得的经税务部门认证通过的增值税专用发票上注明的价款为200万元，外购货物准予抵扣的进项税额为26万元，货物已验收入库。上月月末留抵税款3万元；本月内销货物不含税销售额为100万元，收款113万元存入银行；本月出口货物的销售额折合人民币200万元。试计算该企业

当期的“免、抵、退”税额。

（1）当期免、抵、退税不得免征和抵扣税额=200×（13%-10%）=6（万元）。

（2）当期应纳税额=100×13%-（26-6）-3=-10（万元）。

（3）出口货物“免、抵、退”税额=200×10%=20（万元）。

（4）按规定，如果当期期末留抵税额≤当期“免、抵、退”税额，当期应退税额=当期期末留抵税额，即该企业当期应退税额为10万元。

（5）当期免抵税额=当期“免、抵、退”税额-当期应退税额。

当期免抵税额=20-10=10（万元）

【例2-2】以【例2-1】的资料为例。此外，当月进料加工免税进口料件的组成计税价格为100万元。上期期末留抵税款6万元。本月内销货物不含税销售额为100万元，收款113万元存入银行。本月出口货物销售额折合人民币200万元。试计算该企业当期的“免、抵、退”税额。

（1）免、抵、退税不得免征和抵扣税额抵减额=100×（13%-10%）=3（万元）。

（2）免、抵、退税不得免征和抵扣税额=200×（13%-10%）-3=3（万元）。

（3）当期应纳税额=100×13%-（26-3）-6=-16（万元）。

（4）“免、抵、退”税额抵减额=100×10%=10（万元）。

（5）出口货物“免、抵、退”税额=200×10%-10=10（万元）。

（6）按规定，如果当期期末留抵税额＞当期“免、抵、退”税额，当期应退税额=当期“免、抵、退”税额，即该企业应退税额为10万元。

（7）当期免抵税额=当期“免、抵、退”税额-当期应退税额，则当期该企业免抵税额=10-10=0。

（8）本月期末留抵结转至下期继续抵扣税额=16-10=6（万元）。

2.先征后退的计算方法

先征后退的计算方法主要包括：

（1）外贸企业出口货物的退税率。外贸企业购进按简易办法征税的出口货物、从小规模纳税人购进的出口货物，其退税率分别为按简易办法实际执行的征收率、小规模纳税人的征收率。上述出口货物取得增值税专用发票的，退税率按照增值税专用发票上的税率和出口货物退税率孰低的原则确定。

（2）外贸企业出口货物退税的计税依据。外贸企业出口委托加工、修理修配以外的货物，其计税依据为购进出口货物的增值税专用发票上注明的金额或海关进口增值税专用缴款书上注明的完税价格；外贸企业出口委托加工、修理修配货物，其计税依据为加工、修理修配费用增值税专用发票上注明的金额。

（3）外贸企业出口货物、劳务增值税免退税的计算。其计算公式为：

增值税应退税额=增值税退（免）税计税依据×出口货物退税率

一、判断题

1.一般纳税人提供劳务派遣服务，可以按照简易计税方法依5%的征收率计算缴纳增值税。（　　）

2.非企业性单位、不经常发生应税行为的企业可选择按小

规模纳税人纳税。 ( )

3.印刷企业接受出版单位委托自行购买纸张并印刷图书、报纸和杂志，按提供加工劳务征收增值税。 ( )

4.对销售除啤酒、黄酒外的其他酒类产品收取的包装物押金，无论是否返还以及会计上如何核算，均不应并入当期销售额计征增值税。 ( )

5.在通常情况下，小规模纳税人与一般纳税人的身份可以相互转换。 ( )

6.房地产开发企业销售其自建的不动产，应以取得的全部价款和价外费用为销售额。 ( )

7.如发生退货或销售折让，购买方在收到红字专用发票后，应从当期进项税额中扣减红字专用发票上所列增值税额，不扣减造成不纳税或少纳税的，属于偷税行为。 ( )

8.增值税一般纳税人外购的用于管理部门使用的小轿车所支付的费用，允许其计算进项税额进行抵扣。 ( )

9.纳税人将自产、委托加工和购买的货物无偿赠送给他人，应视同销售并缴纳增值税。 ( )

10.增值税一般纳税人兼营不同税率的货物，未分别核算或不能准确核算其销售额的，从高适用税率。 ( )

11.税法规定，自营和委托出口自产货物的生产企业，适用于“免、抵、退”方法计算出口货物退税额。 ( )

12.纳税人在转让在建的建筑物或构筑物所有权的同时一并转让土地使用权，按照销售不动产缴纳增值税。 ( )

13.总机构和分支机构不在同一县（市）的，应分别向各自所在地的主管税务机关申报缴纳增值税；经国家税务总局或其授权的主管税务机关批准，可以由总机构汇总向总机构所在地的主管税务机关申报缴纳增值税。 ( )

14.非固定业户销售货物或提供应税劳务，应当向机构所在地的主管税务机关申报缴纳增值税。 ( )

15.增值税销售货物的起征点为月销售额5 000 ~ 10 000元。 ( )

16.增值税一般纳税人销售货物从购买方收取的价外费用，在征税时应视同含税收入，计算税额时应换算为不含税收入。 ( )

17.企业将外购的货物用于本单位的集体福利属于增值税视同销售行为。 ( )

18.增值税一般纳税人必须在规定的时限开具增值税专用发票，不得提前或滞后。对已开具增值税专用发票的销售货物，要及时足额计入当期销项税额。凡开具了增值税专用发票，其销售额未按规定计税的，一律按偷税论处。 ( )

19.2021年12月31日前，对月销售额不超过10万元的，可享受小微企业暂免征收增值税优惠政策。 ( )

20.非固定业户销售货物或应税劳务的，向其机构所在地或居住地的主管税务机关申报缴纳税款。 ( )

二、单项选择题

1.在下列支付的运费中，不允许计算抵扣增值税进项税额的是（ ）。

A.购进农民专业合作社销售的农产品支付的运输费用

B.外购自用的机器设备支付的运输费用

C.外购自用小汽车支付的运输费用

D.收购免税农产品支付的运输费用

2.下列属于兼营增值税不同税率货物或应税劳务的是（ ）。

A.农机制造厂生产销售农机的同时也承担农机修理

B.销售软件产品并随同销售一并收取的软件安装费

C.零售商店销售家具并实行有偿送货上门

D.饭店提供餐饮服务并销售香烟、酒水

3.增值税一般纳税人兼营不同增值税税率的货物或增值税应税劳务，未分别核算或不能准确核算其销售额的，其增值税税率的确定方法是（ ）。

A.从低适用税率　　B.适用平均税率

C.从高适用税率　　D.适用6%征收率

4.甲企业销售给乙企业一批货物，乙企业因资金紧张，无法支付货币资金，经双方友好协商，乙企业用自产的产品抵偿货款，则下列表述中正确的是（ ）。

A.甲企业收到抵债货物不得抵扣进项税额

B.乙企业发出抵债货物不作销售处理，不计算销项税额

C.甲、乙双方应分别按购销处理，但因双方均不涉及增值税问题，所以不得开具增值税专用发票

D.甲、乙双方分别作购销处理，乙方可向甲方开具增值税专用发票，甲方可正常抵扣进项税额

5.某金店（中国人民银行批准的金银首饰经销单位）为增值税一般纳税人，2020年10月采取以旧换新方式销售24K纯金项链10条，每条新项链对外零售价3 000元，每条旧项链作价1 000元，从消费者手中收取新旧项链差价款2 000元。该项“以旧换新”业务该月应纳增值税销项税额为（ ）元。

A.2 258.62　　B.2 300.88　　C.2 600　　D.3 200

6.在下列项目中，不得从销项税额中抵扣进项税额的是（ ）。

A.购进免税农产品的进项税额　　B.购进用于集体福利的进项税额

C.按销售货物运费计算的进项税额　　D.购进货物支付的进项税额

7.下列行为中属于视同销售行为征收增值税的是（ ）。

A.企业将购进的酒用于招待客人

B.企业将上月购进用于生产的钢材用于建房

C.委托手表厂加工一批手表送给客户

D.黄金经营单位进口标准黄金

8.某企业本月将自产的一批生产成本为20万元（耗用上月外购材料15万元）的食品发给职工，则下列说法中正确的是（ ）。

A.应反映销项税额3.52万元　　B.应反映销项税额2.86万元

C.应反映应纳税额3.20万元　　D.应转出进项税额2.40万元

9.采取赊销方式销售货物的，增值税纳税义务发生时间是（ ）。

A.销售方发出货物的当天　　B.购买方收到货物的当天

C.合同约定收款日的当天　　　　　　D.取得有关凭证的当天

10.纳税人从事金融商品转让的，增值税纳税义务发生时间为（　　）。

A.所有权转让的当天　　　　　　B.收到预收款的当天

C.取得有关凭证的当天　　　　　　D.发出货物的当天

11.下列关于增值税纳税人固定资产处理的表述中，正确的是（　　）。

A.对已使用过的固定资产，无法确定销售额时，按其净值征收增值税

B.小规模纳税人销售自己使用过的固定资产，应按照2%的征收率征收增值税

C.一般纳税人销售其使用过的2009年1月1日后购进的固定资产，按3%减半征税

D.自2009年1月1日起，一般纳税人购进小汽车自用发生的进项税额可以予以抵扣

12.按照增值税的有关规定，在下列外购项目中，不可以作为进项税额从销项税额中抵扣的是（　　）。

A.购进大型设备一台，增值税专用发票上注明的增值税税款

B.用于集体福利或个人消费的购进货物的进项税额

C.免税农产品收购凭证上注明的价款按规定计算的进项税额

D.混合销售行为按规定应缴纳增值税所涉及的非增值税应税劳务所购进货物的进项税额

13.下列关于增值税计税销售额的表述中，不正确的是（　　）。

A.白酒生产企业收取的品牌使用费属于价外费用，应将其换算为不含税销售额计入计税销售额

B.商业企业向供货方收取的平销返利应计入计税销售额

C.汽车销售公司销售汽车时代办保险而向购买方收取的保险费不作为计税销售额

D.化妆品生产企业销售产品时向购货方收取的优质费属于价外费用，要换算为不含税金额计入计税销售额

14.某生产企业（增值税一般纳税人）某月销售化工产品取得含税销售额99.45万元，为销售货物出借包装物收取押金18.21万元，约定3个月内返还；当月没收逾期未退还包装物的押金2.63万元。该企业该月上述业务计税销售额为（　　）万元。

A.103.56　　　　B.88　　　　C.90.34　　　　D.102.96

15.下列出口货物符合增值税免税并退税政策的是（　　）。

A.加工企业对来料加工后又复出口的货物

B.对外承包工程公司运出境外用于境外承包项目的货物

C.属于小规模纳税人的生产性企业自营出口的自产货物

D.外贸企业从小规模纳税人处购进并持有普通发票的出口货物

16.下列属于提供增值税应税服务的是（　　）。

A.某动漫设计公司为其他单位提供动漫设计服务

B.某广告公司聘用广告制作人才为本公司设计广告

C.某事业单位收取政府性基金

D.某单位聘用的员工为本单位负责人提供专车驾驶服务

17.某废旧物资回收经营单位（一般纳税人）2020年10月销售废旧物资取得含税销售额104万元，销售自己使用过的小汽车2辆（2012年8月购入），含税销售价格10.4万元/

辆，该企业应交增值税（　　）万元。

A.3.58　　B.4.41　　C.5.69　　D.15.53

18.下列行为中涉及的进项税额不得从销项税额中抵扣的是（　　）。

A.专门购进货物一批用于本单位集体福利

B.上年委托加工收回的材料用于偿还债务

C.外购货物用于交换生产所需的材料

D.外购货物用于雪灾灾区捐赠

19.某百货商城（一般纳税人）采用以旧换新方式销售一批金银首饰，旧首饰折价23 300元，向消费者收取现金88 700元，则该笔业务的销项税额为（　　）元。

A. 12 234.48　　B.10 204.42　　C.16 273.50　　D.16 274.50

20.某烟厂为增值税一般纳税人，2020年10月收购烟叶支付价款500万元，缴纳烟叶税110万元，已开具烟叶收购发票，取得的符合规定的货物运输业专用发票上注明的运费为6万元，取得的相关票据均已认证。该烟厂当月抵扣进项税额（　　）万元。

A.60.42　　B.61.58　　C.66.54　　D.78.69

21.某商贸企业进口机器一台，关税完税价格为200万元，进口关税税率为20%，支付国内运输企业运输费用0.2万元（取得专用发票）；本月售出，取得不含税销售额350万元，则本月应纳增值税税额（　　）万元。

A.13.85　　B.14.28　　C.17.58　　D.18.70

22.下列项目适用13%税率征税的是（　　）。

A.商场销售鲜奶

B.花农销售自种花卉

C.印刷厂印刷图书报刊（委托方提供纸张）

D.国营瓜果销售公司批发水果

23.增值税的零税率是指（　　）。

A.纳税人外购货物不含税款　　B.纳税人本环节应纳税额为零

C.纳税人以后环节税额为零　　D.纳税人生产销售货物整体税负为零

24.境外某广告公司与境内A企业签订合同，约定2020年10月为A企业提供广告服务，合同价款60万美元，1美元=6.20元人民币。该境外广告公司在境内未设立经营机构且没有代理人，则A企业应当扣缴境外公司应纳的增值税税额（　　）万元。

A.20.79　　B.21.06　　C.34.56　　D.35.68

25.某商场为增值税一般纳税人，某月举办促销活动，全部商品8折销售。实际取得含税收入380 000元，销售额和折扣额在同一张发票上分别注明。上月销售商品本月发生退货，向消费者退款680元，该商场当月销项税额是（　　）元。

A.35 114.87　　B.41 213.68　　C.43 638.58　　D.52 320.00

26.某副食品商店为增值税小规模纳税人，2020年10月销售副食品取得含税销售额66 950元，销售自己使用过的固定资产取得含税销售额17 098元。该商店应缴纳的增值税为（　）元。

A.2 102　　B.2 282　　C.2 448　　D.2 477.88

27.下列有关增值税的说法不正确的是（　　）。

A.古旧图书销售应当免征增值税

B.金银首饰以旧换新销售业务，以其价格差额作为计税销售额

C.黄金冶炼企业生产销售的黄金免征增值税

D.残疾人组织进口供残疾人专用的物品免征增值税

28.按照现行增值税暂行条例的规定，下列说法中正确的是（　　）。

A.对从事热力、自来水等公用事业的纳税人收取的一次性费用一律征收增值税

B.一般纳税人购买或销售免税货物所发生的运输费用，可根据运输部门开具的运费专用发票所列运费金额，依照9%的税率计算进项税额抵扣

C.除邮政部门外的其他单位和个人发行报刊征收增值税

D.有出口卷烟权的生产企业出口的卷烟一律免征增值税和消费税

29.按照现行规定，下列各项中登记为一般纳税人的是（　　）。

A.年不含税销售额560万元、会计核算制度不健全的餐厅

B.年不含税销售额900万元的建材批发公司

C.年售房收入800万元的个人

D.年不含税销售额1 000万元的农场

30.纳税人在游览场所经营游船取得的收入，按照（　　）缴纳增值税。

A.文化体育服务　　B.租赁业　　C.交通运输业　　D.旅游娱乐服务

三、多项选择题

1.在下列各项中，符合税法规定的有（　　）。

A.纳税人随同销售软件一并收取的软件培训费收入不征收增值税

B.纳税人受托开发著作权属于委托方的软件取得的收入征收增值税

C.各燃油电厂从财政专户取得的发电补贴不征收增值税

D.对增值税纳税人收取的会员费用收入不征收增值税

2.依据出口退（免）税政策，一般情况下应按“免、抵、退”的方法计算退税的有（　　）。

A.生产企业自营出口货物　　B.生产企业委托出口货物

C.生产性外商投资企业自营出口货物　　D.外贸企业出口收购的货物

3.按照现行政策规定，下列表述中不正确的有（　　）。

A.在融资性售后回租业务中，承租方出售资产不征收增值税

B.转让工业企业全部产权而涉及的应税货物的转让不征收增值税

C.纳税人提供矿产资源的开采、分拣、洗选等劳务不征收增值税

D.企业销售货物而代办保险并向购买方收取的保险费征收增值税

4.关于增值税计税销售额的规定，下列说法中正确的有（　　）。

A.以物易物方式销售货物由多交付货物的一方以价差计算缴纳增值税

B.以旧换新方式销售货物按新货物不含增值税销售额计征增值税（金银首饰除外）

C.还本销售方式销售货物按照实际销售额计算缴纳增值税

D.销售折扣方式销售货物不得从计税销售额中扣减折扣额

5.下列选项中，需要缴纳增值税的有（　　）。

A.燃油电厂从政府财政专户取得的发电补贴

B.纳税人转让土地使用权或销售不动产的同时一并销售的附着于土地上的增值税应税货物

C.纳税人提供矿产资源开采、挖掘、分拣等劳务

D.供电企业进行电力调压并按电量向电厂收取的并网服务费

6.增值税的征税范围包括（　　）。

A.销售或进口货物　　B.提供加工、修理修配劳务

C.出租不动产　　D.转让无形资产

7.下列项目包含的进项税额不得从销项税额中抵扣的有（　　）。

A.外购的自用小汽车

B.因自然灾害发生损失的原材料

C.生产企业用于经营管理的办公用品

D.为生产有机肥购入的原材料

8.在下列各项中，属于视同销售行为应当计算销项税额的有（　　）。

A.将自产货物用于非应税项目　　B.将购买的货物委托外单位加工

C.将购买的货物无偿赠送他人　　D.将购买的货物用于集体福利

9.在企业收取的下列款项中，应作为价外费用并入销售额计算增值税的有（　　）。

A.商业批发企业向供货方收取的返还收入

B.生产企业销售货物时收取的包装物租金

C.供电企业收取的逾期未退的电费保证金

D.燃油电厂从政府财政专户取得的发电补贴

10.下列各项中，免征增值税的有（　　）。

A.用于对外投资的自产工业产品　　B.用于单位集体福利的产品

C.农业生产者销售的自产农业产品　　D.直接用于教学的进口仪器

11.销售额是指纳税人销售货物或提供应税劳务向购买方收取的全部价款和价外费用，下列项目应作为销售额征税的有（　　）。

A.收取的违约金　　B.收取的基金与补贴

C.收取的增值税　　D.收取的包装物租金

12.下列各项表述中，符合现行增值税税法有关规定的有（　　）。

A.纳税人受托开发软件产品的著作权属于委托方或属于双方共同拥有的征收增值税

B.对增值税的纳税人收取的会员费收入不征收增值税

C.对软件产品交付使用后按期或按次收取的技术服务费、培训费等不征收增值税

D.燃油电厂从政府财政专户取得发电补贴不征收增值税

13.下列一般纳税人销售自产的货物中，可选择按照简易办法依照3%征收率计算缴纳增值税的有（　　）。

A.县级及县级以下小型水力发电单位生产电力

B.建筑用和生产建筑材料所用的砂、土、石料

C.以自己采掘的砂、土、石料或其他矿物连续生产的砖、瓦、石灰

D.自来水

14.按现行增值税的规定，纳税人为固定业户，其总机构和分支机构不在同一县（市）

的，其纳税地点应为（　　）。

A.统一在总机构所在地纳税，分支机构不纳税

B.只在各分支机构所在地纳税，总机构不纳税

C.由总机构和分支机构分别在各自所在地纳税

D.经批准可由总机构汇总在总机构所在地纳税

15.根据我国现行增值税的规定，纳税人提供下列劳务应当缴纳增值税的有（　　）。

A.汽车租赁行为　　B.汽车修理维护

C.房屋修理行为　　D.受托加工白酒

16.关于增值税纳税人的认定及管理，下列表述正确的有（　　）。

A.增值税纳税人应向其机构所在地主管税务机关申请一般纳税人资格认定

B.除国家税务总局另有规定以外，个体工商户不得认定为增值税一般纳税人

C.一般纳税人资格认定的权限在县（市、区）税务局或同级别的税务分局

D.除国家税务总局另有规定外，认定为一般纳税人后不得转为小规模纳税人

17.根据现行增值税的规定，下列说法中正确的有（　　）。

A.不具有一般纳税人资格且不具有一般纳税人核算条件的非独立核算的发电厂，按供电量依核定的定额税率计算发电环节的增值税

B.独立核算的供电企业所属的区县级供电企业，可按预征率征收增值税并抵扣进项税额

C.发、供电企业之间互供电力，纳税义务发生时间为双方核对数量且开具抄表确认单据的当天

D.供电企业将电售给企事业单位采取直接收取电费结算方式的，纳税义务发生时间为收款的当天

18.按照现行增值税法的规定，下列单位或个人可以认定为增值税一般纳税人的有（　　）。

A.某电子配件厂年不含税销售额为580万元，财务核算健全

B.某人批发果品，年不含税销售额为600万元

C.年不含税销售额为550万元、财务核算健全的锅炉修配厂

D.只生产并销售避孕药品、年利润额520万元的药厂

19.增值税一般纳税人销售下列货物或劳务，适用13%税率征收增值税的有（　　）。

A.销售铜矿砂及其精矿

B.旧机动车经营单位销售旧机动车

C.销售报刊

D.修理汽车

20.按照现行增值税法的规定，下列行为应“视同销售”征收增值税的有（　　）。

A.将自产的货物作为投资提供给个体经营者

B.将购买的货物用于个人消费

C.将购买的货物无偿赠送他人

D.将自产货物用于非应税项目

21.下列选项中，按简易办法依照3%征收率计算缴纳增值税的有（　　）。

A.典当业销售死当物品
B.零售商店代销寄售物品
C.一般纳税人销售旧货
D.一般纳税人销售自己使用过的不得抵扣且未抵扣进项税额的固定资产
22.下列行为属于增值税征税范围，应征收增值税的有（　　）。
A.银行销售金银的业务　　　　　　B.邮政部门发行报刊
C.电力公司向发电企业收取的过网费　　　D.代销货物支付的手续费
23.下列各项业务免征增值税的有（　　）。
A.销售从社会收购的古旧图书
B.由残疾人组织直接进口供残疾人专用的物品
C.其他个人销售自己使用过的物品
D.销售自行开发生产的软件产品
24.对增值税小规模纳税人，下列表述中正确的有（　　）。
A.增值税实行简易征收办法
B.不得自行开具或申请代开专用发票
C.不得抵扣增值税的进项税额
D.一经认定为小规模纳税人，不得再转为一般纳税人
25.下列企业出口的货物，除另有规定外，给予免征增值税，但不予退增值税的有（　　）。
A.属于生产企业的小规模纳税人自营出口或委托外贸企业代理出口的自产货物
B.外贸企业从小规模纳税人处购进并持普通发票的货物出口
C.外贸企业直接购进国家规定的免税货物出口的
D.非计划内出口的卷烟
26.在试点纳税人中，下列（　　）项目免征增值税。
A.个人转让著作权
B.残疾人个人提供应税服务
C.航空公司提供飞机播撒农药服务
D.纳税人提供技术转让、技术开发和与之相关的技术咨询、技术服务
27.下列关于增值税纳税义务发生时间的说法中，正确的有（　　）。
A.采取直接收款方式销售货物为货物发出的当天
B.委托商场销售货物为商场售出货物的当天
C.将委托加工货物无偿赠予他人为货物移送的当天
D.进口货物为报关进口的当天
28.增值税一般纳税人销售下列货物适用9%税率的有（　　）。
A.调制乳　　　　　　B.鲜奶
C.食用植物油　　　　　　D.图书、报刊
29.某企业为增值税一般纳税人，下列业务中，可以不作进项税额转出的有（　　）。
A.已抵扣税款的购进货物用于不动产在建工程
B.因地震而损失的产成品所耗用的购进货物

C.生产过程中产生的废品所用购进货物

D.从境外供应商处取得退还或返还的资金

30.提供应税服务增值税征收率为3%的有（　　）。

A.选择简易计税方法的公交客运公司

B.一般纳税人销售旧固定资产

C.小规模纳税人向税务机关申请代开专用发票

D.小规模纳税人提供应税服务

四、计算题

1.某家用电器商场为增值税一般纳税人，2020年10月发生如下经济业务：

（1）销售特种空调取得含税销售收入160 000元，同时提供安装服务收取安装费20 000元。

（2）销售电视机80台，含税零售单价2 400元；每售出1台可取得厂家给予的返利收入200元。

（3）代销一批数码相机并开具普通发票，企业按含税销售总额的5%提取代销手续费15 000元，当月尚未将代销清单交付给委托方。

（4）当月该商场其他商品的含税销售额为175 500元。

（5）购进热水器50台，不含税单价800元，货款已付；购进DVD播放机100台，不含税单价600元，两项业务取得的增值税专用发票均已经税务机关认证，还有40台DVD播放机未向厂家付款。

（6）购置生产设备一台，取得的增值税专用发票上注明的价款为70 000元，增值税税额9 100元。

（7）另知该商场上期有未抵扣进项税额6 000元。

当期获得的增值税专用发票已经通过认证并申报抵扣。

要求：请根据上述资料，计算该商场该月应纳的增值税。

2.某洗衣机厂为增值税一般纳税人，2020年10月发生下列经济业务：

（1）10月1日，采取直接收款方式销售A型洗衣机，开具的专用发票上注明价款为50 000元，并收取手续费和包装费共计2 320元。

（2）10月2日，销售B型洗衣机，价款为68 000元，购货方当日支付货款38 000元，已全额开具专用发票。合同约定余款在10月15日一次性支付（不收利息），如违约每超过一天罚款116元。由于购货方资金周转不到位，货款一直拖到10月25日才支付。

（3）10月20日，因B型洗衣机质量有问题，购货方要求退货，退回销货款8 000元，退货手续齐备。

（4）10月24日，材料仓库被盗，丢失材料50千克，材料明细账注明该批材料的实际采购价格为140元/千克。

（5）10月外购原材料，取得的经主管税务机关认证的专用发票上注明税额为10 200元，原材料已验收入库。

要求：请根据上述资料，计算该厂该月应纳的增值税。

3.位于县城的某内资原煤生产公司为增值税一般纳税人，2020年10月发生以下业务：

（1）购进挖掘机1台，获得的增值税专用发票上注明的价款为65万元，增值税税款为

8.45万元。支付运费4万元，取得货物运输专用发票。

（2）购进低值易耗品，取得的增值税专用发票上注明的增值税税额合计为8万元。

（3）开采原煤10 000吨，采取分期收款方式销售原煤9 000吨，每吨不含税单价为500元。购销合同约定，本月应收取1/3的价款，但实际上只收取不含税价款120万元。另支付运费6万元，取得专用发票。

（4）为职工宿舍供暖，使用本月开采的原煤200吨；另将本月开采的原煤500吨无偿赠送给某有长期业务往来的客户。

（5）销售在原煤开采过程中产生的天然气12.5万立方米，取得不含税销售额25万元。

（6）月末盘点时发现月初购进的低值易耗品的1/5因管理不善而丢失。

（7）其他有关资料：相关票据在本月通过主管税务机关认证并申报抵扣；增值税月初留抵税额为0。

要求：请根据上述资料，计算该公司当月应缴纳的增值税。

4.位于A市的某租赁公司为增值税一般纳税人，2020年10月发生下列业务：

（1）在本市购入3间商铺作为出租房源，取得增值税专用发票，发票上注明不含增值税金额为450万元，增值税税额22.5万元，企业按固定资产核算。

（2）购入商铺后将其以经营租赁方式出租，租期30年，不含增值税月租金为30万元，一次性收取1年租金。

（3）将位于机构所在地的1幢办公楼出售，取得含增值税收入1 400万元，该办公楼系2012年购入，购入价格为600万元。对于该项行为，企业选择了以简易计税方法计税。

（4）销售本企业使用过12年的小汽车，取得含增值税收入3万元。

要求：根据上述资料，计算该公司当月应缴纳的增值税。

5.某白酒厂为增值税一般纳税人，2020年10月发生如下业务：

（1）从农民手中购入粮食，收购发票上注明的买价为11.66万元。

（2）外购各种包装容器，取得的专用发票上注明的货款为2万元。

（3）外购各种散装药酒，取得的普通发票上注明的货款为6.5万元。

（4）外购瓶装汽酒，取得的专用发票上注明的货款为4.2万元。

（5）本厂生产的散装白酒直接对外销售，取得不含税价款15.6万元；向客户收取包装物押金1.13万元，财务上单独核算了包装物的押金，未超过1年期限。

（6）本厂生产的粮食白酒连同原购入的6.5万元的散装药酒分装成小瓶，并组合成礼品酒盒对外销售，共取得不含税价款14.5万元。

（7）外购的汽酒因管理不善，1/4变质。

（8）企业取得的上述相关发票均已通过税务部门认证，并在当月进行抵扣。

要求：请根据上述资料，计算该酒厂该月应纳的增值税。

6.位于县城的某制药厂为增值税一般纳税人，主要生产各类应税药品和免税药品。2020年10月发生如下经济业务：

（1）向医药经销店销售应税药品，取得不含税销售额35万元，支付不含税销货运费3万元，取得增值税专用发票。

（2）制药厂下设的位于同一县城的非独立核算的门市部销售本厂生产的应税药品，取得销售收入价税合计28万元，另收取优质费2.4万元。

（3）销售免税药品，取得货款15万元，支付不含税销货运费0.5万元，取得增值税专用发票。

（4）外购生产应税药品的原材料，取得增值税专用发票，注明销售额42万元、增值税5.46万元，运输途中合理损耗5%。

（5）免税药品生产车间领用上月购入的生产应税药品的一部分原料（进项税额已抵扣），成本为3万元（含运费成本1万元，支付运费时取得一般纳税人开具的增值税专用发票）。

（6）购进生产检测设备一台，取得增值税专用发票，注明销售额8万元、增值税1.04万元；委托运输公司将设备运回制药厂，取得增值税专用发票，注明运费1万元。

已知：上述业务取得的增值税专用发票均由增值税一般纳税人开具，有关涉税凭证已通过税务机关认证并在本月抵扣。

要求：请根据上述资料，计算该药厂当月应纳的增值税。

7.某进出口公司2020年10月进口办公设备500台，每台进口设备的关税完税价格为1万元，委托运输公司将该进口设备从海关运回本单位，支付运输公司运输费用9万元并取得了运输公司开具的货物运输专用发票。当月以每台1.8万元的含税价格售出该设备400台，向甲公司捐赠2台，对外投资20台，留下4台自用。另支付销货运输费1.3万元（取得专用发票）。

要求：请根据上述资料，计算该公司当月应纳的增值税。（注：关税税率为15%）

8.某增值税一般纳税人生产销售自行车，出厂不含税单价为280元/辆。2020年9月留抵税额3 000元。10月该厂购销情况如下：

（1）向当地百货公司销售800辆，百货公司当月付清货款后，厂家给予了8%的销售折扣，开具红字发票入账。

（2）向外地特约经销点销售500辆，并向运输单位支付运费8 000元，收到的运费专用发票上注明运费7 000元。

（3）销售本厂自用12年的小轿车一辆，售价120 000元。

（4）当期发出的包装物收取押金50 000元，逾期仍未收回的包装物押金60 000元。

（5）购进自行车零部件、原材料，取得的专用发票上注明销售金额150 000元，注明税款19 500元。

（6）从小规模纳税人处购进自行车零件，支付90 000元，取得税务机关代开的专用发票。

（7）本厂直接组织收购废旧自行车，支出收购金额60 000元。

（8）上述应当认证的发票，均经过了税务机关的认证。

要求：请根据上述资料，计算该厂应纳的增值税。

9.某运输公司2020年10月取得交通运输收入110万元（含税），当月外购汽油10万元（不含税金额，取得专用发票），购入运输车辆20万元（不含税金额，取得专用发票），发生联运支出40万元（不含税金额，纳税人提供，取得专用发票）。

要求：请根据上述资料，计算该公司本月应纳的增值税。

五、综合题

1.某生产企业为增值税一般纳税人，2020年10月发生的有关生产经营业务如下：

（1）销售甲产品给某大商场，开具专用发票，取得不含税销售额80万元。另开具普通发票，取得销售甲产品的送货运输费收入5.8万元。

（2）销售乙产品，开具普通发票，取得含税销售额30万元。

（3）将试制的一批应税新产品用于基建工程，其成本价为20万元，成本利润率为10%，该新产品无同类产品市场销售价格。

（4）销售于2008年8月购进的使用过的进口摩托车5辆，开具普通发票，每辆取得含税销售额1.04万元。

（5）购进货物，取得的专用发票上注明支付的货款为65万元，进项税额为8.45万元；另支付购货的运输费用6万元，取得运输公司开具的专用发票。

（6）向农业生产者购进免税农产品，支付收购金额30万元，支付给运输单位的运费5万元，取得相关的合法票据及专用发票。本月下旬将购进的农产品的20%用于本企业职工福利。

（7）上述相关票据均符合税法的规定。

要求：请根据上述资料，按下列顺序计算相关问题：

（1）销售甲产品的销项税额。

（2）销售乙产品的销项税额。

（3）自用新产品的销项税额。

（4）销售使用过的摩托车的应纳税额。

（5）外购货物应抵扣的进项税额。

（6）外购免税农产品应抵扣的进项税额。

（7）企业该月合计应纳的增值税。

2.某制药厂为增值税一般纳税人，2020年5—7月发生如下经济业务：

（1）5月5日销售药品，价款为10万元（不含税），货款及税款已收到。

（2）5月7日凭税务机关开具的收购凭证从红卫农场购进玉米100吨，每吨单价1 000元，玉米于当月运回企业并验收入库。

（3）5月13日向农民个人收购玉米50吨，每吨单价1 020元，开具由税务机关统一监制的“收购农产品专用发票”，玉米验收入库。

（4）5月20日销售一批药品收入20万元（不含税），其中避孕药品8万元，收入分别记账，货已发出，并已办妥托收手续，但货款尚未收到。

（5）6月8日从某小规模纳税人处购入玉米5吨，每吨单价1 240元，取得普通发票。

（6）6月15日采取分期收款的方式发出药品一批，价款20万元（不含税），其成本为15万元，合同约定分3期收款，发货时收到应收货款和税款的50%，其余货款和税款于7、8两月等额收回。

（7）6月18日销售药品一批，销售额100万元，向运输部门支付运费2 000元，货款存入银行，取得运费专用发票。

（8）6月21日购入原材料一批，取得的增值税专用发票上注明的价款为20万元，税款2.6万元，款项已付，原材料入库。

（9）6月25日，于上月发出的货物被退回一部分（药品不符），有关退货证明齐全，价税合计58 000元，退回药品已入库。

（10）7月12日将一批药品销售给某医院，开具普通发票，注明价款13.92万元，货已发出，款项已经收到。

（11）7月20日购进玉米10吨，取得增值税专用发票并注明单价为1 050元，货款已付并验收入库。

（12）7月20日盘点原材料，5月从农民个人处购入的库存玉米有20吨发生霉烂变质。上月赊销的药品，本月未收到货款及税款。

（13）该药厂所取得的增值税专用发票和运费发票等已通过主管税务机关认证。

要求：请根据上述资料，计算并回答下列问题：

（1）销售避孕药品不得抵扣的进项税额。

（2）该药厂5月、6月、7月的应纳增值税。

3.某轿车生产企业为增值税一般纳税人，2020年10月生产经营情况如下：

（1）境内采购原材料，取得增值税专用发票，注明税额730万元；从小规模纳税人处购进零配件，取得税务机关代开的增值税专用发票，注明价款800万元，增值税24万元；支付水电费，取得增值税专用发票，注明增值税税额120万元，其中职工浴室使用5%。

（2）进口一批生产轿车用的发动机，支付货价800万元（折合人民币），支付运抵我国境内输入地点起卸前的运输费用和保险费共计80万元，支付卖方佣金20万元。

（3）采用分期收款方式销售200辆中轻型商用客车，不含税销售额共计3 600万元，合同规定本月收回50%的货款，其余款项下月收回；由于购货方资金紧张，实际收到货款1 500万元。销售800辆A牌小轿车，开具增值税专用发票，注明价款12 000万元，支付不含税运费150万元，取得运输企业开具的增值税专用发票。

（4）将4辆自产A牌小轿车奖励给作出突出贡献的科研人员；将2辆自产中轻型商用客车赠送给某关系单位；将1辆自产A牌小轿车移送给本厂集体福利部门使用。

（5）提供汽车修理劳务，开具的普通发票上注明金额46.8万元；对外提供汽车租赁业务，开具的普通发票上注明租金收入14万元。

已知：发动机关税税率为20%，有关涉税凭证合法且已通过税务机关认证。

要求：根据上述资料，按照下列序号计算回答问题：

（1）计算该企业业务（1）准予抵扣的进项税额。

（2）计算该企业进口发动机应缴纳的进口关税和增值税。

（3）计算该企业业务（3）应确认的销项税额及准予抵扣的进项税额。

（4）计算该企业业务（4）应确认的销项税额。

（5）计算该企业业务（5）应确认的销项税额。

（6）计算该企业当月应向税务机关缴纳的增值税税额。

4.嘉乐电器设备厂（以下称嘉乐厂）为增值税一般纳税人，主要生产某型号电机。该厂于2020年10月发生如下业务：

（1）销售电机30台，每台批发价0.7万元（不含税），开出增值税专用发票，另收取包装费和售后服务费3万元，开出普通发票1张。

（2）以出厂价销售电机20台给某专业商店，每台0.65万元（不含税），因该商店提前付款，嘉乐厂决定给予5%的销售折扣。

（3）用以旧换新的方式销售电机4台给某用户，开出普通发票，注明价款2.52万元

（已扣除收购旧货的成本0.28万元）。

（4）以出厂价将电机50台发给外省市的所属机构用于销售，已向所属机构开具专用发票，支付运杂费1.2万元，并取得铁路运输专用发票。

（5）该厂用2台电机向某水泥厂兑换250袋水泥，价款为1.3万元（不含税），并于当月将水泥用于房屋维修，双方都开具了增值税专用发票。

（6）当月购入钢材一批，增值税专用发票上注明的税款为6.4万元，已验收入库；在使用时，发现部分钢材规格不符合购货合同的要求，经协商对方同意退货，退货的不含税价为3万元，取得对方开出的红字增值税专用发票（退货程序符合有关规定）。

（7）当月委托某企业加工电机配件，拨付的原材料实际成本为1.8万元，加工后配件已收回，受托方开来的增值税专用发票上注明的加工费为0.4万元，嘉乐厂以银行存款支付。

（8）为加工某型号电机，从国外进口特种机床1台，到岸价格为10万元，关税税率为21%，已从海关取得完税凭证，货物已入库。

（9）嘉乐厂所取得的增值税专用发票、普通发票、铁路运输专用发票以及海关完税凭证等均已通过主管税务机关认证。

要求：请根据上述资料，计算回答下列问题：

（1）嘉乐厂当月准予抵扣的增值税进项税额和销项税额。

（2）嘉乐厂当月应纳增值税税额。

5.某汽车制造公司为增值税一般纳税人，2020年10月有关生产经营业务如下：

（1）以交款提货的方式销售A型小汽车30辆给某汽车销售公司，每辆不含税售价15万元，开具的税控专用发票上注明的应收价款为450万元，当月实际收回价款为430万元，余款下月收回。

（2）销售B型小汽车50辆给特约经销商，每辆不含税单价12万元，向特约经销商开具了税控增值税专用发票，注明价款600万元、增值税78万元。由于特约经销商当月支付了全部货款，公司给予该特约经销商原售价2%的销售折扣。

（3）将新研制生产的C型小汽车5辆销售给本企业的中层干部，每辆按成本价10万元出售，共计取得收入50万元。C型小汽车尚无市场销售价格。

（4）销售于2008年进口的小汽车3辆，开具普通发票，取得收入64.96万元，3辆进口小汽车原值为62万元，销售时账面余值为58万元。

（5）购进在建建筑物配套使用的通风设备一台，取得税控专用发票，注明价款20万元，进项税额2.6万元。该设备当月投入使用，并单独以固定资产入账。

（6）当月购进原材料，取得税控专用发票，注明金额500万元、进项税额65万元，并经税务机关认证，支付购进原材料的运输费用20万元，取得运费专用发票，支付保险费用5万元和装卸费用3万元。

（7）从小规模纳税人处购进汽车零部件，取得由当地税务机关开具的增值税专用发票，注明价款20万元、进项税额0.6万元，支付运输费用2万元并取得专用发票。

（8）当月因管理不善发生意外事故，库存原材料损失金额35万元（其中，含运输费用2.79万元），直接记入“营业外支出”账户损失35万元。

该公司自行计算、申报缴纳的本月增值税 =［430+600×（1-2%）+50］×13%-［2.6+65+（20+5+3）×9%+0.6-35×13%］

=72.67（万元）

（说明：该公司生产的小汽车均适用9%的消费税税率，C型小汽车的成本利润率为8%）

要求：请根据上述资料，按下列顺序计算有关纳税事项或回答问题，计算事项需计算出合计数：

（1）根据公司自行计算、申报缴纳增值税的处理情况，按资料顺序逐项指出该公司的做法是否正确？简要说明理由。

（2）公司本月应补缴的增值税。

第3章　流转税税法——消费税法

【学习目的与要求】

学习本章的目的主要是理解消费税的含义、由来、特点及作用，掌握消费税的基本法律内容、计税原理与征收管理。要求学生在学习本章时，认识和理解开征消费税的现实意义及相关的基础知识，掌握消费税的征税范围、纳税人、税目税率和纳税环节等基本法律内容及征管的基本要求，进而掌握消费税应纳税额和出口退税额计算的基本方法。

【重点与难点问题解析】

在教材中，本章分为消费税基础知识、消费税基本法律和消费税计税管理三节内容。本章的重点是消费税的作用、消费税的征税范围、税目税率、纳税环节、应纳税额的计算和纳税地点；难点是消费税应纳税额和出口退税额的计算。本章的重点与难点问题主要有10个，解析如下：

一、征收消费税的现实意义

从一般意义上来说，消费税是对消费品或消费行为征收的一种税。我国的消费税是对在中国境内从事生产、委托加工和进口应税消费品的单位和个人，就其销售额或销售数量在特定环节征收的一种税。

我国的消费税作为对消费品进行特殊调节的一个税种，具有征税范围的选择性、纳税环节的单一性、征收方法的灵活性、适用税率的差别性和税收负担的转嫁性等特征。其作用主要表现为：一是优化资源的配置，体现产业政策；二是抑制超前消费，调整消费结构；三是调节支付能力，缓解分配不公；四是稳定税收来源，保证财政收入。

二、消费税的征税范围

消费税的立法宗旨是调节消费结构、正确引导消费、抑制超前消费。因此，并不是对所有的消费品都征消费税，而是有选择性地征收。

我国现行消费税的征税范围为生产、委托加工和进口的应税消费品。其主要包括以下5个方面：一是特殊消费品，如烟、酒、鞭炮及焰火等；二是非生活必需品（奢侈品），如高档化妆品、贵重首饰及珠宝玉石、高档手表、高尔夫球及球具等；三是高能耗消费品，如摩托车、小汽车等；四是不可再生和稀缺资源及其产成品，如成品油、木制一次性筷子、实木地板等。

此外应注意自产自用、委托加工和进口应税消费品，也应按规定计征消费税。

三、消费税的税目、税率

1.消费税税目、税率的设计及调整。学习消费税税目、税率时，要注意掌握消费税税目、税率设计的原则、调整及其原因。

消费税依照“简化税制、征税宗旨明确、征税对象清晰、兼顾历史习惯”的原则，采取正列举法设置了15个税目，包括烟、酒、成品油、小汽车、摩托车、游艇、鞭炮及焰火、高档化妆品、贵重首饰及珠宝玉石、高档手表、高尔夫球及球具、实木地板、木制一次性筷子、电池、涂料。

消费税自1994年实施以来，在税率上进行了4次大的调整：第一次是1996年消费税将金银首饰的征税环节，由生产环节调整为零售环节，税率由10%调整为5%；第二次是2001年4月对烟、酒消费税税率的调整，由原来的从价定率征收调整为从价从量复合征收；第三次是2006年4月开始对高尔夫球及球具、高档手表、游艇、木制一次性筷子、实木地板等征税，并对原有的部分税目、税率进行了调整；第四次是2015年2月开始对电池、涂料征税。

现行消费税的比例税率分为15档，最低为1%、最高为56%；定额税率最低为每征税单位1.2元，最高为每征税单位250元。此外，卷烟和白酒的消费税采取从价与从量相结合的复合计税办法。

2.烟、酒消费税税率调整的原因主要有以下3个方面：

（1）避免纳税人偷逃税。调整前烟、酒采用从价定率征税的办法，只在生产环节进行征收，导致烟、酒企业采用转移定价的方法规避消费税。在实际征收中，烟、酒企业通常通过设立自己的销售公司、关联公司等手段，调低烟、酒产品在出厂环节的价格，从而达到减少应纳消费税税额的目的。

（2）符合国际税收惯例。国际上在烟、酒消费税的征收过程中通常采取从价与从量相结合的复合计税办法或全部采用从量定额的征收方法。但由于我国烟、酒的级别多、差价大，完全采用从量定额的征收方法不利于公平税负，因此采取了从价与从量相结合的复合计税办法。

（3）符合社会经济发展的需要。随着社会经济的发展，我国啤酒产品的档次也逐渐拉开，啤酒的差价很大，单一采用从量定额的办法征收消费税不利于公平税负，因此将啤酒的单位税额按照出厂价划分为两档定额税率。

3.调整消费税税目的原因。为适应社会经济发展的需要，进一步完善消费税税制，我国从2006年4月1日起对消费税的税目、税率及相关政策进行调整，即新增高尔夫球及球具、高档手表、游艇、木制一次性筷子、实木地板5个税目，从2015年2月起对电池、涂料征税，并对原有的部分税目、税率进行了调整，这是我国自1994年税制改革以来对消费税税制最大的两次调整。这两次调整突出了两个重点：一是促进环境保护和节约资源；二是合理引导消费和间接调节收入分配。

四、消费税的纳税环节

在学习消费税的纳税环节时，注意掌握消费税与增值税纳税环节的区别。增值税是普遍征收的税种，因此纳税环节不是唯一的，而是道道课税。消费税在我国是一次课征的税种，一般情况下在生产销售环节纳税，即纳税人生产的应税消费品于生产销售时纳税。

注意消费税纳税环节的特殊规定，包括进口环节、自用环节、加工环节、批发环节和零售环节的特殊规定。

（1）进口环节。对纳税人进口的应税消费品，于报关进口时缴纳消费税，由海关负责征收。个人携带或邮寄进入我国境内的应税消费品，在报关进口环节连同关税一并计算纳税。

（2）自用环节。纳税人自产自用的应税消费品，用于连续生产应税消费品的，不纳税；用于其他方面的，于移送使用时纳税。

（3）加工环节。委托加工的应税消费品，除受托方为个人外，由受托方在向委托方交货时代收代缴税款；委托方用于连续生产应税消费品的，所纳税款准予按规定予以抵扣。

（4）批发环节。在中国境内从事卷烟批发业务的单位和个人，应按批发卷烟的销售额（不含增值税）征收11%的从价税和0.005元/支的从量税。

（5）零售环节。按照现行税法的规定，金银首饰（含镶嵌首饰）、钻石及钻石饰品在零售环节征税；超豪华小轿车在零售环节加征一道消费税 。

五、消费税从价定率办法应纳税额的计算

应纳税额的计算公式为：

应纳消费税=销售额×比例税率

1.应税消费品销售额确定的一般规定。应税消费品在缴纳消费税的同时还要缴纳增值税，因此消费税与增值税的计税依据相同，即对销售额的规定相同。应税消费品的销售额包括向购买方收取的全部价款和价外费用。销售额应为不含增值税的销售额，如果纳税人的应税消费品的销售额中包含未扣除的增值税税款或者因不得开具增值税专用发票而发生价款和增值税税款合并收取的，在计算消费税时，应换算为不含增值税的销售额。

2.应税消费品销售额确定的特殊规定。

（1）自产自用应税消费品的计税销售额。纳税人自产自用的应税消费品，用于连续生产应税消费品的，不纳税；用于其他方面的，于转移使用时纳税。按税法规定应当缴纳消费税的，应以纳税人生产的同类消费品的销售价格为计税依据计算纳税；没有同类消费品销售价格的，按照组成计税价格计算纳税。自产自用应税消费品实行从价定率办法计算组成计税价格的计算公式为：

组成计税价格=（成本+利润）÷（1-比例税率）

（2）委托加工应税消费品的计税销售额。委托加工的应税消费品，按照受托方的同类消费品的销售价格计算纳税；没有同类消费品销售价格的，按照组成计税价格计算纳税。委托加工应税消费品实行从价定率办法计算组成计税价格的计算公式为：

组成计税价格=（材料成本+加工费）÷（1-比例税率）

（3）进口应税消费品的计税销售额。进口应税消费品实行从价定率计税办法计算征收消费税的，按其组成计税价格计算征收消费税。其具体分析和计算公式见“八、进口应税消费品应纳消费税额的计算”。

（4）包装物及押金的计税销售额。按照税法的规定，实行从价定率办法计税的应税消费品，连同包装销售以及收取的包装物押金的计税销售额，作如下处理：

第一，应税消费品连同包装物销售的，无论包装物是否单独计价以及在会计上如何核算，均应并入应税消费品的销售额中缴纳消费税。

第二，如果包装物不作价随同产品销售而是收取押金，则此项押金不应并入应税消费品的销售额中征税，但对因逾期未收回的包装物不再退还的或已收取超过12个月的押金，应并入应税消费品的销售额，按照应税消费品的适用税率缴纳消费税。

第三，对既作价随同应税消费品销售，又另外收取押金的包装物的押金，纳税人在规定的期限内没有退还的，应并入应税消费品的销售额，按照应税消费品的适用税率缴纳消费税。

第四，酒类产品生产企业销售酒类产品（黄酒、啤酒除外）而收取的包装物押金，无论押金是否返还以及会计上如何核算，均需并入酒类产品的销售额中，依酒类产品的适用税率征收消费税。

（5）金银首饰应税消费品的计税销售额。纳税人销售金银首饰，其计税销售额为从购货方收取的全部价款和价外费用。

生产、批发、零售单位用于馈赠、赞助、集资、广告、样品、职工福利、奖励等方面的金银首饰，应按纳税人销售同类金银首饰的销售价格确定计税依据征收消费税；没有同类金银首饰销售价格的，按照组成计税价格计算纳税。其计算公式为：

组成计税价格=购进价格×（1+利润率）÷（1−金银首饰消费税税率）

（6）价税合并定价应税销售额的确定。作为计税依据的应税销售额，不包括应向购买方收取的增值税税款。如果在纳税人应税消费品的销售额中未扣除增值税税款或不得开具增值税发票而发生价款和增值税税款合并收取的，在计算消费税时应换算为不含增值税的销售额。其换算公式为：

应税消费品销售额=含增值税的销售额÷（1+增值税税率或征收率）

六、消费税从量定额办法应纳税额的计算

应纳税额的计算公式为：

应纳消费税=销售数量×定额税率

销售数量的确定。生产销售的应税消费品，为应税消费品的销售数量；自产自用的应税消费品，为应税消费品的移送使用数量；委托加工的应税消费品，为纳税人收回的应税消费品数量；进口的应税消费品，为海关核定的应税消费品的进口数量。

采用从量定额办法征收的黄酒、啤酒，以“吨”为计税单位；汽油、柴油等，以“升”为计税单位。为了便于计税单位的换算，国家统一规定：黄酒 1 吨=962 升；啤酒 1 吨=988 升；汽油 1 吨=1 388 升；柴油 1 吨=1 176 升；航空煤油 1 吨=1 246 升；石脑油 1 吨=1 385 升；溶剂油 1 吨=1 282 升；润滑油 1 吨=1 126 升；燃料油 1 吨=1 015 升。

七、从价与从量相结合的复合计算方法

在现行消费税的征税范围中，只有卷烟、粮食白酒、薯类白酒采用复合计算方法。其基本计算公式为：

应纳税额=销售额×比例税率+销售数量×定额税率

1. 从量定额销售数量的确定。生产销售的卷烟、粮食白酒、薯类白酒从量定额计税依据为实际销售数量。进口、委托加工、自产自用的卷烟、粮食白酒、薯类白酒从量定额计税依据分别为海关核定的进口征税数量、委托方收回数量、移送使用数量。

2. 从价定率销售额的确定。纳税人生产销售应税消费品实行复合计税办法计算纳税的销售额为：

纳税人自产自用和委托加工的应税消费品的销售额分别为纳税人生产的同类消费品的销售价格和受托方同类消费品的销售价格，没有同类消费品销售价格的，按照组成计税价格计算纳税。其中：

（1）自产自用应税消费品实行复合计税办法计算纳税的组成计税价格的计算公式：

组成计税价格=（成本+利润+自产自用数量×定额税率）÷（1-比例税率）

（2）委托加工应税消费品实行复合计税办法计算纳税的组成计税价格的计算公式：

组成计税价格=（材料成本+加工费+委托加工数量×定额税率）÷（1-比例税率）

（3）进口应税消费品实行复合计税办法计算征收消费税的，按其组成计税价格征收消费税。其具体分析和计算公式见“八、进口应税消费品应纳消费税额的计算”。

八、进口应税消费品应纳消费税额的计算

1.实行从价定率办法的应税消费品应纳税额的计算。应税消费品报关进口后还没有实现销售，不能根据实际销售收入征税，如果以关税完税价格为计税依据，就会使进口应税消费品与国内生产的同种应税消费品的计税依据不一致，从而使进口应税消费品的税负低于国内生产的同种应税消费品的税负。因此，税法规定对进口应税消费品按其组成计税价格征收消费税。其计算公式为：

组成计税价格=关税完税价格+关税+消费税

=关税完税价格×（1+关税税率）÷（1-消费税税率）

应纳消费税=组成计税价格×消费税税率

2.实行从量定额办法的应税消费品应纳税额的计算。对进口应税消费品实行从量定额办法计算征收消费税的，其计税依据是进口应税消费品的数量。其计算公式为：

应纳消费税=进口数量×适用税率

3.实行从价与从量相结合的复合计税办法的应税消费品的应纳税额计算。对进口应税消费品实行从价与从量相结合的复合计税办法计算征收消费税的，其计税依据是进口应税消费品的组成计税价格和进口数量。其基本计算公式为：

应纳消费税=组成计税价格×消费税比例税率+应税消费品数量×消费税定额税率

组成计税价格=（关税完税价格+关税+进口数量×消费税定额税率）÷（1-消费税比例税率）

九、消费税出口退税的政策及其适用范围

纳税人出口应税消费品与出口货物相同，给予退（免）税优惠。出口应税消费品同时涉及退（免）增值税和消费税，且退（免）消费税与出口货物退（免）增值税在退（免）税范围、退（免）税办理程序、退（免）税审核及管理上都有许多一致的地方。因此，在学习消费税出口退（免）税时，要注意消费税出口退（免）税与增值税出口退（免）税的区别，具体见表3-1。

表3-1 消费税出口退（免）税与增值税出口退（免）税的区别

出口退税政策	适用范围
出口免税并退税	①有出口经营权的外贸企业购进应税消费品直接出口 ②外贸企业受其他外贸企业委托代理出口应税消费品
出口免税不退税	有出口经营权的生产企业自营出口或生产企业委托外贸企业代理出口自产的应税消费品，依据其实际出口数量免征消费税，不予办理退税
不免税也不退税	除生产企业、外贸企业外的其他企业，具体指一般商贸企业

十、出口应税消费品退税额的计算

当出口的货物是应税消费品时，应退还增值税的要按规定的退税率计算；退还的消费

税则按该应税消费品适用的消费税税率计算。企业应将不同消费税税率的出口应税消费品分开核算和申报，凡划分不清的，一律从低适用税率计算应退消费税税额。

外贸企业从生产企业购进货物直接出口或受其他外贸企业委托代理出口应税消费品的应退消费税税额，分两种情况处理：

（1）从价定率计征消费税退税额的计算。属于从价定率计征消费税的应税消费品，应依照外贸企业从工厂购进货物时征收消费税的价格计算应退消费税税额。其计算公式为：

应退消费税税额=出口货物的工厂销售额×消费税税率

（2）从量定额计征消费税退税额的计算。属于从量定额计征消费税的应税消费品，应依货物购进和报关出口的数量计算应退消费税税额。其计算公式为：

应退消费税税额=出口数量×应税消费品的单位税额

在上述公式中，出口货物的工厂销售额不包含增值税，对含增值税的销售额应换算为不含增值税的销售额；消费税税率为“消费税税目、税率表”中规定的税率。

一、判断题

1. 卷烟批发企业的纳税地点为卷烟批发企业的机构所在地，总机构与分支机构不在同一地区的，由总机构汇总向其所在地税务机关申报缴纳消费税。（　　）

2. 用于换取生产资料的卷烟，应以同类商品的平均售价作为计税依据，计算征收增值税和消费税。（　　）

3. 工业企业从化妆品厂购进罐装高档化妆品的半成品，添加香料后售给另一加工企业再加工成成品出售。工业企业向另一企业出售时应缴纳消费税，允许扣除购入价格中所含的消费税税金。（　　）

4. 在零售环节征消费税的金银（含铂金）首饰、钻石、钻石饰品允许抵扣在外购珠宝玉石时已纳的消费税税款。（　　）

5. 委托加工应税消费品，委托方将收回的应税消费品以高于受托方的计税价格出售的，需按规定申报缴纳消费税，在计税时准予扣除受托方已代收代缴的消费税。（　　）

6. 纳税人兼营不同税率的应税消费品，应当分别核算不同税率应税消费品的销售额、销售数量。未分别核算销售额、销售数量的，或者将不同税率的应税消费品组成成套消费品销售的，从高适用税率。（　　）

7. 实行从价定率办法计算应纳税额的应税消费品连同包装销售的，无论包装物是否单独计价，均不作为应税消费品的销售额征收消费税。（　　）

8. 以旧换新（含翻新改制）销售金银首饰按实际收取的不含增值税的全部价款确定计税依据，征收消费税。（　　）

9. 商业企业一般纳税人零售的烟、酒、食品、服装、化妆品等消费品不得开具增值税专用发票。（　　）

10. 纳税人自产自用从价定率征税的应税消费品，没有同类消费品销售价格的，按照组成计税价格计算纳税。组成计税价格=（成本+利润）÷（1+消费税税率）。（　　）

11. 白酒生产企业向商业销售单位收取的“品牌使用费”应并入白酒销售额中缴纳消

费税。　(　　)

12.卷烟消费税在生产和批发两个环节征收后，批发企业在计算纳税时不得扣除已缴纳的生产环节的消费税税款。　(　　)

13.当出口的货物是应税消费品时，其退还增值税要按规定的退税率计算；其退还的消费税则按该应税消费品适用的消费税税率计算。凡划分不清适用税率的（由于企业的原因），一律从低适用税率计算应退消费税税额。　(　　)

14.企业应将不同消费税税率的出口应税消费品分开核算并申报退税，凡划分不清适用税率的，一律从高适用税率计算应退消费税税额。　(　　)

15.纳税人自产自用的应税消费品，用于连续生产应税消费品时应缴纳消费税。　(　　)

16.餐饮业、商业、娱乐业开办的啤酒屋（啤酒坊）利用啤酒生产设备生产的啤酒不应当征收消费税。　(　　)

17.委托加工应税消费品的受托方没有代收代缴税款的，对受托方处以应代收代缴税款50%以上3倍以下的罚款，并由受托方补缴税款。　(　　)

18.外贸企业接受非生产性商贸企业的委托，代理出口应税消费品的，应当退还消费税。　(　　)

19.销售额为纳税人销售应税消费品向购买方收取的全部价款和价外费用，全部价款包含消费税税额和增值税税额。　(　　)

20.受托加工的应税消费品，由受托方向所在地主管税务机关代缴消费税。　(　　)

21.纳税人销售的应税消费品，采取预收货款方式结算的，其纳税义务发生时间为发出应税消费品的当天。　(　　)

22.进口应税消费品的，由进口人或其代理人向报关地海关申报纳税。　(　　)

23.当受托方没有按规定代收消费税税款时，应由委托方补缴税款，对于委托方收回的应税消费品不能直接销售的，其补征税款的依据是受托方的组成计税价格。　(　　)

24.企业委托加工应税消费品，如果受托方没有同类消费品的销售价格，受托方可按委托加工合同上注明的材料成本与加工费之和作为组成计税价格，计算代收代缴的消费税。　(　　)

25.委托个人加工的应税消费品，由委托方向其机构所在地或居住地的主管税务机关申报纳税。除此之外，由受托方向所在地的主管税务机关代收代缴消费税税款。　(　　)

二、单项选择题

1.下列环节中既征消费税又征增值税的是（　　）。

A.粮食白酒的生产和批发环节　　B.金银首饰的生产和零售环节

C.金银首饰的进口环节　　D.高档化妆品的生产环节

2.根据消费税的有关规定，下列纳税人自产自用应税消费品不缴纳消费税的是（　　）。

A.炼油厂用于基建部门的自产汽油

B.汽车厂用于管理部门的自产汽车

C.日化厂用于交易会的自产高档化妆品

D.卷烟厂用于生产卷烟的自制烟丝

3.纳税人在销售应税消费品时，按规定不得开具专用发票而发生价款和增值税合并收取的，在计算消费税时，其应税消费品的销售额等于（　　）。

A.含增值税的销售额÷（1+增值税税率或征收率）

B.含增值税的销售额÷（1-增值税税率或征收率）

C.含增值税的销售额÷（1-消费税税率）

D.含增值税的销售额÷（1+消费税税率）

4.下列行为中，应缴纳消费税的是（　　）。

A.商场销售高档家具　　B.房地产公司销售豪宅

C.林场销售实木复合地板　　D.烟花厂销售体育比赛专用的发令纸

5.下列各项中，属于消费税纳税义务人的是（　　）。

A.生产金银首饰的工业企业　　B.零售卷烟的商业企业

C.生产汽车轮胎的工业企业　　D.零售超豪华小汽车的4S店

6.下列行为中，既不征收增值税也不征收消费税的是（　　）。

A.高档化妆品生产企业将自产的高档化妆品奖励给有突出贡献的职工

B.高档化妆品生产企业将自产的高档香水精用于继续生产高档香水

C.高档化妆品生产企业将自产的高档香水精用于继续生产普通护肤品

D.外贸企业进口木制一次性筷子

7.下列各项中，应征收消费税的是（　　）。

A.润滑脂　　B.雪地车　　C.卡丁车　　D.帆艇

8.某企业委托酒厂加工药酒10箱，该药酒无同类产品的销售价格，委托方提供的原料成本为2万元，受托方垫付的辅料成本为0.15万元，另收取不含增值税加工费0.4万元。则该酒厂应代收代缴的消费税（消费税税率为10%）为（　　）元。

A.2 550　　B.2 833.33　　C.3 833.33　　D.2 388.88

9.下列各项中，不符合应税消费品销售数量规定的是（　　）。

A.生产销售应税消费品的，为应税消费品的销售数量

B.自产自用应税消费品的，为应税消费品的生产数量

C.委托加工应税消费品的，为收回的应税消费品数量

D.进口应税消费品的，为海关核定的应税消费品数量

10.根据现行规定，用外购已税消费品连续生产应税消费品的，准予按生产领用数量计算扣除外购应税消费品已纳消费税。下列产品中符合这一规定的是（　　）。

A.以外购高档手表改装加工的钻石手表

B.以外购已税木制一次性筷子为原料生产的高档筷子

C.外购已税卷烟贴商标，包装出售的卷烟

D.以外购的柴油连续生产的生物柴油

11.下列各项中，符合消费税法有关“应按当期生产领用数量计算准予扣除外购的应税消费品已纳消费税税款”规定的是（　　）。

A.外购已税白酒生产的药酒

B.外购已税珠宝玉石生产的金银镶嵌首饰

C.外购已税白酒生产的酒心巧克力

D.外购已税润滑油生产的润滑油

12.下列有关消费税的表述中，正确的是（　　）。

A.纳税人将生产的应税消费品用于偿还债务的应当按规定缴纳消费税

B.无论是否返还，随啤酒销售取得的包装物押金都应当征收消费税

C.纳税人进口应税消费品的纳税义务发生时间为货物到岸的当天

D.自产应税消费品用于连续生产应税消费品的，在使用时缴纳消费税

13.纳税人用委托加工收回的白酒连续生产白酒，在计算纳税时，关于其委托加工收回白酒的已纳消费税税款的说法，正确的是（　　）。

A.该已纳税款当期可全部扣除

B.收回委托加工应税消费品当期领用部分的已纳税款可以扣除

C.该已纳税款当期可扣除50%

D.该已纳税额不得扣除

14.某地板公司生产各种实木地板，于2020年10月领用上月外购的地板继续加工成豪华实木地板，销售给某外贸企业500箱，开具的增值税专用发票上注明的销售额为400万元。已知上月外购实木地板500箱，取得增值税专用发票上注明的价款为300万元，本月生产领用80%。该地板公司应缴纳的消费税为（　　）万元（消费税税率为5%）。

A.5　　B.20　　C.4.5　　D.8

15.纳税人进口金银首饰，其消费税纳税环节是（　　）。

A.进口环节　　B.批发环节

C.零售环节　　D.进口和零售环节

16.下列关于消费税税率的表述中，错误的是（　　）。

A.消费税采用比例税率和定额税率，以适应不同应税消费品的实际情况

B.卷烟在批发环节加征一道从价税，税率为10%

C.对餐饮业等啤酒屋利用啤酒生产设备生产的啤酒按250元/吨计征消费税

D.比例税率最高为56%，最低为1%

17.某烟厂10月外购烟丝，取得的增值税专用发票上注明税款为8.5万元，本月生产领用80%，期初尚有库存的外购烟丝2万元，期末库存烟丝12万元。该企业本月可扣除消费税（　　）万元。

A.6.8　　B.9.6　　C.12　　D.40

18.某化妆品厂受托加工一批高档化妆品，委托方提供原材料成本30 000元，该厂收取加工费10 000元、代垫辅助材料5 000元，该厂没有同类高档化妆品销售价格。该厂应代收代缴消费税（　　）元。（以上款项均不含增值税，高档化妆品的消费税税率为15%）

A.7 058.82　　B.8 294.12　　C.7 941.18　　D.8 338.24

19.某酒厂2020年10月将自产的一种新型薯类白酒5吨用于赠送客户，薯类白酒的成本为10 000元，该白酒无同类产品市场销售价格，已知其成本利润率为10%。该批薯类白酒应纳的消费税为（　　）元。

A.7 200　　B.4 290　　C.9 000　　D.3 450

20.某金店（中国人民银行批准的金银首饰经销单位）为增值税一般纳税人，2020年10月采取“以旧换新”方式销售24K纯金项链10条，每条新项链对外零售价格为3 000元，旧项链作价1 000元，从消费者手中每条收取新旧项链差价2 000元，该项“以旧换

新”业务应纳增值税和消费税合计（　　）元。

A.2 905.98　　B.3 185.84　　C.3 620.69　　D.5 100

21.下列企业出口应税消费品享受免税并退税的是（　　）。

A.有出口经营权的外贸企业购进应税消费品直接出口

B.外贸企业受生产企业委托代理出口应税消费品

C.外贸企业受商业企业委托代理出口应税消费品

D.有出口经营权的生产企业直接出口应税消费品

22.税务机关在税务检查中发现，张某委托本地的个体户李某加工实木地板。张某已将实木地板收回并销售，但未入账，也不能出示消费税完税证明。下列关于税务机关征管行为的表述中，正确的是（　　）。

A.应要求李某补缴税款

B.应要求张某补缴税款

C.应对张某处以未缴纳消费税额0.5倍至3倍的罚款

D.应对李某处以未代收代缴消费税额0.5倍至3倍罚款

23.下列各项中，属于消费税征收范围的是（　　）。

A.电动汽车　　B.卡丁车　　C.高尔夫车　　D.小轿车

24.下列项目中，应并入销售额计征消费税的是（　　）。

A.轮胎厂出售自行车轮胎取得的价外费用

B.汽车厂出售达到低污染排放值的越野车收取的价外费用

C.酒厂出售啤酒逾期未归还的包装物押金

D.烟厂自设独立核算的门市部零售卷烟

25.某金店采取以旧换新方式销售金银饰品，消费税的计税依据是（　　）。

A.同类新金银饰品的销售价格　　B.收取的含增值税的全部价款

C.金银饰品的组成计税价格　　D.收取的不含增值税的全部价款

26.某卷烟生产企业的X牌卷烟出厂价格为每标准条60元（不含增值税，下同），税务机关采集到的X牌卷烟批发环节价格为每标准条100元，国家税务总局核定的同类卷烟的批发环节毛利率为29%。该企业当期出厂销售X牌卷烟300标准箱，则该企业当期应纳的消费税为（　　）元。

A.3 027 000　　B.2 565 000　　C.2 355 000　　D.1 665 000

27.某酒厂2020年10月份生产一种新的粮食白酒，对外赞助0.2吨，已知该种白酒无同类产品出厂价，生产成本每吨35 000元，成本利润率为10%，粮食白酒定额税率为每斤0.5元，比例税率为20%。该厂当月应纳的消费税为（　　）元。

A.1 975　　B.2 125　　C.2 175　　D.2 245

28.根据税法的规定，成品油消费税的纳税环节是（　　）。

A.商业批发环节　　B.加油站加油环节

C.生产销售环节　　D.消费者购油环节

29.某酒厂于2020年10月生产销售散装啤酒400吨，每吨售价3 800元。另外，该厂生产一种新的粮食白酒，广告样品使用0.2吨，已知该种白酒无同类产品出厂价，生产成本为每吨35 000元，成本利润率为10%，该厂当月应纳的消费税为（　　）元。

A.88 000　　B.90 566.67　　C.100 000　　D.102 175

30.某外贸公司于2020年10月进口卷烟100箱，每箱的关税完税价格为2万元人民币；从境内报关地运到单位，发生运费1.7万元，保险费用等杂费2.5万元。假定关税税率为15%，则应纳进口环节消费税（　　）万元。

A.99.23　　B.126.28　　C.189.41　　D.296.14

31.某木制品公司于2020年10月销售给经销商甲实木地板（消费税税率5%）100箱，销售价为1 000元/箱，销售给经销商乙同类实木地板80箱，销售价为1 100元/箱；当月还将30箱同类实木地板发给其原材料供应商以抵偿上月的应付货款。则该公司应缴纳的消费税为（　　）元。

A.11 050　　B.12 700　　C.12 667　　D.12 400

32. 2020年某公司进口10箱卷烟（5万支/箱），经海关审定，关税完税价格22万元/箱，关税税率50%，消费税税率56%，定额税率150元/箱。该公司进口环节应纳消费税（　　）万元。

A.420.34　　B.288.88　　C.100.80　　D.1183.64

33.下列关于卷烟消费税的政策，说法正确的是（　　）。

A.卷烟在批发环节加征一道从量税

B.卷烟批发纳税人应将卷烟与其他商品的销售额分开核算，否则一并征收消费税

C.卷烟批发企业计算卷烟批发环节应纳消费税准予扣除生产环节已缴纳的消费税

D.从事卷烟批发业务的企业销售所有的卷烟都应按其销售额（不含增值税）的3%征收消费税

三、多项选择题

1.下列关于零售环节征收消费税的表述中，正确的有（　　）。

A.在零售环节征收消费税的首饰仅限于金基、银基合金首饰以及金、银和金基、银基合金的镶嵌首饰

B.纳税人销售金银首饰、钻石及钻石饰品，其计税依据是不含增值税的销售额

C.金银首饰与其他产品组成成套产品销售的，应按销售额全额征收消费税

D.金银首饰连同包装物销售的，无论包装物是否单独计价，也无论会计上如何核算，均应并入金银首饰的销售额，计征消费税

2.下列单位中，属于消费税纳税人的有（　　）。

A.生产销售应税消费品（金银首饰除外）的单位

B.委托加工应税消费品的单位

C.进口应税消费品的单位

D.受托加工应税消费品的单位

3.根据现行税法，下列消费品在生产经营环节既征收增值税又征收消费税的有（　　）。

A.批发环节销售的卷烟　　B.零售环节销售的黄金及合金首饰

C.批发环节销售的白酒　　D.零售环节销售的白酒

4.下列各项中，属于消费税征收范围的有（　　）。

A.汽油　　B.柴油　　C.植物油　　D.航空煤油

5.下列委托加工行为应纳消费税的有（　　）。

A.卷烟厂委托加工烟丝全部用于卷烟生产

B.某企业将外购汽车底盘及配件委托加工成小货车自用

C.某企业委托加工一批护肤品作为福利发给职工

D.某商场委托加工一批卷烟直接用于销售

6.对连续生产的应税消费品，准予从应纳消费税税额中按当期生产领用数量计算扣除委托加工收回的应税消费品已纳消费税税款。这类委托加工的应税消费品包括（　　）。

A.烟丝　　B.酒　　C.高档化妆品　　D.实木地板

7.下列各项中，应当征收消费税的有（　　）。

A.化妆品厂作为样品赠送给客户的香水

B.用于产品质量检验耗费的高尔夫球杆

C.白酒生产企业向百货公司销售的试制药酒

D.轮胎厂移送非独立核算门市部待销售的汽车轮胎

8.在企业生产销售白酒取得的下列款项中，应并入销售额计征消费税的有（　　）。

A.优质费　　B.包装物租金　　C.品牌使用费　　D.包装物押金

9.对下列货物销售行为应征收消费税的有（　　）。

A.汽车销售公司代销小汽车

B.汽车修理厂销售汽车轮胎

C.商场零售金银首饰

D.手表厂生产销售不含税价为12 000元/块的手表

10.下列关于消费税纳税义务发生时间的表述，正确的有（　　）。

A.酒厂销售白酒按合同约定12日收取价款的80%，按时发出全部货物并确认全部收入

B.烟草专卖公司进口一批雪茄卷烟的纳税义务发生时间为卷烟报关进口的当天

C.委托银行收款销售汽车的纳税义务发生时间为发出汽车并办妥托收手续的当天

D.造船厂销售游艇采取预收货款结算方式，5月收到预收货款并确认收入（6月发出游艇）

11.下列企业出口应税消费品享受出口免税但不退税政策的有（　　）。

A.有出口经营权的外贸企业购进货物直接出口

B.有出口经营权的生产性企业自营出口

C.生产企业委托外贸企业代理出口自产的应税消费品

D.外贸企业委托其他外贸企业代理出口的应税消费品

12.下列各项中，属于消费税纳税义务人的有（　　）。

A.零售白酒的个体工商户

B.零售钻石及钻石饰品的单位

C.委托加工木制一次性筷子的委托方

D.生产实木地板用于装饰本企业办公室的地板生产企业

13.根据消费税的现行规定，下列车辆不属于应税小汽车征税范围的有（　　）。

A.电动汽车

B.用外购厢式货车改装的商用客车

C.每辆零售价格在130万元（不含增值税）以上的超豪华小汽车

D.雪地车

14.某企业生产的某系列化妆用品，用于（　　）时应征收消费税。

A.促销活动中的赠送品　　B.本企业职工运动会奖品

C.加工生产其他系列化妆品　　D.电视广告的样品

15.下列各项中，符合消费税纳税地点规定的有（　　）。

A.进口应税消费品的，由进口人或其代理人向报关地海关申报纳税

B.总机构与分支机构不在同一县（市）的，应分别向各自机构所在地缴纳消费税

C.委托加工应税消费品的，一律由委托方向受托方所在地的主管税务机关申报纳税

D.纳税人到外县销售自产应税消费品应向机构所在地或居住地的主管税务机关纳税

16.下列各项中，符合应税消费品销售数量规定的有（　　）。

A.生产销售应税消费品的，为应税消费品的销售数量

B.进口应税消费品的，为海关核定的应税消费品进口征税数量

C.委托加工应税消费品的，为委托方收回的应税消费品数量

D.自产自用应税消费品的，为应税消费品的生产数量

17.下列关于消费税纳税义务发生时间的说法中，正确的有（　　）。

A.某化妆品厂销售高档化妆品采用赊销方式，合同规定的收款时间为5月，实际收到货款为6月，则纳税义务发生时间为6月

B.某汽车厂采用预收货款方式结算，其纳税义务发生时间为预收货款的当天

C.某汽车厂采用托收承付结算方式销售汽车，其纳税义务发生时间为发出汽车并办妥托收手续的当天

D.某金银珠宝店销售首饰10件，收取价款2.5万元，其纳税义务发生时间为销售货物的当天

18.下列关于消费税税率的说法中，正确的有（　　）。

A.每标准条卷烟对外调拨价70元以下的，从价定率税率为36%

B.娱乐业、餐饮业自制啤酒消费税单位税额为250元/吨

C.甲类卷烟适用的比例税率为56%

D.纳税人之间批发销售的卷烟按5%缴纳消费税

19.下列各项中，在生产环节计征消费税的有（　　）。

A.卷烟　　B.金银首饰　　C.钻石　　D.珠宝首饰

20.既有自产卷烟，同时又委托联营企业加工与自产卷烟牌号、规格相同卷烟的工业企业（以下简称卷烟回购企业），从联营企业购进后再直接销售的卷烟，其不再征收消费税的条件有（　　）。

A.联营企业按规定公示调拨价格申报缴纳消费税

B.回购企业向联营企业提供所需加工卷烟的牌号

C.回购企业能分别核算回购卷烟与自产卷烟的销售收入

D.回购企业向联营企业提供税务机关已公示的计税价格

21.下列各项中，不符合消费税纳税地点规定的有（　　）。

A.委托加工的应税消费品由委托方向所在地税务机关申报纳税

B.进口应税消费品由进口人或其代理人向报关地的海关申报纳税

C.分支机构与总机构不在同一县（市）的，应当回总机构税务机关申报纳税

D.酒厂到外县（市）销售自产白酒的，应向机构或居住地的税务机关申报纳税

四、计算题

1.某化妆品有限公司为增值税一般纳税人，2020年10月发生以下业务：

（1）从国外空运进口一批高档化妆品，成交价格1 380 000元、运费20 000元，进口关税为280 840元。自海关运往单位的途中发生运费8 000元，但未取得运费发票。该化妆品入库后的45%被生产部门领用继续加工高档化妆品（经海关审查，公司申报的完税价格未包含保险费，公司的解释是相关费用无法确定，海关对此依法进行调整）。

（2）以成本为80 000元的原材料委托某县A企业加工高档化妆品，取得专用发票上注明的加工费50 000元、辅助材料5 000元，受托方按规定代收代缴了税款。

（3）当月采用分期收款方式销售A高档化妆品，当月发出货物，不含税售价为1 500 000元；合同约定分3期结算，自当月起每月月末结算一次。

（4）采取预收款方式销售B高档化妆品215 000套，不含税单价58元，货物已经发出。

（5）将自产的B高档化妆品共1 000套在展销会上作为小样赠送给客商。

（6）为某影视公司定做演员专用的油彩和卸妆油一批，收取价税合计67.86万元，另收取运输费5万元、优质费2.02万元，均开具增值税普通发票。

（7）通过当地非独立核算的门市部销售试制的新型高档化妆品100套，每套成本为100元，不含税价格为130元/套（高档化妆品消费税税率为15%）。

要求：请根据上述资料，计算该公司本月应缴纳的消费税。

2.某地板生产厂于某月发生下列业务：

（1）向某林场购入原木3 000立方米，收购凭证上注明的支付款项为300 000元，请运输公司将上述原木运送回厂，支付运输费1 000元，取得专用发票。

（2）外购生产用油漆一批，取得增值税专用发票，注明价款25 000元，增值税3 250元，其中20%发生了非正常损失。

（3）外购生产用粘胶一批，取得增值税专用发票，注明价款10 000元，增值税1 300元，将其中10%赠送给购买本企业木质地板的老客户。

（4）从其他地板厂购入未涂漆的木质地板50箱，取得增值税专用发票，注明价款180 000元，增值税23 400元，将70%投入生产上漆。

（5）数月前购入的一批原木因保管不善造成毁损，账面成本31 680元（含运费1 395元）。

（6）销售自产实木地板取得不含税收入560 000元。

注意：上述需要认证的发票均经过认证；地板生产厂的成本利润率为10%，实木地板的消费税税率为5%。

要求：请根据上述资料，计算企业当期应纳的增值税和消费税。

3.某白酒厂（以下简称甲企业）为增值税一般纳税人，2020年10月发生以下业务：

（1）向某烟酒专卖店销售粮食白酒20吨，开具普通发票，取得含税收入200万元。另收取品牌使用费50万元、包装物租金20万元。

（2）提供10万元的原材料委托乙企业加工成散装药酒1 000千克，收回时向乙企业支

付不含增值税的加工费1万元。乙企业已代收代缴消费税。

（3）委托加工收回后将其中900千克的散装药酒继续加工成瓶装药酒1 800瓶，以每瓶不含税售价100元通过非独立核算的门市部销售；将剩余100千克散装药酒作为福利分给职工，同类药酒的不含税销售价为150元/千克。

（4）其他有关资料。药酒的消费税税率为10%；白酒的消费税税率为20%，定额税率为0.5元/500克。

要求：请根据上述资料，计算甲企业本月应缴纳的消费税和乙企业代收代缴的消费税。

4.某首饰商城为增值税一般纳税人，2020年10月发生以下业务：

（1）零售金银首饰与镀金首饰组成的套装礼盒，取得零售收入29.25万元，其中金银首饰收入20万元，镀金首饰收入9.25万元；

（2）采取“以旧换新”方式向消费者销售金项链2 000条，新项链每条零售价0.25万元，旧项链每条作价0.22万元，每条项链取得差价0.03万元；

（3）将300条银基项链无偿赠送给客户，该批项链账面成本为39万元，零售价70.2万元；

（4）外购金银首饰一批，取得的普通发票注明价款400万元；外购镀金首饰一批，取得的增值税专用发票注明价款50万元、增值税6.5万元。

（其他相关资料：金银首饰零售环节消费税税率为5%，成本利润率为6%）

要求：根据上述资料，计算商场当期应缴纳的增值税和消费税。

5.某卷烟厂为增值税一般纳税人，主要生产A牌卷烟（不含税调拨价为100元/标准条）及雪茄烟，2020年10月发生如下业务：

（1）从烟农手中购进烟叶，买价100万元并按规定支付了10%的价外补贴，将其运往甲企业委托加工烟丝，发生运费8万元，取得运费发票；向甲企业支付加工费，取得增值税专用发票，注明加工费12万元、增值税1.56万元。该批烟丝已收回入库，但本月未领用。

（2）从乙企业购进烟丝，取得增值税专用发票，注明价款400万元、增值税52万元；从小规模纳税人处购进烟丝，取得税务机关代开的增值税专用发票上注明价款300万元。

（3）以成本为230万元的特制自产烟丝生产雪茄烟。

（4）本月销售雪茄烟取得不含税收入600万元，并收取品牌专卖费9.28万元；领用外购烟丝用于生产A牌卷烟，销售A牌卷烟400标准箱。

（5）本月外购的烟丝发霉变质，其成本为20万元。

（6）月初库存外购烟丝成本30万元，月末库存外购烟丝成本50万元。

（7）其他有关资料：本月取得的相关凭证符合规定，并在本月认证抵扣；烟丝的消费税税率为30%，烟丝的关税税率为10%；卷烟生产环节的消费税税率为56%、150元/箱；雪茄烟的消费税税率为36%。

要求：请根据上述资料，计算该厂应代收代缴和应缴纳的消费税。

五、综合题

1.某汽车制造企业为增值税一般纳税人，其生产的小轿车不含税价格为10万元/辆（消费税税率为5%），2020年10月发生以下业务：

（1）与某特约经销商签订了40辆小轿车的代销协议，代销手续费率为5%，当月收到经销商返回的30辆小轿车的代销清单及销货款（已扣除手续费）和税款，考虑到与其长期业务关系，汽车厂开具了40辆小轿车的增值税专用发票。

（2）赠送某合作单位小轿车3辆，并开具了增值税专用发票，同时请运输企业向合作单位开具了0.6万元的运费发票并转交给了合作单位。

（3）用一辆小轿车与空调厂家交换了30台空调，用于改善办公条件，考虑双方换入的货物均作固定资产处理，故均未开具增值税专用发票，也未进行货币结算。

（4）将本企业售后服务部使用12年的2辆小轿车，以每辆4.24万元的价格销售给了某企业（该小轿车原出厂价为每辆6万元）。

（5）提供汽车修理服务，开具的普通发票上注明的销售额为5.8万元。

（6）本月购进生产材料，取得的增值税专用发票上注明的增值税为14万元，货已送达，尚未验收入库，货款只支付了70%，其余的30%下月一次性付清，并支付购货运输费3万元（有货票）。增值税专用发票尚未通过认证。

该企业月末计算缴纳的流转税金额如下：

应纳增值税=［30×10×（1−5%）+3×10+4.24×2÷（1+6%）×6%］×13%−（14×70%+3×6%+0.6×6%）
=31（万元）

应纳消费税=［30×10×（1−5%）+3×10］×5%=15.75（万元）

要求：请按税法的规定，分析该企业当月应纳税额计算是否正确，如有错误（包括开具专用发票错误），请指出错在何处，并正确计算当月应纳的消费税与增值税。

2.某化妆品生产企业为增值税一般纳税人，2020年10月发生下列业务：

（1）从国外进口一批香水精，支付货价98万元、国外税金8.9万元、采购代理人佣金1万元、运抵我国海关前的运杂费和保险费15万元（取得海关填发的增值税专用缴款书）。

（2）进口生产化妆品的机器设备一套，支付货价13万元、运抵我国海关前的运杂费和保险费2万元（取得海关填发的增值税专用缴款书）。香水精和机器设备均验收入库。

（3）本月内企业将进口香水精的80%生产加工为香水6 800件，对外销售6 000件，取得含税销售额260万元。

（4）向消费者零售800件，取得含税销售额49万元。

已知：化妆品的进口关税税率为40%、消费税税率为15%，以上化妆品均为高档化妆品；机器设备的进口关税税率为20%。

要求：根据上述资料，回答下列问题。

（1）计算该企业在进口环节应缴纳的消费税。

（2）计算该企业在进口环节应缴纳的增值税。

（3）计算该企业当月国内生产销售环节应缴纳的增值税。

（4）计算该企业当月国内生产销售环节应缴纳的消费税。

3.通河县某筷子生产企业系增值税一般纳税人，2020年10月发生以下业务：

（1）月初进口一批优质红木用于生产红木工艺筷子，成交价折合人民币20万元。另向境外支付包装材料和包装劳务费用合计折合人民币1万元，支付运抵我国海关前的运杂费和保险费折合人民币2万元。企业按规定缴纳了关税、进口增值税并取得了海关开具的完税凭证。为将货物从海关运往企业所在地，企业支付运输费、装卸费、保险费和其他杂费共计5万元，尚未取得货运发票。

（2）委托某商场代销红木工艺筷子5 000套，双方约定待5 000套红木工艺筷子全部售出并取得代销清单后，企业再开具增值税专用发票给商场。本月底尚未收到代销清单，但已收到其中的3 000套红木工艺筷子的不含税货款30万元。

（3）将4 000套红木工艺筷子按100元/套的不含税价格赊销给某代理商，双方约定于4月25日付款，届时再开具增值税专用发票。

（4）将1 000套自产红木工艺筷子在展销会上作为样品，在展销会结束后无偿赠送给参展的其他客商。

（5）向林业生产者收购一批白桦木原木用以生产木制一次性筷子，给林业生产者开具了经主管税收机关批准使用的农产品收购凭证，收购凭证上注明的价款合计为50万元，收购款已支付。该批原木通过铁路运往企业所在地，企业支付运输费6万元，有关费用已在货运发票上分别注明。

（6）将成本为20万元的原木移送给位于某市市区的一加工企业，委托其加工成木制一次性筷子，本月收回并取得增值税专用发票，专用发票上注明的加工费及辅料费共计5万元。本月将其全部直接用于销售，取得不含税销售额40万元。

（7）外购低值易耗品、自来水、电力，支付含税价款合计6万元，取得增值税普通发票。

（8）销售本企业已使用了半年的某台机器设备，取得不含税销售额21万元。购买该设备时取得的普通发票注明的金额为20万元，本月账面净值为19万元。

（9）其他有关资料：红木的进口关税税率为35%；木制一次性筷子的消费税税率为5%；本月取得的合法票据均在当月认证并申报抵扣。

要求：请根据上述资料，回答下列问题（每问需计算出合计数）：

（1）企业应缴纳的进口关税。

（2）企业应缴纳的进口增值税。

（3）针对该企业委托商场代销红木工艺筷子的事项，计算本月的增值税销项税额。

（4）针对该企业向代理商赊销红木工艺筷子的事项，计算本月的增值税销项税额。

（5）企业将展销会样品无偿赠送给参展客商应纳增值税销项税额。

（6）位于某市市区的加工企业应代收代缴的消费税。

（7）位于某市市区的加工企业应代收代缴的城市维护建设税和教育费附加。

（8）企业销售使用过的机器设备应缴纳的增值税。

（9）企业本月应缴纳的消费税（不含代收代缴部分）。

（10）企业本月应缴纳的国内销售环节的增值税。

第4章　流转税税法——关税法和船舶吨税法

【学习目的与要求】

学习本章的目的主要是理解关税的分类、特点及作用，掌握关税和船舶吨税的基本法律内容，熟悉关税和船舶吨税的计算与征收管理。要求学生在学习本章时，认识并理解开征关税和船舶吨税的现实意义以及相关基础知识，理解和熟悉关税和船舶吨税的征税对象、纳税人、税率等基本法律内容及征管的基本要求，进而掌握关税和船舶吨税应纳税额的计算方法。

【重点与难点问题解析】

在教材中，本章分为关税基础知识、关税基本法律、关税计税管理和船舶吨税法四节内容。本章的重点问题是关税的现实意义，关税的征税对象、纳税人和税率等相关要素，关税应纳税额的计算，关税的征收管理，关税的保税制度和船舶吨税；难点是关税的完税价格。本章的7个重点和难点问题，解析如下：

一、关税的现实意义

关税是海关对进出国境或关境的货物、物品征收的一种税。按照关税的计征方式，可将关税分为从量关税、从价关税、复合关税、选择关税和滑准关税；按照货物的流动方向，可将关税分为进口关税、出口关税和过境关税；按照关税税率的差别，可将关税分为歧视关税和优惠关税。

关税作为单独的税种，除了具有一般税收的强制性、无偿性和相对固定性外，还具有以下特点：一是关境性，关税的征税对象是进出境的货物和物品；二是涉外性，关税只对进出境货物征收；三是灵活性，关税可以根据国家的需要经常调整税率。

中华人民共和国成立70多年来，关税在贯彻对外开放政策、促进对外经济贸易和国民经济发展等方面发挥了重要的作用。对于调控经济的有效运行，促进改革开放和对外贸易发展，贯彻平等互利和对等原则，增加国家财政收入等方面，都具有积极的现实意义。

二、关税的相关要素

1.征税对象。关税的征税对象是进出口货物和进出境物品。进出口货物是贸易性商品；进出境物品包括入境旅客随身携带的行李和物品、个人邮递物品、各种运输工具上的服务人员携带进口的自身物品、馈赠物品以及以其他方式进入国境的个人物品。

2.纳税人。关税的纳税人是指依法负有直接向国家缴纳关税义务的人。其具体包括进出口货物的纳税人和进出境物品的纳税人两大类。根据新修订的《中华人民共和国海关法》（以下简称《海关法》）的相关规定，进出口货物的纳税人是进出口货物的收发货人；进出境物品的纳税人是进出境物品的所有人，包括该物品的所有人和推定为所有人的人。

3.税则和税率。关税的税则包括进口税则和出口税则，进口税则设置税则号列、货品名称、最惠国税率、协定税率、特惠税率和普通税率等栏目；出口税则设置税则号列、货品名称和出口税率等栏目。税率分进口关税税率和出口关税税率，2020年我国关税税率具体见表4-1。

表4-1 关税税率分类及适用简表

一级分类	二级分类	三级分类	适用范围
进口税率	进口货物税率	普通税率	未订互惠协议实施差别比例税率（2020年）
		最惠国税率	自2020年1月1日起对859项商品（不含关税配额商品）实施进口暂定税率；自2020年7月1日起，取消7项信息技术产品进口暂定税率
		配额税率	继续对小麦等8类商品实施关税配额管理，税率不变。其中对尿素、复合肥、磷酸氢铵3种化肥的配额税率继续实施1%的暂定税率。继续对配额外进口的一定数量棉花实施滑准税
		协定税率	自2020年1月1日起，进一步降低我国与新西兰、秘鲁、哥斯达黎加、瑞士、冰岛、新加坡、澳大利亚、韩国、智利、格鲁吉亚、巴基斯坦的双边贸易协定以及亚太贸易协定的协定税率。2020年7月1日起，按照我国与瑞士的双边贸易协定和亚太贸易协定的规定，进一步降低有关协定税率
		特惠税率	除赤道几内亚外，对与我建交并完成换文手续的其他最不发达国家继续实施特惠税率。自2020年1月1日起，赤道几内亚停止享受零关税特惠待遇
出口税率	差别比例税率	出口税率	自2020年1月1日起继续对铬、铁等107项商品征收出口关税，适用出口税率或出口暂定税率，征收商品范围和税率维持不变
		暂定税率	

三、关税完税价格的确定

根据新修订的《海关法》的相关规定，进出口货物的完税价格是海关据以从价计征关税的价格，由海关以该货物的成交价格为基础审查确定。成交价格不能确定时，完税价格由海关估定。

1.一般进口货物的完税价格。其主要包括以下两个方面：

（1）以成交价格为基础的完税价格。进口货物的完税价格包括货物的货价、货物运抵我国境内输入地点起卸前的运输及其相关费用、保险费。

（2）进口货物海关估价的方法。进口货物的价格不符合成交价格条件或成交价格不能确定的，海关应当依次以相同货物成交价格法、类似货物成交价格法、倒扣价格法、计算价格法及其他合理方法确定的价格为基础，估定其完税价格。

2.特殊进口货物的完税价格。其主要包括以下9个方面：

（1）加工贸易进口料件及其制成品。加工贸易进口料件及其制成品需征税或内销补税的，海关按照一般进口货物的完税价格规定，审定完税价格。

（2）保税区、出口加工区货物。从保税区或出口加工区销往区外、从保税仓库出库内销的进口货物（加工贸易进口料件及其制成品除外），以海关审定的价格估定完税价格。

（3）运往境外修理的货物。运往境外修理的机械器具、运输工具或其他货物，在出境时已向海关报明，并在海关规定的期限内复运进境的，应以海关审定的境外修理费和料件费以及该货物复运进境的运输及其相关费用、保险费估定其完税价格。

（4）运往境外加工的货物。运往境外加工的货物，在出境时已向海关报明，并在海关规定的期限内复运进境的，应以海关审定的境外加工费和料件费以及该货物复运进境的运输及其相关费用、保险费估定其完税价格。

（5）暂时进入境内的货物。对经海关批准的暂时进境的货物，应按照一般进口货物估价办法的规定，估定其完税价格。

（6）以租赁方式进口的货物。在以租赁方式进口的货物中，以租金方式对外支付的租赁货物，在租赁期间以海关审定的租金作为其完税价格；留购的租赁货物，以海关审定的留购价格作为其完税价格；承租人申请一次性缴纳税款的，按照一般进口货物估价办法的规定估定其完税价格。

（7）留购的进口货样等。对境内留购的进口货样、展览品和广告陈列品，以海关审定的留购价格作为其完税价格。

（8）予以补税的减免税货物。当减税或免税进口的货物需予补税时，应以海关审定的该货物原进口时的价格，扣除折旧部分价值作为其完税价格。其计算公式为：

完税价格=海关审定的该货物原进口时的价格×［1−申请补税时实际已使用的时间（月）÷（监管年限×12）］

（9）以其他方式进口的货物。以易货贸易、寄售、捐赠、赠送等其他方式进口的货物，应按照一般进口货物估价办法的规定估定其完税价格。

3.出口货物的完税价格。其主要包括以下两个方面：

（1）以成交价格为基础的完税价格。出口货物的完税价格，由海关以该货物向境外销售的成交价格为基础审查确定，并应包括货物运至我国境内输出地点装载前的运输及相关费用、保险费，但包含的出口关税税额应当扣除。

出口货物的成交价格是指该货物出口销售到我国境外时买方向卖方实付或应付的价格。其成交价格中含有支付给境外的佣金的，如果单独列明应当扣除。

（2）海关对出口货物的估价方法。当出口货物的成交价格不能确定时，其完税价格应由海关依次使用下列方法估定：同时或大约同时向同一国家或地区出口的相同货物的成交价格；同时或大约同时向同一国家或地区出口的类似货物的成交价格；根据境内生产相同或类似货物的成本、利润和一般费用、在境内发生的运输及其相关费用、保险费计算所得的价格；按照合理方法估定的价格。

四、关税应纳税额的计算

关税以进出口货物的完税价格为计税依据，按照符合规定的适用税率相应地计算应纳税额。

1.从价关税应纳税额的计算。其计算公式为：

应纳关税税额=应税进（出）口货物数量×单位完税价格×税率

2.从量关税应纳税额的计算。其计算公式为：

应纳关税税额=应税进（出）口货物数量×单位货物税额

3.复合关税应纳税额的计算。我国目前实行的复合税都是先计征从量税，再计征从价税。其计算公式为：

应纳关税税额=应税进（出）口货物数量×单位货物税额+应税进（出）口货物数量×单位完税价格×税率

五、关税的征收管理

1.关税缴纳。进口货物自运输工具申报进境之日起14日内，出口货物在货物运抵海关监管区后装货的24小时以前，应由进出口货物的纳税人向货物进（出）境地的海关申报。关税纳税人应当自海关填发税款缴款书之日起15日内，向指定银行缴纳税款。因不可抗力或在国家税收政策调整的情形下不能按期缴纳税款的，经海关总署批准，可延期缴纳税款，但最长不得超过6个月。

2.关税缓纳。经海关审核批准关税缓纳的纳税人，应按海关批准的关税缴纳计划如期缴纳关税，并按月支付10‰的利息。逾期不缴纳关税即构成关税滞纳，除依法追缴外，由海关按关税滞纳的规定征收滞纳金。

3.关税保全措施。进出口货物的纳税人在海关依法责令其提供纳税担保时不能提供的，经直属海关关长或其授权的隶属海关关长批准，海关可采取下列税收保全措施：一是书面通知纳税义务人的开户银行或其他金融机构暂停支付纳税义务人相当于应纳税款的存款；二是扣留纳税义务人价值相当于应纳税款的货物或其他财产。纳税人在规定的纳税期限内缴纳税款的，海关必须立即解除税收保全措施。

4.关税强制执行。纳税人、担保人超过3个月仍未缴纳关税的，经直属海关关长或其授权的隶属海关关长批准，海关可以采取下列强制措施：一是书面通知其开户银行或其他金融机构从其存款内扣缴税款；二是将应税货物依法变卖，以变卖所得抵缴税款；三是扣留并依法变卖价值相当于应纳税款的货物或其他财产，以变卖所得抵缴税款。

5.关税滞纳金。进出口货物的纳税人，应自海关填发税款缴款书之日起15日内缴纳税款；逾期而又未经批准缓缴的，则由海关按日征收5‱的滞纳金。其滞纳金的计算方法是：自缴纳期限期满之日的次日起，至缴清税款之日止，按日征收所欠税款的5‱。其计算公式为：

关税滞纳金=应纳税额×滞纳金征收比率×滞纳天数

6.关税退还。有下列情形之一的，进出口货物纳税人可以自缴纳税款之日起1年内，书面声明理由，连同原缴款凭证及相关资料向海关申请退税：因品质或者规格原因，原状退货复运出境的；因品质或者规格原因，原状退货复运进境，并已重新缴纳因出口而退还的国内环节有关税收的；因故未装运出口，申报退关的。

7.关税补征和追征。进出境货物和物品放行后，海关发现少征或漏征税款，应自缴纳税款或货物放行之日起1年内向纳税人补征；因纳税人违反规定造成少征或漏征的税款，海关在3年内可以追征，并从缴纳税款之日起按日加收少征或漏征税款5‱的滞纳金。

六、关税的保税制度

我国保税制度包括保税仓库、保税工厂和保税区。

保税仓库是专门存放经海关核准的保税货物的仓库，主要包括转口贸易保税仓库、加工贸易备料保税仓库和寄售维修保税仓库3种类型。

保税工厂是经过海关批准，并在海关监管之下专门建立的，用免税进口的原材料、零部件、元器件等加工、生产、制造或存放外销产品的专门工厂、车间。

保税区是在出入境比较便利的口岸地区划出一些易于管理的区域，以与外界隔离的全封闭方式，在海关监管下存入和加工保税货物的特定区域。

七、船舶吨税

船舶吨税简称吨税，是指对从中国境外港口进入境内港口的船舶按其净吨位征收的一种税。现行主要规定包括：

1.征税范围和税率。

（1）征税范围。自中国境外港口进入境内港口的船舶（以下称应税船舶），应当依法缴纳船舶吨税（以下简称吨税）。吨税的税目税率依照“船舶吨税税目税率表”执行。

（2）税率。吨税设置优惠税率和普通税率两种，前者适用于中国籍的应税船舶、船籍国（地区）与中国签订含有相互给予船舶税费最惠国待遇条款的条约或协定的应税船舶；后者适用于其他应税船舶。

2.应纳税额的计算。吨税按照船舶净吨位和吨税执照期限征收，应纳税额按照船舶净吨位乘以定额税率计算。净吨位是指由船籍国（地区）政府授权签发的船舶吨位证明书上标明的净吨位。其计算公式为：

应纳税额=船舶净吨位×定额税率

3.税收优惠。税收优惠包括直接优惠和延期优惠。其中直接优惠包括：应纳税额在人民币50元以下的船舶；自境外以购买、受赠、继承等方式取得船舶所有权的初次进口到港的空载船舶；在吨税执照期满后24小时内不上下客货的船舶；非机动船舶（不包括非机动驳船）等。延期优惠主要包括：避难、防疫隔离、修理，并不上下客货的船舶；军队、武装警察部队征用的船舶。应税船舶因不可抗力在未设立海关的地点停泊的，船舶负责人应当立即向附近海关报告，并在不可抗力消除后，向海关申报纳税。

4.征收管理。吨税由海关负责征收。吨税的纳税义务发生时间为应税船舶进入港口的当日。应税船舶在吨税执照期满后尚未离开港口的，应当申领新的吨税执照，自上一次执照期满的次日起续缴吨税。应税船舶的负责人应当自海关填发吨税缴款凭证之日起15日内向指定银行缴清税款。未按期缴清税款的，自滞纳税款之日起，按日加收滞纳税款0.5‰的滞纳金。

一、判断题

1.属于保税性质的加工贸易进口料、件等货物，如经批准转为内销，应按原进口之日实施的关税税率征税。（　　）

2.进口货物，因收发货人或者他们的代理人违反规定而造成的关税少征或漏征，海关在3年内可以追征，有特殊情况的，追征期可以延长到10年。（　　）

3.进口货物的完税价格包括货物的货价、货物运抵我国境内输入地起卸前的运输及其相关费用、保险费及增值税。（　　）

4.进出口货物的关税纳税人，应自海关填发税款缴款书之日起15日内缴纳税款；逾期而又未经批准缓缴的，则由海关按日征收5‰的滞纳金。（　　）

5.海关在征收进口货物、物品关税的同时，还应代征进口增值税和消费税。（　　）

6.出口货物应以海关审定的成交价格为基础的离岸价格作为关税的完税价格。（　　）

7.因不可抗力或在国家税收政策调整的情形下不能按期缴纳税款的，经海关总署批准，可延期缴纳税款，但最长不得超过3个月。（　　）

8.关税完税价格是海关以进出口货物的实际成交价格为基础，经调整确定的计征关税的价格。（　　）

9.在纳税人同海关发生纳税争议时，可向海关申请复议，但同时应在规定的期限内按海关核定的税额缴纳关税，逾期则构成滞纳，海关有权按规定采取强制执行措施。（　　）

10.外国政府、国际组织无偿赠送的物资，可免征关税。（　　）

二、单项选择题

1.下列项目中，属于进口关税完税价格组成部分的是（　　）。

A.进口人向自己的境外采购代理人支付的购货佣金

B.进口人负担的向中介机构支付的经纪费

C.进口设备报关后的维修费用

D.货物运抵境内输入地点起卸之后的运输费用

2.下列各项关于关税适用税率的表述中，正确的是（　　）。

A.出口货物按货物实际出口离境之日规定税率征税

B.进口货物按纳税人申报进口之日实施的税率征税

C.暂时进口货物转为正式进口需予补税时按其申报暂时进口之日实施的税率征税

D.查获走私进口货物需补税时按海关确认的其实际走私进口之日实施的税率征税

3.下列各项中，应计入出口货物完税价格的是（　　）。

A.出口关税税额

B.单独列明的支付给境外的佣金

C.货物在我国境内输出地点装载后的运输费用

D.货物运至我国境内输出地点装载前的保险费

4.某企业于2020年10月将一台账面余值为55万元的进口设备运往境外修理，当月在海关规定的期限内复运进境。经海关审定的境外修理费为4万元、料件费为6万元。假定该设备的进口关税税率为30%，则该企业应缴纳的关税为（　　）万元。

A.1.8　　B.3　　C.16.5　　D.19.5

5.2018年6月1日，某公司经批准进口一台符合国家免征关税政策的科研设备用于研发项目，设备进口时经海关审定的完税价格折合人民币800万元（关税税率为10%），海关规定的监管年限为5年；2020年5月31日，公司研发项目完成后，将已计提200万元折旧的免税设备出售给国内另一家企业。该公司应补缴关税（　　）万元。

A.24　　B.32　　C.48　　D.80

6.下列属于我国确定进口货物原产地标准的是（　　）。

A.主要产地生产标准　　B.最后销售地标准

C.最初产地生产标准　　D.全部产地生产标准

7.下列各项中，不符合关税税率有关规定的是（　　）。

A.进口仪器到达前，经海关核准先行申报的，应当适用装载此仪器的运输工具申报进境之日实施的税率

B.进口转关运输货物，应当适用指运地海关接受该货物申报进口之日实施的税率

C.出口转关运输货物，应当适用指运地海关接受该货物申报出口之日实施的税率

D.经海关批准，实行集中申报的进出口货物适用每次货物进出口时海关接受该货物申报之日实施的税率

8.下列各项中，属于进口关税完税价格组成部分的是（　　）。

A.买方向自己的境外采购代理人支付的购货佣金

B.买方负担的向中介机构支付的经纪费

C.进口设备报关后的安装调试费用

D.货物运抵境内输入地点起卸之后的运输费用

9.某进出口公司2020年10月邮运进口一批货物，海关审定的进口货物成交价格为10万元，发生邮费3万元。已知该进口货物适用的关税税率为20%，则该进出口公司邮运进口该批货物应缴纳关税（　　）万元。

A.2　　B.2.01　　C.2.5　　D.2.6

10.2020年10月1日某公司进口一批高档化妆品，成交价格为20万元人民币，关税税率为40%，从起运地至输入地点起卸前的运费为2.4万元人民币，进口货物的保险费无法确定，保险费率为3‰，从海关监管区至公司仓库的运费为0.6万元。海关于2020年10月5日填发税款缴款书，该公司于2020年10月31日缴纳税款。已知，高档化妆品的消费税税率为15%。下列说法正确的是（　　）。

A.该批高档化妆品的关税完税价格为22.4万元

B.该公司应按照11天缴纳进口环节税款的滞纳金

C.该公司应缴纳关税9.2万元

D.该公司应缴纳进口环节税金20.46万元

11.根据关税的相关规定，下列说法不正确的是（　　）。

A.购买跨境电子商务零售进口商品的个人为纳税义务人

B.跨境电子商务零售进口商品的单次交易限值为人民币2 000元，个人年度交易限值为人民币20 000元

C.物流企业可以作为跨境电子商务零售进口业务的代收代缴义务人

D.在限值以内的跨境电子商务零售进口商品，关税暂按法定应纳税额的70%征收

12.某进出口公司2020年3月8日进口一批货物，海关于当日填发关税税款缴款书，该纳税人一直没有纳税。海关从（　　）起可对其实施强制执行措施。

A.3月16日　　B.3月23日　　C.6月9日　　D.6月23日

三、多项选择题

1.下列各项中，属于关税征税对象的有（　　）。

A.出境的贸易性商品

B.个人邮寄进境的物品

C.入境旅客随身携带的行李物品

D.各种运输工具上的服务人员携带进口的馈赠物品

2.根据规定，下列情形中，纳税人可以向海关申请退税的有（　　）。

A.在海关放行前损失的货物

B.已征进口关税的货物，因品质或规格原因，原状退货复运出境的

C.已征出口关税的货物，因品质或规格原因，原状退货复运进境，并已重新缴纳因出口而退还的国内环节有关税收的

D.已征出口关税的货物，因故未装运出口，申报退关的

3.下列各项中，应计入进口关税完税价格中的有（　　）。

A.买方为购买进口货物向自己的采购代理人支付的劳务费用

B.买方为购买进口货物向代表买卖双方利益的经纪人支付的劳务费用

C.买方支付的与进口货物有关并作为进口货物条件的特许权使用费

D.买方为在境内复制进口货物而支付的费用

4.下列各项中，不应计入出口关税完税价格的有（　　）。

A.出口关税

B.单独列明的货物运至我国境内输出地点装载后的运费

C.货物运至我国境内输出地点装载前的运费

D.货物运至我国境内输出地点装载前的保险费

5.下列费用，如能与进口货物实付或者应付价格区分，不得计入进口货物关税完税价格的有（　　）。

A.境内外技术培训费用

B.进口消费税

C.货物运抵境内输入地点后发生的保险费

D.货物进口后的安装费

6.下列进出口货物中，其运费及其相关费用、保险费的计算，正确的有（　　）。

A.邮运的进口货物，应当以邮费作为运输及其相关费用、保险费

B.如果进口货物的保险费无法确定或者未实际发生，海关应当按照“货价加运费”两者总额的3‰计算保险费计入进口货物完税价格

C.作为进口货物的自驾进口的运输工具，海关在审定完税价格时，可以不另行计入运费

D.出口货物的完税价格应包括离境口岸至境外口岸之间的运费、保险费

7.下列货物、物品予以暂时免征关税的有（　　）。

A.文化、体育交流活动中使用的表演、比赛用品

B.盛装货物的容器

C.开展科研、教学、医疗活动使用的仪器、设备及用品

D.进出境运输工具装载的途中必需的燃料

8.有下列（　　）情形的，进出口货物的纳税人自缴纳税款之日起1年内，可以向海关申请退还关税。

A.销售方修改价格而多缴进口关税的

B.已征进口关税的货物，因品质或者规格原因，原状退货复运出境的

C.已征出口关税的货物，因品质或者规格原因，原状退货复运进境，未重新缴纳因出口退还的国内环节有关税收的

D.已征出口关税的货物，因故未装运出口，申报退关的

9.根据关税的减免规定，下列说法正确的有（　　）。

A.在海关放行前损失的货物，可免征关税

B.在海关放行前遭受损坏的货物，可以根据海关认定的受损程度减征关税

C.进口国内能生产且性能可以满足需要的科教用品，可免征关税

D.关税税额在人民币50元以下的一票货物，可免征关税

10.下列进口货物中，经海关审查属实可酌情减免进口关税的有（　　）。

A.在境外运输途中损失的货物

B.在口岸起卸时受损坏的货物

C.在起卸后海关放行前因不可抗力损失的货物

D.非因保管不慎原因海关查验时已损坏的货物

四、计算题

1.某市大型商贸公司为增值税一般纳税人，2020年10月进口高档化妆品一批，支付国外的买价220万元、国外的经纪费4万元、自己的采购代理人佣金6万元；支付运抵我国海关前的运输费用20万元、装卸费用和保险费用合计11万元；支付自海关地运往商贸公司的运输费用8万元、装卸费用和保险费用合计3万元。

（注：关税税率为20%，消费税税率为15%）

要求：请根据上述资料，计算该公司进口环节应纳的关税、消费税和增值税。

2.某企业从日本进口一批电子零件，成交价格为550万元，而日本出口方出售该批货物的国际市场价格为700万元。另外，该企业承担了该批零件的包装材料费50万元，同时，该企业支付给出口方零件进口后的技术服务费用150万元。已知电子零件的进口关税税率为10%。

要求：请根据上述资料，计算该企业进口电子零件应纳的关税。

3.2020年10月，B国某运输公司的一艘货轮驶入我国某港口，该货轮净吨位为30 000吨，货轮负责人已向我国该海关领取了吨税执照，在港口停留期为30天，B国已与我国签订有相互给予船舶吨税最惠国待遇的条款。

要求：请根据上述资料，计算该货轮负责人应纳的船舶吨税。

4.某轿车生产公司为增值税一般纳税人，2020年10月的生产经营情况如下：

（1）进口原材料一批，支付给国外买价120万元，包装材料8万元，到达我国海关以前的运输装卸费3万元、保险费13万元，从海关运往公司所在地支付运输费7万元。

（2）进口两台机械设备，支付给国外的买价60万元，相关税金3万元，支付到达我国海关以前的装卸费和运输费6万元、保险费2万元，从海关运往公司所在地支付运输费4万元。

（3）其他相关资料：该公司进口原材料和机械设备的关税税率为10%。

要求：请根据上述资料，计算该公司应纳的关税和增值税进项税额。

五、综合题

1.某公司从境外进口小轿车30辆，每辆小轿车货价为15万元，运抵我国海关前发生

的运输费、保险费无法确定，经海关查实其他运输公司相同业务的运输费用占货价的比例为2%。（关税税率为60%，消费税税率为9%）

要求：请根据上述资料，计算该公司应缴纳进口环节的关税、消费税和增值税。

2.某商贸公司为增值税一般纳税人，并且具有进出口经营权。该公司于2020年10月发生相关经营业务如下：

（1）从国外进口小轿车2辆，支付买价400 000元和相关费用50 000元，支付到达我国海关前的运输费用30 000元和保险费用10 000元。

（2）从国外进口卷烟80 000条（每条200支），支付买价2 000 000元，支付到达我国海关前的运输费用120 000元和保险费用80 000元。

（3）将在生产过程中使用的价值500 000元的设备运往国外修理，出境时已向海关报明，支付境外的修理费50 000元、料件费100 000元和运费5 000元，并在海关规定的期限内收回了设备。

（注：进口关税税率均为20%，小轿车消费税税率为9%）

要求：请根据上述资料，计算下列各题：

（1）进口小轿车、卷烟及修理设备应缴纳的关税。

（2）进口小轿车和卷烟应缴纳的消费税。

（3）进口小轿车、卷烟及修理设备应缴纳的增值税。

3.有进出口经营权的某外贸公司，于2020年10月发生以下经营业务：

（1）经有关部门批准从境外进口小轿车30辆，每辆小轿车货价15万元，运抵我国海关前发生的运输费、保险费无法确定，经海关查实其他运输公司相同业务的运输费用占货价的比例为2%。该公司向海关缴纳了相关税款，并取得了完税凭证。公司委托运输公司将小轿车从海关运回单位，支付运输公司运输费用9万元，取得运输公司专用发票。当月售出24辆，每辆取得含税销售额40.95万元，公司自用2辆并作为本企业固定资产。

（2）月初将上月购进的价值40万元的库存材料，经海关核准委托境外公司加工一批货物，月末该批加工货物在海关规定的期限内复运进境销售，支付给境外公司加工费20万元、进境前的运输费和保险费为3万元。向海关缴纳了相关税款，并取得完税凭证。

（注：小轿车关税税率为60%，货物关税税率为20%、增值税税率为13%、小轿车消费税税率为9%）

要求：请根据上述资料，计算下列各题：

（1）小轿车在进口环节应缴纳的关税、消费税和增值税。

（2）加工货物在进口环节应缴纳的关税和增值税。

（3）国内销售环节应缴纳的增值税。

4.某市高尔夫球艺有限公司为增值税一般纳税人，从事高尔夫球具的生产、进口以及销售，同时从事高尔夫球场的经营。该公司于2020年10月发生下列经济业务：

（1）购进原材料一批，取得防伪税控系统开具的增值税专用发票，发票上注明价款30万元；专用发票已经过税务机关认证，材料已验收入库。

（2）期初外购已税高尔夫球握把，买价127万元；本期外购已税高尔夫球握把取得增值税专用发票上注明的买价为18万元，专用发票已经过税务机关认证；期末库存外购已税高尔夫球握把买价为6万元。

（3）本月销售自产的高尔夫球，单价为每箱1.48万元，开具的增值税专用发票上注明价款148万元，收取包装费11.17万元（开具普通发票）；逾期不退的高尔夫球包装物押金为2.34万元。

（4）将自产的50箱高尔夫球用于自己经营的高尔夫球场，成本35万元。

（5）受托加工高尔夫球一批，委托方提供材料成本10万元，收取加工费5万元；受托加工高尔夫球把一批，委托方提供的材料成本为5万元，收取加工费2万元，受托方的同类产品不含税售价为18万元。

（6）委托B公司加工高尔夫球杆杆身一批，发出的材料成本2万元，支付的加工费1万元，取得受托方开具的增值税专用发票（已经过税务机关认证），货已入库。期初库存委托加工收回的高尔夫球杆杆身已纳税款4万元，期末库存委托加工收回的高尔夫球杆杆身已纳税款1万元。

（7）将外购高尔夫球握把和委托加工的高尔夫球杆杆身用于连续生产高档高尔夫球杆，全部销售给某高尔夫球商业俱乐部，价税合计345万元，约定分2期收款，首次支付价款的80%。

（8）将自产高尔夫球和玩具组装成成套礼品套装进行销售，取得含税收入111.7万元。

（9）月末进口高尔夫球一批，关税完税价格为20万元，关税税率为40%，取得海关开具的完税凭证。外购高尔夫球握把、委托B公司加工收回的高尔夫球杆杆身库存减少部分均为继续生产高尔夫球杆使用。

（注：高尔夫球及球具消费税税率10%）

要求：请根据上述资料，计算下列各题：

（1）本期进口业务应缴纳的各项税金。

（2）本期应代收代缴的消费税。

（3）本期销售环节应缴纳的增值税和消费税。

第5章 所得税税法——企业所得税法

【学习目的与要求】

学习本章的目的是理解企业所得税的类型及特点，掌握企业所得税的优惠税率及其适用范围，熟悉企业所得税的优惠内容，明确企业所得税的特殊税务处理，了解和掌握企业所得税的计算与征收管理。要求学生在学习本章时，认识和理解开征企业所得税的现实意义及相关基础知识，能够掌握纳税人收入总额的核定、准予和不准扣除项目的界定和特殊情况的税务处理，以及应纳税所得额的计算等；理解税收优惠政策，了解纳税办法、纳税申报表的制作和纳税期限等内容。

【重点与难点问题解析】

在教材中，本章分为企业所得税基础知识、企业所得税基本法律和企业所得税计税管理三节内容。本章的重点是企业所得税的现实意义、纳税人、征税对象、应纳税所得额的确定、特殊资产的税务处理、特别纳税调整和应纳税额的计算；难点是优惠政策和特殊资产的税务处理。本章的重点与难点问题主要分7个方面，解析如下：

一、企业所得税的现实意义

企业所得税是指国家对企业在一定时期内的生产经营所得和其他所得征收的一种税。以课征方式为标准，企业所得税可分为分类所得税制、综合所得税制和分类综合所得税制3种类型。与其他税种相比，企业所得税具有实行法人税制、符合税收中性、税基约束力强和税负不易转嫁等特点。

企业所得税是国家参与企业纯收益分配的重要手段，在我国现行税收体系中占有极为重要的地位。它是调控经济发展的重要方式，是强化经济监督的重要工具，是筹集财政收入的重要渠道，是维护国家主权的重要手段。

二、企业所得税的纳税人

在中国境内的企业和其他取得收入的组织（以下统称企业）为企业所得税的纳税人，但不包括依照中国法律、行政法规成立的个人独资企业、合伙企业。

纳税人分为居民企业和非居民企业，前者负有无限的纳税义务，即应就其来源于中国境内外的所得缴纳企业所得税；后者负有有限的纳税义务，即仅就其来源于中国境内的所得缴纳企业所得税。

三、企业所得税的征税对象

企业所得税的征税对象为企业的应税所得，具体包括销售货物所得、提供劳务所得、财产转让所得、股息红利所得、利息所得、租金所得、特许权使用费所得、接受捐赠所得和其他所得。

是否为中国境内、境外所得，按以下原则判定企业所得来源地：销售货物所得，按照交易活动发生地确定；提供劳务所得，按照劳务发生地确定；财产转让所得，不动产转让所得按照不动产所在地确定，动产转让所得按照转让动产的企业或机构所在地确定，权益性投资资产转让所得按照被投资企业所在地确定；股息、红利等权益性投资所得，按照分配所得的企业所在地确定；利息所得、租金所得、特许权使用费所得，按照负担、支付所得的企业或者机构、场所所在地确定，或者按照负担、支付所得的个人的住所地确定；其他所得，由国务院财政、税务主管部门确定。

四、应纳税所得额的确定

应纳税所得额的确定是企业所得税的重点和难点。应纳税所得额是指企业每一纳税年度的收入总额，减除不征税收入、免税收入、各项扣除及允许弥补的以前年度亏损后的余额。主要注意工资薪金、三项经费、“五险一金”、借款费用、汇兑损失、业务招待费、广告费和业务宣传费、环保专项资金、固定资产的租赁费、企业间支付的管理费、公益性捐赠、转让资产的净值和财产损失等项目的扣除标准。其中：

1.三项经费的扣除标准。企业发生的职工福利费、工会经费和职工教育经费三项经费支出，不超过工资薪金总额14%、2%和8%的部分准予扣除；职工教育经费的超过部分，准予在以后纳税年度结转扣除。

2.借款费用的扣除标准。允许扣除的主要项目包括：企业在生产经营活动中发生的合理的不需要资本化的借款费用；非金融企业向金融企业借款的利息支出、金融企业的各项存款利息支出和同业拆借利息支出、企业经批准发行债券的利息支出；非金融企业向非金融企业借款的利息支出，不超过按照金融企业同期同类贷款利率计算的数额的部分。

3.业务招待费的扣除标准。企业发生的与生产经营活动有关的业务招待费支出，按照其发生额的60%扣除，但最高不得超过当年销售（营业）收入的5‰。

4.广告费和业务宣传费的扣除标准。企业发生的符合条件的广告费和业务宣传费支出，除国务院财政、税务主管部门另有规定外，不超过当年销售（营业）收入15%的部分，准予扣除；超过部分，准予在以后纳税年度结转扣除。

5.固定资产租赁费的扣除标准。以经营租赁方式租入固定资产发生的租赁费支出，按照租赁期限均匀扣除；以融资租赁方式租入固定资产发生的租赁费支出，构成融资租入固定资产价值的部分应当提取折旧费用，分期扣除。

6.公益性捐赠支出的扣除标准。企业发生的公益性捐赠支出，在年度利润总额12%以内的部分，准予在计算应纳税所得额时扣除，超过年度利润总额12%的部分，准予结转以后三年内在计算应纳税所得额时扣除。

五、特殊资产的税务处理

企业各项资产的税务处理，主要包括固定资产、存货、无形资产、投资资产、长期待摊费用和生产性生物资产等。企业的各项资产，以其取得该项资产时实际发生支出的历史成本为计税基础。企业持有各项资产期间资产的增值或减值，除国务院财政、税务主管部门规定可以确认损益外，不得调整该资产的计税基础。

1.固定资产的税务处理。主要注意固定资产的计税基础、折旧范围、折旧方法和折旧年限，尤其是折旧年限。除从事开采石油、天然气等矿产资源的企业，在开始商业性生产前发生的费用和有关固定资产的折耗、折旧方法，由国务院财政、税务主管部门另行规定外，房屋、建筑物等固定资产的折旧都规定有最低年限。

2.存货的税务处理。主要注意存货原始成本的确定方法和存货计价方法的选择。企业使用或销售的存货成本计算方法，可在先进先出法、加权平均法、个别计价法中选用一种，但计价方法一经选用不得随意变更。

3.无形资产的税务处理。主要注意无形资产的计税基础、摊销范围和摊销方法，尤其是摊销方法。无形资产按直线法计算的摊销费用，准予扣除；无形资产的摊销年限不得低于10年；作为投资或受让的无形资产，有关法律规定或合同约定了使用年限的，可按规定或约定的使用年限分期摊销；外购商誉的支出，在企业整体转让或清算时准予扣除。

4.投资资产的税务处理。企业在转让或处置投资资产时，投资资产的成本准予扣除，其中通过支付现金方式取得的投资资产，以购买价款为成本；通过支付现金以外的方式取得的投资资产，以该资产的公允价值和支付的相关税费为成本。企业对外投资期间，投资资产的成本在计算应纳税所得额时不得扣除。

5.长期待摊费用的税务处理。主要注意长期待摊费用的界定和扣除。根据税法的规定，企业在计算应纳税所得额时，发生的下列支出作为长期待摊费用，按照规定摊销的，准予扣除：已足额提取折旧的固定资产的改建支出；租入固定资产的改建支出；固定资产的大修理支出；其他应当作为长期待摊费用的支出。

6.生产性生物资产的税务处理。主要注意生产性生物资产的计税基础、折旧方法和折旧年限，尤其是折旧年限。其中：林木类生物资产的折旧年限为10年；畜类生物资产的折旧年限为3年。

六、特别纳税调整

特别纳税调整是指税务机关出于实施反避税目的而对纳税人特定纳税事项所作的税务调整。

1.关联企业的纳税调整。关联企业之间的业务往来制定的价格应符合独立交易原则，成本的分摊应符合独立交易原则；关联企业业务往来，应接受税务机关的审查。

企业与其关联方之间的业务往来，不符合独立交易原则而减少企业或其关联方应纳税收入或所得额的，税务机关有权按合理方法进行调整。

2.受控外国子公司的纳税调整。由居民企业或由居民企业和中国居民控制的受控子公司，并非由于合理的经营需要而对利润不进行分配或减少分配的，上述利润中应归属于该居民企业的部分，应当计入该居民企业的当期收入。

3.资本弱化的纳税调整。企业从其关联方接受的债权性投资与权益性投资的比例超过标准而发生的利息支出，不得在税前扣除。企业债权性投资与权益性投资的比例标准，由国务院财政、税务主管部门另行规定。

七、企业所得税应纳税额的计算

居民企业来源于中国境内、境外的所得，在中国境内设立机构场所的非居民企业来源于中国境内的所得，适用下列公式计算缴纳企业所得税。

应纳税额=应纳税所得额×适用税率-减免税额-抵免税额

我国采取限额抵免法免除纳税人所得国际双重征税。企业来源于中国境外的所得依照中国境外税收法律及相关规定应缴纳并已实际缴纳的企业所得税性质的税款，可从其当期应纳税额中抵免，抵免限额为该项所得依照我国税法规定计算的应纳税额。超过抵免限额的部分，可在以后5个年度内，用每年度抵免限额抵免当年应抵税额后的余额进行抵补。除国务院财政、税务主管部门另有规定外，采取分国（地区）不分项计算抵免限额。

一、判断题

1.居民企业应就其来源于中国境内、境外的所得缴纳企业所得税。（　）

2.企业收入总额中的利息收入是指企业购买各种债券等有价证券取得的利息，不包括外单位欠款付给的利息。（　）

3.企业在计算应纳税所得额时，向投资者支付的股息、红利等权益性投资收益款项不得在计算应纳税所得额时扣除。（　）

4.企业在汇总计算缴纳企业所得税时，其境外营业机构的亏损不得抵减境内营业机构的盈利。（　）

5.企业确实无法支付的应付款项，应纳入收入总额计算缴纳企业所得税。（　）

6.企业取得的利息、租金和特许权使用费在确定所得来源时，按照负担、支付所得的企业或者机构所在地确定，或者按照负担、支付所得的个人的住所地确定。（　）

7.企业向金融机构借款的利息支出均可以按照实际发生额扣除。（　）

8.企业在确定收入时以分期收款方式销售货物的，按照实际收到款项的日期确认收入的实现。（　）

9.企业当期发生的公益性、救济性捐赠超过应纳税所得额12%的，可按照12%的比例计算扣除。（　）

10.纳税人来源于中国境外的所得，已在境外缴纳的所得税准予在汇总纳税时，从其应纳税额中扣除，但扣除额不得超过其境外所得依照我国税法规定计算的应纳税额。（　）

11.企业将资产用于市场推广或销售、职工奖励或福利、对外捐赠，因资产所有权已发生改变，应视同销售确认收入。（　）

12.企业所得税法规定，纳税人以经营租赁方式租入固定资产而发生的租赁费，可以按收付实现制进行扣除。（　）

13.依照美国法律成立，未在中国境内设立机构、场所，但有来源于中国境内所得的某公司属于非居民企业。（　）

14.企业同时从事适用不同企业所得税待遇的项目的，其优惠项目应单独计算所得，并合理分摊企业的期间费用；没有单独计算的，一律不得享受企业所得税优惠。（　）

15.企业销售商品采用预收款方式的，在收到款项时确认收入。（　）

16.财产保险企业按当年全部保费收入扣除退保金等后余额的15%（含本数）计算扣除限额；人身保险企业按当年全部保费收入扣除退保金等后余额的10%（含本数）计算扣除限额。（　）

17.以融资租赁方式租入固定资产发生的租赁费支出，按照租赁期均匀扣除。（　）

18.纳税人与其关联企业之间的业务往来，不按照独立企业之间的业务往来收取或支

付价款、费用而减少应纳税所得额的，税务机关有权进行合理调整。 ( )

19.企业在筹建期间发生的广告费和业务宣传费，可按实际发生额计入企业筹办费在税前扣除。 ( )

20.纳税人来源于境外的所得在境外实际缴纳的所得税税款，超过扣除限额的，其超过部分不得在本年度的应纳税额中扣除，但可以作为费用列支。 ( )

21.企业依照法律、行政法规有关规定提取的用于环境保护、生态恢复等方面的专项资金，准予扣除。 ( )

22.企业之间支付的管理费、企业内营业机构之间支付的租金和特许权使用费，以及非银行企业内营业机构之间支付的利息，符合有关规定的，可以扣除。 ( )

23.企业因雇用季节工、临时工、实习生、返聘离退休人员及接受外部劳务派遣用工实际发生的费用，均准予计入其工资薪金总额作为其他各项相关费用扣除的依据。 ( )

24.企业计入固定资产等相关资产的手续费及佣金支出，在发生当期直接扣除。 ( )

25.电信企业在发展客户、拓展业务等过程中（如委托销售电话入网卡、电话充值卡等）需向经纪人、代办商支付手续费及佣金的，其实际额不超过企业当年收入3%的部分准予在企业所得税税前据实扣除。 ( )

26.企业所得税的纳税人为购置固定资产而发生的借款，在固定资产交付使用前发生的借款费用，可在发生当期直接扣除。 ( )

27.企业所得税的纳税人因对外投资而借入的资金发生的借款费用，可以计入纳税人的经营性费用在税前扣除。 ( )

28.企业购置的电子设备，最低折旧年限应为5年。 ( )

29.在计算应纳税所得额时，企业之间支付的管理费、企业内营业机构之间支付的租金和特许权使用费以及非银行企业内营业机构之间支付的利息，不得扣除。 ( )

30.企业所得税的纳税人以融资租赁方式从出租方取得的固定资产，其租金支出可根据受益时间均匀扣除。 ( )

31.企业从事花卉、茶以及其他饮料作物和香料作物的种植，海水养殖、内陆养殖取得的所得，免征企业所得税。 ( )

32.在计算企业所得税时，纳税人销售货物给购货方的回扣可在税前扣除。 ( )

33.企业在生产经营过程中形成的商誉，可按规定分期进行摊销，但摊销期限不得少于10年。 ( )

34.除国务院另有规定外，企业之间不得合并缴纳企业所得税。 ( )

35.在一个纳税年度内，居民企业转让技术所有权所得不超过500万元的部分，免征企业所得税；超过500万元的部分，减半征收企业所得税。 ( )

36.根据企业所得税法的规定，扣缴义务人每次代扣的税款应自代扣之日起10日内缴入国库。 ( )

37.集成电路设计企业和符合条件的软件企业的职工培训费用，应单独进行核算并按实际发生额在计算应纳税所得额时扣除。 ( )

38.企业所得税的计税依据并不是企业的会计利润，只有对会计利润按税法的有关规定调整后才能作为应纳税所得额计算缴纳企业所得税。 ( )

39. 企业纳税年度发生的亏损准予向以后年度结转，用以后年度的所得弥补，但结转年限最长不得超过5年。（　）

40. 企业使用或销售的存货的成本计算方法，可以在先进先出法、后进先出法、加权平均法、个别计价法中选用一种。计价方法一经选用，不得随意变更。（　）

41. 租入固定资产的改建支出准予摊销。（　）

42. 非金融企业向非金融企业借款的利息支出，一律不得在计算应纳税所得额时扣除。（　）

43. 企业应自年度终了日起3个月内，向税务机关报送年度企业所得税纳税申请表，并汇算清缴，结清应缴应退税款。（　）

44. 企业支付的手续费及佣金不得直接冲减服务协议或合同的金额，应如实入账。（　）

45. 技术进步、产品更新换代较快的固定资产，以及常年处于强震动、高腐蚀状态的固定资产，可采取缩短折旧年限的方法加速折旧，但最低折旧年限不得低于规定折旧年限的50%。（　）

46. 除国务院财政、税务主管部门另有规定外，企业电子设备固定资产计算折旧的最低年限应为3年。（　）

47. 企业安置残疾人员的，在支付给残疾职工工资据实扣除的基础上，按照支付给残疾职工工资的100%加计扣除。（　）

48. 企业合并时股东在该企业合并时取得的股权支付金额，不低于其交易支付总额的85%，以及同一控制下且不需要支付对价的企业合并，被合并企业合并前的相关所得税事项不应由合并企业承继。（　）

49. 企业债务重组以非货币资产清偿债务，应分解为转让相关非货币性资产、按非货币性资产公允价值清偿债务两项业务，确认相关资产的所得或损失。（　）

50. 企业所得税法中所称减计收入，是指企业以《资源综合利用企业所得税优惠目录》规定的资源作为主要原材料，生产国家非限制和禁止并符合国家和行业相关标准的产品取得的收入，减按70%计入收入总额。（　）

二、单项选择题

1. 下列各项中，不属于企业所得税纳税人的是（　）。

A. 在外国成立但实际管理机构在中国境内的企业

B. 在中国境内成立的外商独资企业

C. 在中国境内成立的个人独资企业

D. 在中国境内未设立机构、场所但有来源于中国境内所得的企业

2. 下列选项中，关于企业所得税相关规定的表述，不正确的是（　）。

A. 在中国境内设有机构、场所且所得与其机构、场所有关的非居民企业，适用25%的企业所得税税率

B. 在中国境内未设有机构、场所的非居民企业，适用20%的企业所得税税率

C. 国家重点扶持的高新技术企业减按15%的税率征收企业所得税

D. 在中国境内设立机构、场所，但取得的所得与其机构、场所没有实际联系的非居民企业，适用15%的企业所得税税率

3. 下列属于企业所得税免税收入的是（　）。

A.财政拨款　　B.行政事业性收费

C.政府性基金　　D.国债利息收入

4.依据企业所得税法的规定，下列各项按企业的所在地确定所得来源地的是（　　）。

A.销售货物所得　　B.权益性投资所得

C.动产转让所得　　D.特许权使用费所得

5.下列计算公式中，正确的是（　　）。

A.应纳税所得额=收入总额－免税收入－各项扣除－以前年度亏损

B.应纳税所得额=收入总额－不征税收入－免税收入－各项扣除

C.应纳税所得额=收入总额－不征税收入－各项扣除

D.应纳税所得额=收入总额－不征税收入－免税收入－各项扣除－以前年度亏损

6.下列关于企业劳务收入确认的表述中，不正确的是（　　）。

A.特许权费一律在交付资产或转移资产所有权时确认收入

B.安装费应根据安装完工进度确认收入，安装工作是商品销售附带条件的，安装费在确认商品销售实现时确认收入

C.长期为客户提供重复的劳务收取的劳务费，在相关劳务活动发生时确认收入

D.包含在商品售价内可区分的服务费，在提供服务的期间分期确认收入

7.下列税金不得在企业所得税税前扣除的是（　　）。

A.增值税　　B.消费税　　C.房产税　　D.土地增值税

8.下列各项中可作为业务招待费税前扣除限额计算依据的是（　　）。

A.转让无形资产使用权的收入

B.因债权人原因确实无法支付的应付款项

C.转让无形资产所有权的收入

D.出售固定资产的收入

9.下列关于企业所得税税前可扣除的工资及福利费，表述不正确的是（　　）。

A.企业因临时雇用季节工实际发生的费用，应区分为工资薪金支出和福利费支出

B.失业保险及生育保险应计入工资薪金当中

C.丧葬补助费、抚恤费应计入福利费

D.供暖费补贴、职工防暑降温费应计入福利费

10.某企业2020年度投资收益120万元，其中境内投资企业分回收益80万元，国库券转让收益15万元，境外投资企业分回收益25万元（被投资企业境外所得税税率为20%）；境内生产经营所得30万元，该企业当年应缴纳所得税税额为（　　）万元。

A.32.5　　B.25.31　　C.12.81　　D.23.75

11.某小型零售企业2020年度自行申报收入总额250万元、成本费用258万元，经营亏损8万元。经主管税务机关审核，发现其发生的成本费用真实，实现的收入无法确定，依据规定对其进行核定征收。假定所得税税率为9%，则该小型零售企业该年度应缴纳的企业所得税为（　　）万元。

A.5.10　　B.5.63　　C.5.81　　D.6.38

12.某批发兼零售的居民企业，2020年度自行申报营业收入总额350万元，成本费用总额370万元，当年亏损20万元。经税务机关审核该企业申报的收入总额无法核实，成本

费用核算正确。假定对该企业采取核定征收的办法征收企业所得税，应税所得率为8%，则该居民企业当年度应缴纳企业所得税（　　）万元。

A.7.00　　B.7.40　　C.7.61　　D.8.04

13.企业发生的符合条件的广告费和业务宣传费支出，除国务院财政、税务主管部门另有规定外，不超过当年销售（营业）收入（　　）。

A.15%的部分准予扣除，超过部分准予在以后纳税年度结转扣除

B.12%的部分准予扣除，超过部分准予在以后纳税年度结转扣除

C.15%的部分准予扣除，超过部分在以后纳税年度不得结转扣除

D.12%的部分准予扣除，超过部分在以后纳税年度不得结转扣除

14.某企业全年营业收入10 000万元，发生的与生产经营活动有关的业务招待费支出100万元，按规定可在费用中计提列支的业务招待费应为（　　）万元。

A.100　　B.33　　C.60　　D.50

15.某居民企业某纳税年度计入成本、费用的实发工资总额为300万元，拨缴职工工会经费5万元，支出职工福利费45万元、职工教育经费15万元。则该企业该年计算应纳税所得额时准予在税前扣除的工资和三项经费合计为（　　）万元。

A.310　　B.349.84　　C.394.84　　D.346.27

16.根据企业所得税的有关规定，（　　）确认收入的实现。

A.股息等投资收益一般按被投资方报表报出的日期

B.利息收入按照权责发生制原则债务人应付利息的日期

C.租金收入按照合同约定的承租人应付租金的日期

D.特许权使用费收入按特许权使用人实际支付的日期

17.某国有商业企业通过我国境内非营利的社会团体向红十字会捐赠100万元。已知该商业企业年末会计利润800万元，未考虑捐赠事项的应纳税所得额1 000万元，根据现行企业所得税的有关规定，该部分捐赠支出可以（　　）。

A.在税前全额扣除　　B.扣除30万元　　C.扣除96万元　　D.扣除120万元

18.下列属于企业所得税视同销售收入的是（　　）。

A.房地产公司将开发房产转为办公用途　　B.房地产公司将开发房产用于经营酒店

C.酒厂将生产的A牌粮食白酒用于捐赠　　D.汽车公司将小轿车用于管理部门使用

19.根据企业所得税法的规定，下列利息支出可在企业所得税税前扣除的是（　　）。

A.逾期偿还贷款的银行罚息

B.非银行企业内营业机构之间支付的利息

C.税务机关对关联交易进行调整，对补税税额按国务院规定加收的利息

D.经过12个月以上建造才能达到预定可销售状态的存货建造发生借款的利息支出

20.企业从事下列项目的所得，减半征收企业所得税的是（　　）。

A.中药材种植　　B.林木培育和种植

C.远洋捕捞　　D.香料作物种植

21.纳税人在计算应纳税所得额时，其财务会计处理办法同国家有关税收规定相抵触的，按（　　）计算纳税。

A.国家有关税法规定　　B.财务会计处理办法

C.主管财政部门规定　　D.上级主管部门规定

22.关于手续费和佣金支出，财产保险企业按当年全部保费收入扣除退保金等后余额的（　　）计算企业所得税税前扣除限额。

A.5%　　B.10%　　C.15%　　D.20%

23.企业所得税法所说的适用20%税率的小型微利企业，是指（　　）的企业。

A.年度应纳税所得额不超过30万元、从业人数不超过100人、资产总额不超过3 000万元

B.年度应纳税所得额不超过20万元、从业人数不超过50人、资产总额不超过1 000万元

C.年度应纳税所得额不超过15万元、从业人数不超过30人、资产总额不超过500万元

D.年度应纳税所得额不超过300万元、从业人数不超过300人、资产总额不超过5 000万元

24.下列关于企业手续费及佣金支出税前扣除的规定，表述不正确的是（　　）。

A.人身保险企业按当年全部保费收入扣除退保金等后余额的10%计算扣除限额

B.其他非保险企业按所签订服务协议或合同确认的收入金额的5%计算扣除限额

C.企业计入固定资产等相关资产的手续费及佣金支出，在发生当期直接扣除

D.企业支付的手续费及佣金不得直接冲减服务协议或合同金额，应如实入账

25.根据企业所得税法的规定，扣缴义务人每次代扣的税款，应当自代扣之日起（　　）日内缴入国库。

A.7　　B.10　　C.15　　D.5

26.根据企业所得税法的规定，企业的下列各项支出。在计算应纳税所得额时，准予从收入总额中直接扣除的是（　　）。

A.手续费支出

B.烟草企业的广告费

C.软件生产企业的职工培训费用

D.向投资者支付的股息、红利等权益性投资收益

27.下列关于软件产业和集成电路产业发展的优惠政策的说法中，正确的是（　　）。

A.软件生产企业实行增值税即征即退政策所退还的税款，一律不得作为企业所得税应税收入

B.境内新办软件生产企业认定后，自获利年度起享受“免一减二”所得税优惠政策

C.软件生产企业的职工教育支出，可按实际发生额在计算应纳税所得额时扣除

D.集成电路生产企业的生产性设备，经主管税务机关核准，其折旧年限可适当缩短（最短可为3年）

28.下列关于收入确认时间的说法中，正确的是（　　）。

A.接受非货币形式捐赠在计算缴纳企业所得税时应分期确认收入

B.取得国债利息收入应以国债发行时约定应付利息的日期确认利息收入的实现

C.股息等权益性投资收益以投资方收到所得的日期确认收入的实现

D.特许权使用费收入以实际取得收入的日期确认收入的实现

29. 计算企业所得税的所得额时，下列项目不属于应纳税所得额的有（   ）。

A. 保险公司给予无赔款优待　　B. 纳税人购买国库券利息

C. 纳税人买卖国库券收益　　D. 取得特许权使用费收入

30. 在计算应纳税所得额时，下列支出不得扣除的是（   ）。

A. 企业所得税税款　　B. 合理分配的材料成本

C. 缴纳的消费税　　D. 销售固定资产的损失

31. 企业所得税法规定，下列固定资产不允许计提折旧的是（   ）。

A. 房屋、建筑物

B. 以经营租赁方式租出的固定资产

C. 已足额提取折旧仍继续使用的固定资产

D. 以融资租赁方式租入的固定资产

32. 某居民企业，2020年实际发生合理的工资支出100万元，其中临时工及实习生工资支出10万元，职工福利费支出18万元。当年该企业计算应纳税所得额时，应调增应纳税所得额（   ）万元。

A.4　　B.2.5　　C.6　　D.3.5

33. 下列表述中，符合企业重组特殊性税务处理规定的是（   ）。

A. 被合并企业合并前的亏损不得由合并企业继续弥补

B. 被合并企业合并前的亏损可由合并企业按照合并业务发生当年年末国家发行的最长期限的国债利率计算限额，由合并企业继续弥补

C. 被分立企业分立前的亏损不得由分立企业继续弥补

D. 被分立企业未超过法定弥补期限的亏损额可按分立业务发生当年年末国家发行的最长期限的国债利率计算限额，由分立企业继续弥补

34. 某居民企业为增值税一般纳税人，因管理不善导致从一般纳税人处购进的一批价值60万元（不含税）的材料霉烂，保险公司审理后同意赔付10万元，则该业务企业所得税税前可以扣除的损失金额为（   ）万元。

A.50　　B.60　　C.60.2　　D.57.8

35. 某生产企业，2020年全年销售额1 900万元，成本600万元，税金及附加460万元，各种费用400万元，已知上述成本费用中包括新产品开发60万元、广告费支出200万元。该企业当年应纳企业所得税（   ）万元。

A.24　　B.32　　C.46.8　　D.102.5

36. 企业所得税的纳税人发生年度亏损的，可用以后年度的所得逐年延续弥补，但延续弥补期限最长不得超过（   ）年。

A.1　　B.3　　C.5　　D.10

37. 某企业2020年3月1日向其控股公司借入经营性资金400万元，借款期1年，当年支付利息费用28万元。当年银行同期同类贷款年利率为6%，不考虑其他纳税调整事项。则该企业在计算当年应纳税所得额时，应调整的利息费用为（   ）万元。

A.30　　B.28　　C.20　　D.8

38. 下列关于跨省、市总分机构企业所得税预缴的表述中正确的是（   ）。

A. 上年度符合条件的小型微利企业的分支机构，需要就地预缴企业所得税

B.由总机构统一计算企业所得税，分别由总机构、分支机构按月或按季就地预缴

C.跨省、市总分机构企业缴纳的所得税查补税款按中央与地方40：60的比例就地缴库

D.总机构应将统一计算的企业当期应纳税额的50%，就地办理缴库，所缴纳税款收入由中央与总机构所在地按60：40分享

39.某公司2020年度财务资料显示：开具增值税专用发票取得收入2 000万元，另从事运输服务取得收入220万元。收入对应的销售成本和运输成本合计1 550万元，期间费用、税金及附加200万元，营业外支出100万元（其中90万元为公益性捐赠支出）。上年度企业自行计算亏损50万元，经税务机关核定的亏损为30万元。公司在所得税税前可以扣除的捐赠支出为（　　）万元。

A.90　　B.40.8　　C.44.4　　D.23.4

40.企业所得税法所称企业登记注册地，是指企业依照国家有关规定（　　）。

A.登记注册住所地　　B.实际经营管理地

C.销售收入实现地　　D.注册地或实际经营管理地

三、多项选择题

1.下列关于企业所得税所得来源地的说法，不正确的有（　　）。

A.动产转让所得按照交易活动发生地确定

B.不动产转让所得按照不动产所在地确定

C.销售货物所得，按照交易活动发生地确定

D.权益性投资资产转让所得按照投资企业所在地确定

2.企业所得税法中关于企业的说法，正确的有（　　）。

A.企业分为居民企业和非居民企业

B.居民企业应就其来源于中国境内、境外的所得缴纳企业所得税

C.非居民企业在中国境内设立机构、场所的，应仅就其所设机构、场所取得的来源于中国境内的所得缴纳企业所得税

D.非居民企业在中国境内未设立机构、场所的，或虽设立机构、场所但取得的所得与其所设机构、场所没有实际联系的，应就其来源于中国境内的所得缴纳企业所得税

3.企业取得的下列各项所得中可以免征企业所得税的有（　　）。

A.海水养殖所得　　B.花卉种植所得　　C.中药种植所得　　D.林产品采集所得

4.下列关于收入确认的说法中，正确的有（　　）。

A.销售商品需要安装和检验的，在购买方接受商品及安装和检验完毕时确认收入的实现

B.企业转让国债应在转让国债合同生效的日期或国债移交时确认转让收入的实现

C.投资购买国债到期兑付的，在国债发行时约定应付利息日确认收入的实现

D.销售商品采用支付手续费方式委托代销的，在收到代销货款时确认收入的实现

5.依据企业所得税的有关规定，企业发生的下列支出中应作为长期待摊费用的有（　　）。

A.长期借款的利息支出　　B.租入固定资产的改建支出

C.固定资产的大修理支出　　D.已提足折旧的固定资产的改建支出

6.下列固定资产计提的折旧，不可以在税前扣除的有（　　）。

A.以融资租赁方式租入的固定资产

B.以经营租赁方式租入的固定资产

C.已足额提取折旧仍继续使用的固定资产

D.房屋、建筑物以外未投入使用的固定资产

7.企业发生的下列费用中，不得在企业所得税税前扣除的有（　　）。

A.甲为法国公司设在中国境内的机构，当年发生总机构分摊费用50万元

B.乙企业因接受M公司投资，按协议约定每年向M公司支付50万元管理费

C.丙与N同为总公司下设分厂，财务均独立核算，丙租用N设备一台，按约定需支付50万元租赁费

D.丁企业向某商业企业借款，当年发生利息25万元，经审核利率未超过同类同期商业银行贷款利率

8.下列各项中，在企业费用中列支并随费用支出在企业所得税税前扣除的有（　　）。

A.房产税　　B.印花税　　C.车船税　　D.城镇土地使用税

9.企业所得税的下列收入能够作为广告费和业务宣传费计提基数的有（　　）。

A.提供劳务收入　　B.转让固定资产收入

C.利息收入　　D.特许权使用费收入

10.根据企业所得税法的有关规定，纳税人提取的下列准备金中，不得在税前扣除的有（　　）。

A.存货跌价准备金　　B.短期投资跌价准备金

C.坏账准备金　　D.固定资产减值准备金

11.下列事项应计入企业所得税应纳税所得额缴纳所得税的有（　　）。

A.接受捐赠的非货币性资产　　B.接受捐赠的货币性资产

C.将自产的商品用于赠送客户　　D.债务重组过程中实现的债务重组收益

12.下列所得中，可以减按10%的税率征收企业所得税的有（　　）。

A.符合条件的小型微利企业取得的所得

B.当年未享受税收优惠的国家规划布局内的重点软件生产企业取得的所得

C.在中国境内未设立机构、场所的非居民企业取得来源于中国境内的所得

D.在中国境内设立机构、场所的非居民企业取得与该机构、场所有实际联系的所得

13.在中国境内未设立机构、场所的非居民企业从中国境内取得的下列所得，应按收入全额计算征收企业所得税的有（　　）。

A.股息　　B.财产转让所得　　C.租金　　D.特许权使用费

14.下列减半征税企业所得税的有（　　）。

A.海水养殖　　B.蔬菜种植　　C.中药材种植　　D.内陆养殖

15.下列资产摊销的支出，不得在应纳税所得额中扣除的有（　　）。

A.经营租赁方式租出固定资产的折旧费

B.融资租赁方式租出固定资产的折旧费

C.当月购入固定资产当月计提的折旧支出

D.自行开发支出已在计算应纳税所得额时扣除的无形资产

16.根据企业所得税法的规定，下列说法正确的有（　　）。
A.企业计提的职工福利费支出，不超过工资薪金总额14%的部分准予扣除
B.企业拨缴的工会经费，不超过工资薪金总额2%的部分准予扣除
C.企业发生的职工教育经费支出，不超过工资薪金总额8%的部分准予扣除；超过部分，准予在以后纳税年度结转扣除
D.企业发生的职工教育经费支出，不超过工资薪金总额8%的部分准予扣除；超过部分，不准予在以后纳税年度结转扣除
17.企业所得税法规定，下列关于收入确认的说法中，正确的有（　　）。
A.销售商品采用托收承付方式的，在办妥托收手续时确认收入
B.销售商品采取预收款方式的，在收到款项时确认收入
C.销售商品采用支付手续费方式委托代销的，在收到代销货款时确认收入
D.为特定客户开发软件，应根据开发的完工进度确认收入
18.下列属于企业所得税法规定的视同销售确认收入的有（　　）。
A.企业将A产品用于生产B产品　　B.企业将自建商品房产转为经营
C.企业将资产用于职工奖励　　D.企业将资产用于股息、利息分配
19.纳税人提供的下列劳务中，按照完工进度确认收入实现的有（　　）。
A.广告制作费　　B.安装费　　C.服务费　　D.软件费
20.非居民企业取得企业所得税法规定的（　　），可以免征企业所得税。
A.外国政府向中国政府提供贷款取得的利息所得
B.外国政府向中国国家银行提供贷款取得的利息所得
C.国际金融组织向中国政府提供优惠贷款取得的利息所得
D.国际金融组织向中国国家银行提供贷款取得的利息所得
21.下列关于企业所得税纳税地点的表述中，正确的有（　　）。
A.居民企业在中国境内设立不具有法人资格的营业机构，应当汇总计算缴纳企业所得税
B.非居民企业在中国境内设立两个或两个以上机构、场所的，经税务机关审核批准，可以选择由其主要机构、场所汇总缴纳企业所得税
C.非居民企业在中国境内未设立机构、场所的，以扣缴义务人所在地为纳税地点
D.非居民企业在中国境内设立机构、场所，发生在境外的与其所设机构、场所有实际联系的所得，以扣缴义务人所在地为纳税地点
22.下列关于收入确认的说法中，不正确的有（　　）。
A.企业销售产品、原材料等存货取得的收入属于销售货物收入
B.企业销售包装物、低值易耗品取得的收入不属于销售货物收入
C.纳税人以非货币形式取得的收入应按照公允价值确认收入
D.纳税人以非货币形式取得的收入应按照账面价值确认收入
23.下列各项中，不得计算折旧或摊销在企业所得税税前扣除的有（　　）。
A.自创商誉
B.外购商标权
C.房屋、建筑物以外的未投入使用的固定资产

D.单独估价作为固定资产入账的土地

24.下列关于企业所得税的优惠政策中，说法正确的有（　　）。

A.对轻工、纺织、机械、汽车四个领域重点行业企业2017年1月1日后新购进的固定资产允许税前一次性扣除

B.创投企业从事国家需要重点扶持和鼓励的创业投资（已满两年），可以按投资额的70%在投资满2年的当年抵扣应纳税所得额

C.企业综合利用资源，生产符合国家产业政策规定的产品所取得的收入，可以在计算应纳税所得额时减计10%的收入

D.企业安置残疾人员所支付的工资，按支付给残疾职工工资的100%加计扣除

25.下列关于小型微利企业减免政策的说法中，正确的有（　　）。

A.企业应从事国家非限制和禁止行业

B.对年应纳税所得额低于100万元（含）的小型微利企业，其所得减按25%计入应纳税所得额，按20%的税率缴纳企业所得税

C.对年应纳税所得额100万元（不含）至300万元（含）的部分，其所得减按50%计入应纳税所得额，按20%的税率缴纳企业所得税

D.对年应纳税所得额超过300万元的小型微利企业，其所得100%计入应纳税所得额，按20%的税率缴纳企业所得税

26.下列各项中属于企业所得税征税范围的有（　　）。

A.居民企业来源于中国境外的所得

B.非居民企业来源于中国境内的所得

C.非居民企业来源于境外且与所设机构没有实际联系的所得

D.居民企业来源于中国境内的所得

27.关于跨地区经营汇总纳税企业所得税的说法，正确的有（　　）。

A.总机构和具有主体生产经营职能的二级分支机构就地预缴企业所得税

B.三级及三级以下分支机构，其营业收入、职工薪酬和资产总额等统一并入二级分支机构计算

C.总分机构分期预缴的企业所得税，50%在各分支机构之间分摊，50%由总机构预缴

D.跨省市总分机构企业缴纳的所得税查补税款、滞纳金、罚款收入，按中央与地方60：40分成比例就地缴库

28.根据企业所得税相关规定，关于企业亏损弥补的说法正确的有（　　）。

A.境外营业机构的亏损可用境内营业机构的盈利弥补

B.企业所得税弥补的年限，最长不得超过5年

C.一般性处理下被分立企业亏损不得由分立企业弥补

D.境内营业机构的亏损可用境外营业机构的盈利弥补

29.以下选项中，自取得项目第一笔生产经营收入年度起，享受企业所得税“免三减三”优惠政策的有（　　）。

A.符合条件的环境保护、节能节水项目所得

B.综合利用资源取得的所得

C.国家重点扶持的公共基础设施项目投资经营所得

D.企业承包建设符合条件的公共基础项目投资经营所得

四、计算题

1.某企业主要生产葡萄酒，纳税年度生产经营情况如下：取得产品销售收入总额1 000万元；应扣除产品销售成本540万元；发生产品销售费用80万元（其中含葡萄酒的广告费30万元），管理费用120万元（其中含业务招待费10万元），财务费用40万元（其中含逾期归还银行贷款的罚息3万元）；应缴纳增值税50万元，其他销售税费70万元；营业外支出44万元（其中含通过民政机构向灾区捐款15万元，税收滞纳金4万元）。

要求：请根据上述资料，计算该企业纳税年度应纳的企业所得税。

2.某企业2020年度境内应纳税所得额为100万元，适用25%的企业所得税税率。另外该企业分别在A、B两国设有分支机构（我国与其已缔结避免双重征税协定），在A国分支机构的应纳税所得额为50万元，A国税率为20%；在B国分支机构的应纳税所得额为30万元，B国税率为30%。假设该企业在A、B两国的所得按我国税法计算的应纳税所得额和按A、B两国税法计算的应纳税所得额一致，两个分支机构在A、B两国分别缴纳了10万元和9万元的企业所得税。

要求：请根据上述资料，计算该企业汇总应纳的企业所得税。

3.经济特区某食品有限公司属于外商投资企业，于2010年开业。2020年公司有关生产经营情况如下：

（1）取得产品销售收入2 300万元，购买国库券利息收入50万元，从境内投资公司分回税后利润180万元（于2010年投资）。

（2）发生产品销售成本1 100万元；发生销售费用380万元，其中广告费50万元，业务宣传费30万元；发生产品税金及附加50万元。

（3）发生财务费用220万元，其中1月1日以集资方式筹集生产经营性资金300万元，期限1年，支付利息费用30万元（同期同类银行贷款年利率为6%）。

（4）发生管理费用260万元，其中，业务招待费190万元。

（5）营业外支出账户记载金额53.52万元，其中，合同违约金4万元，通过民政局向灾区捐赠现金49.52万元。

（6）其他相关资料。该公司2011年属于减半政策执行第一年，本年预缴所得税18.43万元。

要求：请根据上述资料，分步计算该公司应纳和应补的企业所得税。

4.某企业为居民企业，纳税年度经营业务如下：

（1）取得销售收入2 500万元。

（2）销售成本1 100万元。

（3）发生销售费用670万元（其中广告费450万元）、管理费用480万元（其中业务招待费15万元）、财务费用60万元。

（4）销售税金160万元（含增值税120万元）。

（5）营业外收入70万元，营业外支出50万元（含通过公益性社会团体向贫困山区捐款30万元，支付税收滞纳金6万元）。

（6）已经计入成本、费用中的实发工资总额150万元、拨缴职工工会经费3万元、支出职工福利费23万元、职工教育经费5万元。

要求：请根据上述资料，计算该企业本年度应纳的企业所得税。

5.某生产性外商投资企业纳税年度内有关生产经营情况如下：

（1）取得产品销售收入4 000万元，取得租金收入300万元。

（2）应扣除的产品销售成本为3 200万元，与租金收入有关的费用支出220万元。

（3）应缴纳的增值税为30万元，消费税及其他准予扣除的税金共90万元。

（4）4月1日向银行借款500万元用于建造厂房，借款期限1年，当年向银行支付了3个季度的借款利息22.5万元，该厂房于10月31日完工结算并投入使用。

（5）发生管理费用350万元（其中含支付关联企业的管理费用10万元；支付业务招待费30万元；经税务机关审核同意，支付给上级主管部门的管理费20万元）。

（6）经批准以机器设备一台向其他企业投资，该设备账面原值50万元，已提取折旧24万元，投资时双方确认的投资价值为30万元。

（7）转让人民币特种股票（B股）取得收入250万元，该股票原购进价210万元。

（8）发生营业外支出30万元（其中含直接向某灾区捐款10万元，向关联的科研机构资助研究开发经费5万元，报经税务机关批准的财产损失15万元）。

（9）营业外收入60万元（其中含超过期限的应付未付款收入20万元）。

（10）从境外分支机构取得税后收益45万元，已在境外缴纳了25%的所得税。

（11）本年度1～3季度已预缴企业所得税90万元。

要求：请根据上述资料，计算当年应纳的企业所得税和应补缴的企业所得税。

6.某机械制造企业2020年实现收入总额2 000万元，其中产品销售收入1 800万元，购买国库券利息收入200万元；发生各项成本费用1 500万元，其中合理的工资薪金总额150万元，业务招待费30万元，职工福利费28万元，职工教育经费5万元，工会经费2万元，税收滞纳金10万元，提取的各项准备金支出21万元。另外，企业当年购置环境保护专用设备支出300万元，购置完毕即投入使用。

要求：请根据上述资料，计算企业当年应纳的企业所得税。

五、综合题

1.某小汽车生产企业（增值税一般纳税人）某纳税年度自行核算的相关数据为：全年取得产品销售收入总额68 000万元，应扣除的产品销售成本45 800万元，应扣除的税金及附加9 250万元，应扣除的销售费用3 600万元、管理费用2 900万元、财务费用870万元。另外，取得营业外收入320万元，直接投资其他居民企业分回的股息收入550万元，发生营业外支出1 050万元，全年实现会计利润5 400万元，计算应缴纳的企业所得税为1 350万元。

经国税局对该年的生产经营情况进行审核，发现以下相关问题：

（1）12月20日收到代销公司代销5辆小汽车的代销清单及货款163.8万元（小汽车每辆成本价20万元，与代销公司不含税结算价28万元）。企业会计处理为：

借：银行存款——代销汽车款	1 638 000	
贷：预收账款——代销汽车款		1 638 000

（2）管理费用中含有业务招待费280万元及新技术研究开发费用120万元。

（3）营业外支出中含该企业通过省教育厅向某山区中小学捐款800万元。

（4）在成本费用项目中含该年度实际发生的工资费用3 000万元、职工福利费480万元、职工工会经费90万元和职工教育经费70万元。

（5）6月10日购入一台符合有关目录要求的安全生产专用设备，支付价款200万元和增值税26万元，当月投入使用，当年已经计提折旧费用12万元。

要求：请根据上述资料，计算并回答下列问题。

（说明：该企业生产的小汽车适用消费税税率为9%；假定购入并投入使用的安全生产专用设备使用期限为10年，不考虑残值）

（1）全年营业收入。

（2）该年应扣除的安全生产专用设备折旧费。

（3）全年营业成本。

（4）全年税金及附加。

（5）全年利润总额。

（6）业务招待费纳税调整额。

（7）公益性捐赠纳税调整额。

（8）三项经费纳税调整额。

（9）纳税调整增加额。

（10）纳税调整减少额。

（11）全年应纳税所得额。

（12）全年应纳所得税额。

2.某市一内资服装生产企业于2010年10月成立，年底职工共30人，企业的资产总额为300万元。企业某纳税年度销售收入为720万元，投资收益为33万元，销售成本和税金为523万元，财务费用、管理费用、销售费用共计210万元，企业自行计算的应纳税所得额为20万元，该年度新增职员35人，资产总额增加到800万元。企业已经按规定到税务机关备案，取得所得税优惠的审批。在汇算清缴时，经会计师事务所审核发现以下事项未进行纳税调整（核算的进项税额准确）：

（1）企业的“主营业务收入”科目隐瞒销售自产服装含税收入11.3万元。

（2）已计入成本费用中实际支付的合理工资72万元，已计提但未上缴工会经费1.44万元，实际发生职工福利费15.16万元，实际发生职工教育经费1.08万元。

（3）管理费用中列支业务招待费15万元。

（4）管理费用中列支企业财产保险费用2.8万元，为股东支付商业保险费5万元。

（5）销售费用中列支业务宣传费20万元、广告费10万元。

（6）投资收益33万元为直接投资于其他居民企业取得的投资收益。

（7）该年经税务机关审核认定的亏损额为10万元。

要求：请根据上述资料，计算并回答下列问题（每问需计算出合计数）。

（1）该年应补缴的增值税、城市维护建设税和教育费附加（分别按补缴增值税的7%和3%计算）。

（2）工资及三项费用纳税调整额。

（3）管理费用纳税调整额。

（4）销售费用纳税调整额。

（5）应缴纳的企业所得税。

3.某煤矿联合企业为增值税一般纳税人，具有专业培训资质，主要业务为原煤开采及销售，某纳税年度有关经营业务如下：

（1）销售开采原煤13 000吨，取得不含税收入15 000万元。

（2）购进原材料共计3 000万元，取得增值税专用发票，注明进项税税额390万元。支付购料运输费用共计230万元，取得货物运输业增值税专用发票。

（3）全年共实现会计利润5 000万元。

（4）销售费用1 650万元，其中广告费1 400万元。

（5）管理费用1 232万元，其中业务招待费120万元。

（6）计入成本、费用中的实发合理工资820万元；发生职工工会经费16.4万元（取得工会专用收据）、职工福利费98万元、职工教育经费25万元。

（7）取得的相关票据均通过主管税务机关认证。

要求：根据上述资料，按下列序号计算并回答问题（每个问题需计算出合计数）。

（1）计算企业该年应缴纳的增值税。

（2）计算企业该年应缴纳的城市维护建设税和教育费附加。

（3）计算企业该年广告费用应调整的应纳税所得额。

（4）计算企业该年业务招待费应调整的应纳税所得额。

（5）计算企业该年职工工会经费、职工福利费、职工教育经费应调整的应纳税所得额。

（6）计算企业该年度企业所得税的应纳税所得额。

（7）计算企业该年度应缴纳的企业所得税。

4.某生产企业共有在册职工320人，资产5 500万元。某纳税年度销售产品取得不含税收入2 500万元，会计利润600万元，已预缴所得税150万元。经会计师事务所审计，发现以下问题：

（1）期间费用中有广告费450万元、业务招待费15万元、研究开发费用20万元。

（2）营业外支出50万元（含通过公益性社会团体向贫困山区捐款30万元，直接捐赠6万元）。

（3）计入成本、费用中的实发工资总额150万元，发生职工福利费20万元，拨缴职工工会经费3万元，发生职工教育经费9万元。

（4）对7月购置并投入使用的安全生产专用设备，企业未进行账务处理。取得购置设备普通发票上注明价款81.9万元，预计使用10年。

（5）在A国设有分支机构，A国分支机构当年应纳税所得额300万元，其中生产经营所得200万元，A国规定所得税税率为20%；特许权使用费所得100万元，A国规定的税率为30%；从A国分得税后利润230万元，尚未入账处理。

要求：请根据上述资料，按下列序号计算有关纳税事项（每个问题需计算出合计数）。

（1）专用设备对会计利润及应纳税所得额的影响额。

（2）广告费的调整额。

（3）业务招待费的调整额。

（4）调整后的会计利润总额。

（5）对外捐赠的纳税调整额。

（6）研究开发费用的纳税调整额。

（7）“三项费用”应调增的所得额。

（8）境内所得应纳企业所得税。

（9）A国分支机构在我国应补缴的企业所得税。

（10）年终汇算清缴实际缴纳的企业所得税。

5.某食品生产企业属于外商投资企业，某纳税年度企业有关生产、经营情况如下：

（1）取得产品销售收入2 300万元、购买国库券利息收入50万元、从境内投资公司分回税后利润180万元。

（2）发生产品销售成本1 100万元；发生销售费用380万元，其中广告费50万元、业务宣传费30万元；发生产品销售税金及附加50万元。

（3）发生财务费用220万元，其中：1月1日以集资方式筹集生产经营性资金300万元，期限1年，支付利息费用30万元（同期同类银行贷款年利率6%）。

（4）发生管理费用260万元，其中业务招待费190万元。

（5）“营业外支出”账户记载金额53.52万元。其中：合同违约金4万元；通过民政局向灾区捐赠现金49.52万元。

其他相关资料：本年预缴企业所得税18.43万元。

要求：根据上述资料，计算并回答下列问题（每问需计算出合计数）。

（1）计算该企业税前准予扣除的财务费用。

（2）计算该企业税前准予扣除的管理费用和销售费用。

（3）计算该企业税前准予扣除的营业外支出。

（4）计算该企业全年应纳税所得额。

（5）计算该企业全年应纳所得税额。

（6）计算企业应补缴的企业所得税。

第6章　所得税税法——个人所得税法

【学习目的与要求】

学习本章的目的，主要是了解个人所得税的由来及特点，理解开征个人所得税的现实意义，掌握和理解个人所得税的基本法律规定并熟悉个人所得税的计算与征收管理。要求学生在充分理解和熟记个人所得税征税项目、费用扣除标准、优惠政策、计税所得额和征收管理等基本法律制度的基础上，掌握个人所得税的计算和缴纳方法。

【重点与难点问题解析】

在教材中，本章分为个人所得税基础知识、个人所得税基本法律和个人所得税计税管理三节内容。重点是个人所得税的现实意义、个人所得税纳税人身份的核定、应税所得项目、应税所得额、税率、费用扣除标准、税收优惠、应纳税额的计算和纳税办法；难点是应税所得额的确定及税务处理等。本章的重点与难点分以下6个问题，解析如下：

一、个人所得税的意义

个人所得税一般是对个人应税所得征收的一种税。我国的个人所得税是指对居民个人来源于中国境内外的一切所得和非居民个人来源于中国境内的所得征收的一种税。

个人所得税具有税基广阔、稳定经济和调节收入等特点，决定了该税在筹集财政收入和缩小贫富差距等方面有着其他税种无法替代的作用。

二、个人所得税的纳税人

个人所得税的纳税人包括中国公民、个体工商户及在中国境内有所得的外籍人员（包括无国籍人员）和港澳台同胞，但不包括法人或其他组织。所称“中国境内”是指中国大陆地区，目前尚不包括中国香港、澳门和台湾地区。纳税人分为居民个人和非居民个人。

1.居民个人。居民个人是指在中国境内有住所或无住所而一个纳税年度内在中国境内居住累计满183天的个人。居民个人负有无限的纳税义务，应就其来源于境内外的所得依法缴纳个人所得税。所称从中国境内取得的所得是指来源于中国境内的所得；所称从中国境外取得的所得是指来源于中国境外的所得。其判定标准有住所标准和时间标准。

（1）住所标准。在中国境内有住所的个人就可以判定为居民个人。所称在中国境内有住所的个人是指因户籍、家庭、经济利益关系而在中国境内习惯性居住的个人，包括在中国境内定居的中国公民和外国侨民，但不包括虽具有中国国籍，却没有在中国境内定居，而是侨居海外的华侨和居住在我国港澳台地区的同胞。

（2）时间标准。一个纳税年度内在中国境内居住累计满183天的个人，即可认定为居民个人。所称一个纳税年度是指公历1月1日至12月31日。

上述两个标准的法律效力相同，纳税人只要具备其一，即可被判定为我国的居民个人。如果两个标准都不具备，则为非居民个人。

2.非居民个人。非居民个人是指在中国境内无住所又不居住或无住所且一个纳税年度内在中国境内居住累计不满183天的个人。非居民个人负有有限的纳税义务，应就其来源于中国境内的所得依法缴纳个人所得税。

三、个人所得税的应税所得项目

应纳税所得分为工资、薪金所得，劳务报酬所得，稿酬所得，特许权使用费所得，经营所得，利息、股息、红利所得，财产租赁所得，财产转让所得和偶然所得，共9项。不属于应税所得的项目，不征收个人所得税。其中：

（1）工资、薪金所得是指个人因任职或受雇而取得的工资、薪金、奖金、年终加薪、劳动分红、津贴、补贴以及与任职或受雇有关的其他所得。

（2）劳务报酬所得是指个人从事劳务取得的所得，包括从事设计、装潢、安装、制图、化验、测试、医疗、法律、会计、咨询、讲学、翻译、审稿、书画、雕刻、影视、录音、录像、演出、表演、广告、展览、技术服务、介绍服务、经纪服务、代办服务以及其他劳务取得的所得。

（3）稿酬所得是指个人因其作品以图书、报刊形式出版、发表而取得的所得，包括文学作品、书画作品、摄影作品等出版、发表取得的所得，以及财产继承人取得的遗作稿酬。

（4）特许权使用费所得是指个人提供专利权、商标权、著作权、非专利技术和其他特许权的使用权取得的所得。

（5）经营所得。经营所得主要包括个体工商户的生产经营所得和企事业单位承包承租经营所得2大类。个体工商户的生产经营所得是指个体工商户从事工业、手工业、建筑业、交通运输业、商业、饮食业、服务业、修理业和其他行业取得的所得。企事业单位承包承租经营所得是指个人承包经营、承租经营及转包、转租取得的所得，包括个人按月或按次取得的工资薪金性质的所得。

（6）利息、股息、红利所得是指个人拥有债权、股权而取得的利息、股息、红利所得。

（7）财产租赁所得是指个人出租建筑物、土地使用权、机器设备、车船和其他财产取得的所得。

（8）财产转让所得是指个人转让有价证券、股权、建筑物、土地使用权、机器设备、车船和其他财产取得的所得。

（9）偶然所得是指个人得奖、中奖、中彩以及其他偶然性质的所得。

居民个人取得（1）~（4）项所得（以下称综合所得），按纳税年度合并计算个人所得税；非居民个人取得（1）~（4）项所得，按月或者按次分项计算个人所得税。纳税人取得（5）~（9）项所得，按规定分别计算个人所得税。

四、个人所得税的税率

我国个人所得税采用比例税率和超额累进税率两种形式，其中综合所得和经营所得适用超额累进税率；利息、股息、红利所得，财产租赁所得，财产转让所得，偶然所得适用比例税率。具体规定如下：

1.综合所得的适用税率。纳税人的综合所得，适用3%～45%的7级超额累进税率。

2.经营所得的适用税率。个体工商户生产经营所得、企事业单位承包承租经营所得、个人独资企业和合伙企业生产经营所得等经营所得，适用5%～35%的5级超额累进税率。

3.其他所得的适用税率。除上述所得外，利息、股息、红利所得，财产租赁所得，财产转让所得和偶然所得均适用20%的比例税率。

五、个人所得税应纳税额的计算

1.综合所得的税额计算

（1）居民个人综合所得税额的计算。居民个人的综合所得，以每一纳税年度的收入额减除法定费用扣除额以及专项扣除、专项附加扣除和依法确定的其他扣除后的余额，为应纳税所得额，适用年度7级超额累进税率。其计算公式为：

应纳税额=应纳税所得额×适用税率-速算扣除数

应纳税所得额=年度收入额-法定费用扣除额-专项扣除-专项附加扣除-其他

①年度收入额。年度收入额包括工资、薪金所得，劳务报酬所得，稿酬所得和特许权使用费所得4项，其中劳务报酬所得、稿酬所得、特许权使用费所得以收入减除20%的费用后的余额为收入额。稿酬所得的收入额减按70%计算。

②法定费用扣除额。法定费用扣除额是指税法规定有关个人生计费等费用的扣除，按照税法的规定，综合所得的费用扣除额为每年60 000元（每月5 000元）。

③专项扣除。专项扣除包括居民个人按照国家规定的范围和标准缴纳的基本养老保险、基本医疗保险、失业保险等社会保险费和住房公积金等。

④专项附加扣除。专项附加扣除包括子女教育、继续教育、大病医疗、住房贷款利息或者住房租金、赡养老人等支出。

⑤其他。其他包括个人缴付符合国家规定的企业年金、职业年金，个人购买符合国家规定的商业健康保险、税收递延型商业养老保险的支出，以及国务院规定可以扣除的其他项目。

（2）居民个人预扣预缴税额的计算

①工资、薪金所得预扣预缴税额的计算。居民个人取得的工资、薪金所得应当由扣缴义务人按照累计预扣法计算预扣税款，并按月办理扣缴申报。其计算公式为：

$$\text{本期应预扣预缴税额}=(\text{累计预扣预缴应纳税所得额}\times\text{预扣率}-\text{速算扣除数})-\text{累计减免税额}-\text{累计已预扣预缴税额}$$

$$\text{累计预扣预缴应纳税所得额}=\text{累计收入}-\text{累计免税收入}-\text{累计减除费用}-\text{累计专项扣除}-\text{累计专项附加扣除}-\text{累计其他扣除}$$

②劳务报酬等所得预扣预缴税额的计算。居民个人取得的劳务报酬所得、稿酬所得和特许权使用费所得应当由扣缴义务人按次或按月预扣预缴个人所得税，其预扣预缴税额的计算方法基本相同。按照税法的规定，劳务报酬等3项所得以纳税人每次取得的收入减除费用扣除额后的余额为预扣预缴应纳税所得额，稿酬所得的收入额减按70%计算。劳务报酬等3项所得应分别按预扣预缴应纳税所得额和规定的税率计算预扣预缴应纳税额。其计算公式为：

劳务报酬所得应预扣预缴税额=预扣预缴应纳税所得额×预扣率-速算扣除数

稿酬所得、特许权使用费所得应预扣预缴税额=预扣预缴应纳税所得额×20%

（3）非居民个人扣缴税额的计算。非居民个人取得的工资、薪金所得，劳务报酬所得，稿酬所得和特许权使用费所得，扣缴义务人应当按月或按次代扣代缴个人所得税。其计算公式为：

应纳税额=应纳税所得额×税率-速算扣除数

2.经营所得的税额计算。纳税人取得的经营所得，以每一纳税年度的收入总额减除成本、费用以及损失后的余额，为应纳税所得额。取得经营所得的个人，没有综合所得的，计算其每一纳税年度的应纳税所得额时，应当减除费用6万元、专项扣除、专项附加扣除以及依法确定的其他扣除。专项附加扣除在办理汇算清缴时减除。

从事生产经营的个体工商户、个人独资企业和合伙企业（以下简称纳税人），根据业务规模、经营性质和会计核算情况，分别按查账征收法和核定征收法两种方法计算征收个人所得税。

（1）生产经营所得查账征收法应纳税额的计算。实行查账征收法的个体工商户、个人独资企业和合伙企业，以每一纳税年度的收入总额减除成本费用及损失后的余额为应纳税所得额，计算缴纳个人所得税。其计算公式为：

应纳税额=应纳税所得额×适用税率-速算扣除数

应纳税所得额=收入总额-成本、费用及损失

（2）生产经营所得核定征收法应纳税额的计算。核定征收法包括定额征收、核定应税所得率征收和其他合理征收方式等。

（3）承包承租经营所得应纳税额的计算。承包承租经营所得按期纳税，纳税人取得的对企事业单位承包承租经营所得，以每一纳税年度的收入总额，减除必要费用后的余额为应纳税所得额。其计算公式为：

应纳税所得额=个人承包承租经营收入总额-必要费用

=个人承包承租经营收入总额-5 000×12

3.财产租赁所得的税额计算

（1）财产租赁所得应纳税所得额的确定。财产租赁所得以纳税人每次取得的收入减除费用扣除额后的余额为应纳税所得额。

（2）财产租赁所得应纳税额的计算。财产租赁所得应按应纳税所得额和规定的税率计算其应纳税额。其计算公式为：

应纳税额=应纳税所得额×适用税率

4.财产转让所得的税额计算

（1）财产转让所得应纳税所得额的确定。财产转让所得按次纳税，以纳税人每次财产转让取得的收入额减除财产原值和合理费用后的余额为应纳税所得额。其计算公式为：

应纳税所得额=每次收入-财产原值-合理费用

（2）财产转让所得应纳税额的计算。财产转让所得应纳税额的计算公式为：

应纳税额=应纳税所得额×适用税率（20%）

5.利息等所得的税额计算。利息等所得包括利息、股息、红利所得和偶然所得，其应纳税额的计算方法基本相同。

（1）利息等所得应纳税所得额的确定。利息、股息、红利所得和偶然所得，除减免税

规定以外，其应纳税所得额为纳税人每次取得的收入额，不得从收入中扣除任何费用。

（2）利息等所得应纳税额的计算。利息、股息、红利所得和偶然所得以应纳税所得额，适用20%的比例税率计算应纳个人所得税。其计算公式为：

应纳税额=应纳税所得额×适用税率（20%）

6.其他所得的税额计算

（1）居民个人取得全年一次性奖金应纳税额的计算。居民个人取得全年一次性奖金，符合相关规定的，在2021年12月31日前，可选择并入当年综合所得计算纳税，也可选择单独计算纳税；自2022年起，只能并入当年综合所得计算纳税。

选择单独计算纳税的，以全年一次性奖金收入除以12个月得到的数额，按照按月换算后的7级超额累进税率表，确定适用税率和速算扣除数，计算公式为：

应纳税额 = 全年一次性奖金收入×适用税率 − 速算扣除数

（2）同时取得雇用、派遣单位工资、薪金所得应纳税额的计算。在外商投资企业、外国企业和外国驻华机构工作的中方人员取得的工资、薪金，凡是由雇用单位和派遣单位分别支付的，先由支付单位分别扣缴应纳的个人所得税，然后由纳税人汇总申报纳税。

（3）退职、退养等取得一次性补偿收入应纳税额的计算

①个人取得退职费收入应纳税额的计算。符合规定标准的退职费免税，个人取得不符合规定退职条件和退职费标准的退职费收入，应缴纳个人所得税。

退职人员一次取得较高退职费收入的，可视为其一次取得数月工资、薪金收入，并以原每月工资、薪金收入总额为标准划分为若干月份的工资、薪金收入计税。但按上述方法划分超过6个月工资、薪金收入的，应按6个月平均划分计算。

②个人取得内部退养一次性补偿收入应纳税额的计算。内部退养是指在机构、人事制度改革期间，根据特殊政策在未达到法定退休年龄前离岗休养。实行内部退养个人在其办理内部退养手续后，至法定离退休年龄之间从原任职单位取得工资、薪金，应按工资、薪金所得计税。

③解除劳动关系取得的一次性补偿收入应纳税额的计算。个人因劳动人事制度改革，与用人单位解除劳动关系而取得的一次性补偿收入，其收入在当地上年职工平均工资3倍数额以内的部分，免征个人所得税；超过的部分，不并入当年综合所得，单独计算纳税。一次性补偿收入包括用人单位发放的经济补偿金、生活补助费和其他补助费。

④提前退休取得的一次性补贴收入应纳税额的计算。个人办理提前退休手续而取得的一次性补贴收入，应按照办理提前退休手续至法定离退休年龄之间实际年度数平均分摊，确定适用税率和速算扣除数，单独计算纳税。计算公式为：

$$\text{应纳税额}=\left\{\left[\left(\frac{\text{一次性}}{\text{补贴收入}}\div\frac{\text{办理提前退休手续至法}}{\text{定退休年龄的实际年度数}}\right)-\frac{\text{费用扣}}{\text{除标准}}\right]\times\frac{\text{适用}}{\text{税率}}-\frac{\text{速算}}{\text{扣除数}}\right\}\times\frac{\text{办理提前退休手续至法定}}{\text{退休年龄的实际年度数}}$$

⑤兼职和退休等个人再任职取得收入应纳税额的计算。个人兼职取得的收入应按照劳务报酬所得项目缴纳个人所得税；退休人员再任职取得的收入，在减除法定费用扣除标准后，按工资薪金所得缴纳个人所得税。

六、个人所得税的纳税办法

1.自行申报办法

（1）自行申报纳税的范围。其主要内容包括：

①取得综合所得的纳税人。取得综合所得且符合下列情形之一的纳税人，应当依法办理汇算清缴：一是从两处以上取得综合所得，且综合所得年收入额减除专项扣除后的余额超过6万元；二是取得劳务报酬所得、稿酬所得、特许权使用费所得中一项或多项所得，且综合所得年收入额减除专项扣除的余额超过6万元；三是纳税年度内预缴税额低于应纳税额；四是纳税人申请退税。

②取得经营所得的纳税人。这是指取得经营所得的个体工商户业主、个人独资企业投资者、合伙企业个人合伙人、承包承租经营者个人以及其他从事生产、经营活动的个人，包括以下情形：一是个体工商户从事生产、经营活动取得的所得，个人独资企业投资人、合伙企业的个人合伙人来源于境内的生产、经营所得；二是个人依法从事办学、医疗、咨询以及其他有偿服务活动取得的所得；三是个人对企事业单位承包承租经营以及转包、转租取得的所得；四是个人从事其他生产、经营活动取得的所得。

③无扣缴义务人或扣缴义务人未扣缴税款的纳税人。取得应税所得没有扣缴义务人或扣缴义务人未扣缴税款的，于取得所得后按规定向主管税务机关办理纳税申报。

④取得境外所得的纳税人。这是指在中国境内有住所或无住所而在一个纳税年度中在中国境内居住累计满183天的个人从中国境外取得收入。

⑤因移居境外注销中国户籍的纳税人。纳税人因移居境外注销中国户籍的，应当在申请注销中国户籍前，向户籍所在地主管税务机关办理纳税申报，进行税款清算。

⑥从两处以上取得工资、薪金所得的非居民纳税人。从中国境内两处以上取得工资、薪金所得的非居民个人，取得所得后向主管税务机关办理纳税申报。

⑦国务院规定的其他情形。除上述规定以外应当自行申报纳税的纳税人，但不包括取得免税所得、暂免征税所得和来源于中国境外免税所得的纳税人。

（2）自行申报纳税的期限。其主要内容包括：

①取得综合所得的纳税人，应当在次年3月1日至6月30日内，向任职、受雇单位所在地主管税务机关办理纳税申报。

②取得经营所得的纳税人，在月度或季度终了后15日内办理预缴纳税申报，在次年3月31日前办理汇算清缴。

③取得应税所得，扣缴义务人未扣缴税款的，分以下情形办理纳税申报：一是居民个人取得综合所得的，按照综合所得纳税期限办理；二是非居民个人取得工资、薪金，劳务报酬，稿酬和特许权使用费4项所得，在次年6月30日前办理纳税申报，在次年6月30日前离境（临时离境除外）的，应当在离境前办理纳税申报；三是纳税人取得利息、股息、红利，财产租赁，财产转让和偶然所得的，在次年6月30日前，按相关规定办理纳税申报。税务机关通知限期缴纳的，纳税人应当按照期限缴纳税款。

④居民个人从中国境外取得所得，在次年3月1日至6月30日内办理纳税申报。

⑤纳税人因移居境外注销中国户籍的，按取得所得不同分以下情况处理：一是取得综合所得的，在注销户籍前办理当年汇算清缴，尚未办理上一年度汇算清缴的，在办理注销户籍纳税申报时一并办理；二是取得经营所得的，在注销户籍前办理当年汇算清缴，尚未办理上一年度汇算清缴的，在办理注销户籍纳税申报时一并办理；三是取得利息、股息、红利，财产租赁，财产转让和偶然所得的，在注销户籍前申报当年完税情况；四是有未缴或少缴税款的，在注销户籍前结清欠缴或未缴的税款，存在分期缴税且未缴纳完毕情况

的，在注销户籍前结清尚未缴纳的税款。

⑥非居民个人在中国境内从两处以上取得工资、薪金所得的，在次月15日内办理纳税申报。

2.代扣代缴办法

（1）代扣代缴的适用范围。负有代扣代缴税款义务的单位和个人，向纳税人支付除经营所得以外的各项应税所得均应代扣代缴税款。

（2）扣缴义务人的法定义务。扣缴义务人应当依法办理全员全额扣缴申报。全员全额扣缴申报是指扣缴义务人在代扣税款的次月15日内，向主管税务机关报送其支付所得的所有个人涉税信息资料。

（3）代扣代缴的手续费。税务机关按税法规定付给扣缴义务人所扣缴税额2%的手续费。扣缴义务人可将其用于提升办税能力、奖励办税人员。但由税务机关、司法机关等查补或者责令补扣的税款，不向扣缴义务人支付手续费。

一、判断题

1.国家发行的金融债券利息所得免征个人所得税。（　　）

2.股份制企业购买车辆并将车辆所有权办到股东个人名下，应按照工资、薪金所得征收个人所得税。（　　）

3.无住所个人在一个纳税年度内在中国境内居住累计不超过90日的，其来源于中国境内的所得，由境外雇主支付且不由该雇主在中国境内的机构、场所负担的部分，免征个人所得税。（　　）

4.转让中国境内的不动产取得的所得，不论支付地在何处，均应判定为来源于中国境内的所得。（　　）

5.居民个人承担有限纳税义务，即仅就其来源于中国境内的所得，向中国缴纳个人所得税。（　　）

6.同一作品在报刊上连载取得收入的，以连载完成后取得的所有收入合并为一次计征个人所得税。（　　）

7.居民个人从中国境内和境外取得的综合所得、经营所得，应当分别合并计算应纳税额；从中国境内和境外取得的其他所得，应当分别单独计算应纳税额。（　　）

8.个体工商户生产经营所得、企事业单位承包承租经营所得、个人独资企业和合伙企业生产经营所得等经营所得，适用5%～35%的5级超额累进税率。（　　）

9.根据个人所得税法的规定，特许权使用费所得，以每一项使用权每次转让取得的收入为一次。（　　）

10.专项附加扣除包括子女教育、继续教育、大病医疗、住房贷款利息、住房租金、赡养老人等支出，住房贷款利息和住房租金只能扣除其中一项。（　　）

11.我国个人所得税法规定，综合所得适用7级全额累进税率。（　　）

12.有多个符合扣除条件的子女，均可享受扣除子女教育费用，扣除方式确定后，在一个纳税年度内可以变更一次。（　　）

13.既有学历（学位）教育，又有职业教育，可叠加扣除，即每年最高可扣除8 400

元，同一学历（学位）教育事项，也可重复扣除。（　　）

14.夫妻两人同时有符合条件的大病医疗支出，可以选择都在男方扣除，每人最高扣除限额为8万元。（　　）

15.根据个人所得税法的规定，纳税义务人从中国境外取得的所得，准予其在应纳税额中全额扣除已在境外缴纳的个人所得税税额。（　　）

16.我国个人所得税属于综合所得税制。（　　）

17.个人因从事彩票代销业务而取得的所得，应按照经营所得计征个人所得税。（　　）

18.个人将其所得通过中国境内的社会团体、国家机关向教育和其他社会公益事业以及遭受严重自然灾害地区、贫困地区捐赠，捐赠额未超过纳税义务人申报的应纳税所得额30%的部分，可以从其应纳税所得额中扣除。（　　）

19.国内某作家将其小说委托国内一位翻译译成英文后送交国外出版商出版发行，作家与翻译就翻译费达成协议：小说出版后作者署名，译者不署名；作家分两次向该翻译支付翻译费，一次是译稿完成后支付1万元人民币，另一次是小说在国外出版后将稿酬所得的10%支付给译者。该翻译缴纳个人所得税时应将第一笔申报为劳务报酬所得，第二笔申报为稿酬所得。（　　）

20.居民个人取得的工资、薪金所得应当由扣缴义务人按照累计预扣法计算预扣税款，并按月办理扣缴申报。（　　）

二、单项选择题

1.下列人员属于个人所得税居民个人的是（　　）。

A.2019年7月20日至2020年5月10日始终在中国境内居住但无住所的外籍个人

B.2019年5月14日至2020年2月14日始终在中国境内居住但无住所的外籍个人

C.在中国境内无住所也不在中国境内居住的侨居海外的华侨

D.在中国境内无住所也不在中国境内居住的港澳台同胞

2.下列各项中，按照稿酬所得征税的是（　　）。

A.北京晚报记者在湖南晚报上发表文章的所得

B.北京晚报记者在北京晚报发表文章的所得

C.某大学老师帮出版社审稿的所得

D.某画家参加笔会现场作画的所得

3.以下各选项不按偶然所得征收个人所得税的是（　　）。

A.个人为单位或他人提供担保获得的收入

B.房屋产权所有人将房屋产权无偿赠与他人，受赠人因无偿受赠房屋取得的受赠收入

C.个人在微信群里抢的网络红包收入

D.企业在业务宣传、广告等活动中，随机向本单位以外的个人赠送的礼品（包括网络红包）

4.以下项目所得，应按工资、薪金所得缴纳个人所得税的是（　　）。

A.个人提供担保取得的收入

B.不在公司任职的董事取得的董事费收入

C.出租汽车经营单位将出租车所有权转移给驾驶员，出租车驾驶员从事客货运营取得的收入

D.出租汽车经营单位对出租车驾驶员采取单车承包或承租方式运营，出租车驾驶员从事客货营运取得的收入

5.无住所个人在境内居住累计满183天的年度连续不满6年的纳税人，经向主管税务机关备案，（　　）。

A.仅就来源于中国境内的所得纳税

B.应就来源于中国境内外的所得纳税

C.就其来源于中国境内的所得和由中国境内企业或个人支付的境外的所得纳税

D.不负有纳税义务

6.下列属于工资、薪金性质的补贴津贴的是（　　）。

A.独生子女补贴

B.加班工资

C.误餐补贴

D.挂靠出租车经营单位的出租司机取得的所得

7.韩国居民崔先生2020年受其供职的境外公司委派来华从事设备安装调试工作，在华停留60天，在此期间取得境外公司支付的工资收入40 000元，取得中国体育彩票中奖收入20 000元。则崔先生当年在中国应缴纳的个人所得税为（　　）元。

A.4 000　　B.5 650　　C.9 650　　D.10 250

8.某教师为一企业讲课两个月，每星期日讲一次，每次讲课费1 000元，按月发放讲课酬金。第一月讲4次，第二月讲5次，该教师共应预缴个人所得税（　　）元。

A.800　　B.1 152　　C.1 440　　D.1 280

9.关于住房贷款利息专项附加扣除，下列说法正确的是（　　）。

A.首套住房贷款利息是指纳税人本人（不含配偶）单独使用商业银行贷款为本人购买中国境内住房发生的利息支出

B.扣除时间为贷款合同约定开始还款的当月至还清或合同终止的当月，扣除期限最长为250个月

C.扣除标准为每月1 000元

D.扣除方式为夫妻约定一方扣除，在一个纳税年度内可以变更

10.关于赡养老人专项附加扣除，下列说法错误的是（　　）。

A.扣除范围为60岁（含）以上父母及子女均已去世的（外）祖父母

B.扣除时间为年满60周岁的当月至赡养义务终止的当月

C.扣除方式可以由赡养人均摊或约定分摊，也可以由被赡养人指定分摊

D.赡养岳父、岳母或公婆的费用不可以享受个人所得税专项附加扣除

11.关于专项附加扣除，下列说法错误的是（　　）。

A.当年未扣完的不得结转以后年度扣除

B.纳税人及其配偶不得同时分别享受住房贷款利息扣除和住房租金扣除

C.专项附加扣除中的父母是指生父母、继父母、养父母

D.子女是指婚生子女、非婚生子女、继子女，但不包括养子女

12.对劳务报酬所得一次收入畸高的实行加成征收，实行加成征收后，劳务报酬所得的税率已经演化为3级超额累进税率，其预扣率不包含（　　）。

A.20%　　B.30%　　C.40%　　D.50%

13.作家李先生从2020年3月1日起在某报刊连载一部小说，每期取得报社支付的收入300元，共连载110期（其中3月份30期）。9月将连载的小说结集出版，取得稿酬48 600元。下列各项关于李先生取得上述收入缴纳个人所得税的表述中，正确的是（　　）。

A.小说连载每期取得的收入由报社按劳务报酬所得代扣代缴个人所得税60元

B.出版小说稿酬缴纳个人所得税时允许抵扣其报刊连载时已纳的个人所得税

C.3月取得的小说连载收入由报社按稿酬所得于当月代扣代缴个人所得税1 800元

D.小说连载取得收入应合并为一次由报社按稿酬所得代扣代缴个人所得税3 696元

14.取得综合所得的纳税人，应当在次年3月1日至（　　）内，向任职、受雇单位所在地主管税务机关办理纳税申报。

A.3月31日　　B.4月30日　　C.5月31日　　D.6月30日

15.下列关于个人所得税的表述中，正确的是（　　）。

A.扣缴义务人对纳税人的应扣未扣税款应由扣缴义务人予以补缴

B.外籍个人从外商投资企业取得股息红利所得应缴纳个人所得税

C.在判断个人所得来源地时对不动产转让所得以不动产坐落地为所得来源地

D.个人取得兼职收入应并入当月“工资、薪金所得”应税项目计征个人所得税

16.2020年2月，张某通过股票交易账户在二级市场购进甲上市公司股票100 000股，成交价格为每股12元。同年4月因甲上市公司进行2019年度利润分配取得35 000元分红所得。同年7月张某以每股12.8元的价格将股票全部转让。下列关于张某纳税事项的表述中，正确的是（　）。

A.2月购进股票时应缴纳的印花税为1 200元

B.4月取得分红所得时应缴纳的个人所得税为3 500元

C.7月转让股票时应缴纳的个人所得税为8 000元

D.7月转让股票时应缴纳的印花税为2 560元

17.在计算个人所得税时，下列各项中允许税前全额扣除的是（　　）。

A.通过非营利性社会团体向贫困地区的捐赠

B.通过非营利性社会团体向遭受严重自然灾害地区的捐赠

C.用于关联性科研机构的经费资助

D.经税务机关批准，将稿酬所得用于资助非关联的高等学校研究开发新产品、新技术、新工艺所发生的研究开发经费

18.某高校吴教授取得翻译收入20 000元，从中先后拿出6 000元和5 000元，通过国家机关分别捐给农村义务教育和贫困山区，该项翻译收入应纳个人所得税（　　）元。

A.700　　B.1 040　　C.1 280　　D.1 428

19.个人对企事业单位的承包承租经营所得，在计算应纳税所得额时要扣除必要费用，其必要费用是指（　　）。

A.按月减除税法规定的生计费　　B.承包者的工资

C.企业所得税　　D.上交的承包费

20.居民个人取得全年一次性奖金，符合相关规定的，在（　　）前，可选择并入当年综合所得计算纳税，也可选择单独计算纳税。

A.2019年12月31日　　B.2020年12月31日

C.2021年12月31日　　D.2022年12月31日

21.个人所得税法规定，在中国境内两处或两处以上取得的工资、薪金所得，其纳税地点为（　　）。

A.纳税人户籍所在地　　B.收入来源地

C.税务部门指定的地点　　D.纳税人选择一地申报纳税

22.纳税人在一个纳税年度内分次取得承包经营、承租经营所得的，在每次取得所得后的次月（　　）日内申报预缴，纳税年度终了后（　　）个月内汇算清缴。

A.7，4　　B.15，3　　C.7，3　　D.15，5

23.对个人购买符合规定的商业健康保险产品的支出，允许在当年（月）计算应纳税所得额时予以税前扣除，扣除限额为（　　）。

A.1 800元/年　　B.2 000元/年　　C.2 400元/年　　D. 3 000元/年

24.下列各项所得不免征个人所得税的是（　　）。

A.保险赔款　　B.国债利息　　C.抚恤金　　D.企业债券利息

25.下列所得中，应按照特许权使用费所得征收个人所得税的是（　　）。

A.转让债券取得的所得

B.转让住房取得的所得

C.个人将其收藏的已故作家文字作品手稿拍卖取得的所得

D.个人将自己的文字作品手稿拍卖取得的所得

26.劳务报酬所得按定额扣除法或定率扣除法进行基础扣除。每次收入不超过4 000元的，定额扣除费用为（　　）元；每次收入超过4 000元的，定率扣除比例为（　　）。

A.800，20%　　B.900，20%　　C.800，30%　　D.1000，30%

27.下列各项个人所得中，不应当征收个人所得税的是（　　）。

A.企业集资利息　　B.从股份公司取得的股息

C.企业债券利息　　D.国家发行的金融债券利息

28.下列各项中，以1个月内取得的所得征收个人所得税的项目是（　　）。

A.工资、薪金所得　　B.报刊连载稿酬所得

C.财产转让所得　　D.特许权使用费所得

29.下列各项中，可暂免征收个人所得税的所得是（　　）。

A.外籍个人按合理标准取得的出差补贴

B.残疾人从事个体生产经营取得的收入

C.个人举报税务违法行为而获得的奖金

D.外籍个人从外商投资企业取得的股息

三、多项选择题

1.下列所得不论支付地在何处，均应判定为来源于中国境内的所得的有（　　）。

A.因任职、受雇、履约等在中国境内提供劳务取得的所得

B.将财产出租给承租人在中国境内使用而取得的所得

C.许可特许权在中国境内使用而取得的所得

D.从中国境内企事业单位、其他组织以及居民个人取得的利息、股息、红利所得

2.以下采用定额与定率相结合的费用扣除方法的项目有（ ）。

A.劳务报酬所得　　B.特许权使用费所得

C.财产转让所得　　D.偶然所得

3.下列项目中，属于劳务报酬所得的有（ ）。

A.个人书画展卖画取得的报酬

B.提供著作版权而取得的报酬

C.将国外的作品翻译出版取得的报酬

D.高校教师受出版社委托进行审稿取得的报酬

4.下列各项中，应按照利息、股息、红利所得计征个人所得税的有（ ）。

A.股份制公司为个人股东购买住房而支付的款项

B.员工因拥有股权而参与公司税后利润分配取得的所得

C.员工将行权后的股票再转让时获得高于购买日公平市场价的差额

D.股份制公司个人投资者年终既不归还又未用于企业经营的借款

5.下列所得中，以每次收入额为应税所得额的有（ ）。

A.利息　　B.红利　　C.偶然所得　　D.劳务报酬所得

6.下列各项所得中，免征个人所得税的有（ ）。

A.个人取得的国库券利息

B.个人取得的公司债券利息

C.个人取得的国家发行的金融债券利息

D.个人取得持有期间不足一年的股票取得的股息

7.纳税人取得的下列所得中，应自行申报缴纳个人所得税的有（ ）。

A.取得综合所得的纳税人

B.取得经营所得的纳税人

C.无扣缴义务人或扣缴义务人未扣缴税款的纳税人

D.因移居境外注销中国户籍的纳税人

8.取得综合所得且符合下列情形（ ）之一的纳税人，应当依法办理汇算清缴。

A.从两处以上取得综合所得，且综合所得年收入额减除专项扣除后的余额超过6万元

B.取得劳务报酬所得、稿酬所得、特许权使用费所得中一项或多项所得，且综合所得年收入额减除专项扣除的余额超过6万元

C.纳税年度内预缴税额低于应纳税额

D.纳税人申请退税

9.下列各项中，应当按“偶然所得”项目征收个人所得税的有（ ）。

A.企业向个人支付的网络红包

B.个人将珍藏的古董拍卖所得

C.个人将文字作品手稿原件拍卖所得

D.企业对累积消费达到一定额度的顾客给予额外抽奖机会，个人的获奖所得

10.根据个人所得税的现行规定，下列各项中对“次”的表述正确的有（ ）。

A.财产租赁所得，以1个月内取得的收入为一次

B.同一件作品再版取得的所得，应视作另一次稿酬所得

C.同一件作品在报刊上连载取得收入的，以连载完成后取得的所有收入合并为一次
D.利息、股息、红利所得，以全年取得的利息、股息、红利收入为一次
11.综合所得的计税项目包括（　　）。
A.工资、薪金所得　　B.劳务报酬所得
C.稿酬所得　　D.特许权使用费所得
12.以下各项所得中适用20%个人所得税税率的有（　　）。
A.偶然所得
B.企事业单位承包经营、承租经营所得
C.特许权使用费所得
D.财产转让所得
13.下列各项中，应按照财产转让所得计征个人所得税的有（　　）。
A.个人销售无偿受赠不动产的所得
B.职工将改制中取得的量化资产转让
C.员工将行权后的股票再转让时获得的高于购买日公平市场价的差额
D.股份制企业为个人股东购买住房而支出的款项
14.下列有关于个人所得税相关内容的表述中，不正确的有（　　）。
A.企业组织营销业绩突出的雇员免费旅游，由企业负担开支的，不征收个人所得税
B.对个人投资者从上市公司取得的股息红利所得，直接作为应纳税所得额
C.个人独资企业的个人投资者用企业资金为本人购买的住房，按经营所得征税
D.个人兼职取得的收入应按劳务报酬所得征税
15.下列各项中，以取得的收入为应纳税所得额直接计征个人所得税的有（　　）。
A.稿酬所得　　B.偶然所得　　C.股息所得　　D.特许权使用费所得
16.关于股票股息的个人所得税纳税问题，描述正确的有（　　）。
A.个人持有非上市企业的股票取得的红利，应缴纳个人所得税
B.个人持有上市公司股票，持股期限在1个月以内（含1个月）的，其股息红利所得全额计征个人所得税
C.个人持有上市公司股票，持股期限在1个月以上至1年（含1年）的，暂减按50%计征个人所得税
D.个人持有上市公司股票，持股期限超过1年的，免征个人所得税
17.个人取得的下列所得中，可以免征个人所得税的有（　　）。
A.外籍人员的探亲费
B.军人的转业安置费
C.国有企业职工从依法破产企业取得一次性安置费收入
D.个人兼职取得的收入
18.下列有关个人所得税税收优惠的表述中，正确的有（　　）。
A.国债利息和保险赔偿款免征个人所得税
B.个人领取原提存的住房公积金免征个人所得税
C.残疾、孤老人员和烈属的所得可以减征个人所得税
D.外籍个人按合理标准取得的境内外出差补贴暂免征个人所得税

19.下列所得属于劳务报酬所得的有（　　）。

A.个人讲学的所得　　B.个人从事审稿业务的所得

C.个人从事设计的所得　　D.个人担任董事职务的董事费

20.取得经营所得的纳税人包括（　　）。

A.个体工商户从事生产、经营活动取得的所得，个人独资企业投资人、合伙企业的个人合伙人来源于境内的生产、经营所得

B.个人依法从事办学、医疗、咨询以及其他有偿服务活动取得的所得

C.个人对企事业单位承包承租经营以及转包、转租取得的所得

D.个人从事其他生产、经营活动取得的所得

21.下列各项中，应按照工资、薪金所得征收个人所得税的有（　　）。

A.劳动分红　　B.独生子女补贴　　C.差旅费津贴　　D.超标的午餐费

22.个人所得税的纳税人区分为居民个人和非居民个人，依据的标准有（　　）。

A.境内有无住所　　B.境内工作时间　　C.工作地　　D.境内居住时间

23.以下按照特许权使用费所得计征个人所得税的项目有（　　）。

A.作家转让著作权　　B.作家拍卖文字手稿复印件

C.作家拍卖写作用的金笔　　D.作家取得作品稿酬

24.关于在中国境内无住所，但在一个纳税年度中在中国境内居住超过90天不足183天的外籍个人，其来源于中国境内、境外的工资、薪金所得，下列说法正确的有（　　）。

A.境内所得境内企业支付的部分纳税

B.境内所得境外企业支付的部分不纳税

C.境内所得境外企业支付的部分纳税

D.境外所得境内企业支付的部分纳税

25.对于实行查账征收的个人独资企业和合伙企业，确定其个人所得税应纳税所得额时准予扣除的项目有（　　）。

A.投资者的生计费　　B.投资者的家庭发生的生活费用

C.财产毁损损失　　D.经营费用

四、计算题

1.居住在市区的中国居民李某为一名中外合资企业的职员，2019年5月，他与同事杰克（外籍）合作出版了一本关于中外文化差异的书籍，共获得稿酬56 000元，李某与杰克事先约定按6：4的比例分配稿酬。

要求：请根据上述资料，计算李某的稿酬所得应预扣预缴的个人所得税。

2.王先生全年取得综合收入100 000元，另外购买了一款符合条件的商业健康保险，全年共计支付3 000元，假定王先生无专项扣除和专项附加扣除。

要求：请根据上述资料，计算王先生当年应缴纳的个人所得税。

3.李某为某国企职工，2020年每月应发工资总额均为12 000元，每月“三险一金”等专项扣除合计为1 700元，与妻子育有一子，经协商子女教育费用由李某扣除，无其他减免收入及减免税额等情况。

要求：请根据上述资料，计算李某1—5月每月应预扣预缴的个人所得税。

4.中国公民王某2020年5月赴国外进行技术交流期间，在甲国演讲取得收入折合人民

币12 000元，在乙国取得专利权转让收入折合人民币60 000元，分别按照收入来源国的税法规定缴纳了个人所得税折合人民币1 800元和12 000元。

要求：请根据上述资料，计算王某国外取得收入应在国内补缴的个人所得税。

5.魏某将自有房屋于2020年1月起出租，每月租金4 000元，每月交纳有关税费300元，在出租的第5个月发生修缮费3 600元，由其本人承担。同年魏某退职，每月按国家规定领取退职费1 000元。

要求：请根据上述资料，计算魏某应缴纳的个人所得税。

6.某作家于3月出版一本长篇小说，出版前出版社预付稿酬10 000元，小说正式出版后出版社又付稿酬30 000元，由于此书很畅销，5月又加印1 000册，取得稿酬6 000元，均未扣税。8月至12月该长篇小说在某报纸上连载刊登，共取得稿酬18 000元。此外，该书获得中国文联评选的百花奖，奖金10 000元。除此之外，无其他收入来源。

要求：请根据上述资料，计算该作家应缴纳的个人所得税。

7.陈某在参加商场的有奖销售过程中，中奖所得价值共计20 000元。陈某领奖时告知商场，从中奖收入中拿出4 000元通过教育部门向某希望小学捐款。

要求：请根据上述资料，计算商场应代扣代缴的个人所得税及陈某实际可得的中奖收入。

8.李某等5人于2020年5月共同承包一项装修工程，取得装修费160 000元，因李某承揽而分得承揽费10 000元，剩余5人均分。另外，李某本月购买福利彩票中奖，获得奖金8 800元。

要求：请根据上述资料，计算李某该月应缴纳的个人所得税。

9.某个体运输业户某纳税年度收支情况如下：

（1）营业收入800 000元。

（2）业主工资每月列支3 000元；雇工5名，每人每月3 500元工资。

（3）列支业务招待费60 000元，允许列支的费用为100 000元。

（4）新购入运输货车一辆，购入价格90 000元。

（5）从某公司借入周转金200 000元，偿还利息24 000元，银行贷款利率为10%。

（6）在营运过程中发生火灾损失50 000元，其中一半损失已获得保险公司赔偿。

（7）缴纳相关税费，合计30 000元。

要求：请根据上述资料，计算该个体户本年度应缴纳的个人所得税。

10.王先生和张女士为夫妻，王先生有一个妹妹，张女士为独生子女，双方父母各有一人已过60周岁，两人育有一子一女，分别在上小学和初中，家庭有首套住房贷款，丈夫正在攻读MBA硕士学位第二年，妻子正在攻读法学硕士学位第二年。假设两人扣除社会保险和公积金后月薪分别为20 000元和12 000元，除此无其他收入来源。王先生与妹妹约定各自分摊50%的赡养费用。夫妻商定，子女教育支出和住房贷款支出均由丈夫扣除。

要求：请根据上述资料，计算夫妻双方2019年1月各自应预扣预缴的个人所得税。

五、综合题

1.李先生为某企业职工，在2020年5月的一次招标中，取得为市政服务设施设计电脑操作程序的资格，并在规定的时间完成了设计和调试，取得市政府发放的30 000元报酬；7月转让一项非专利技术，取得收入75 000元；10月出版一部程序设计教科书，获得稿酬

25 000元，年底该书获得教育部颁发的优秀教材奖8 000元；出租一处居民住房，每月租金1 500元，2月支付暖气漏水修缮费700元。

要求：请根据上述资料，计算并回答下列问题。

（1）市政府发放的报酬应预扣预缴的个人所得税。

（2）转让非专利技术收入应预扣预缴的个人所得税。

（3）稿酬所得应预扣预缴的个人所得税。

（4）教育部颁发的优秀教材奖应预扣预缴的个人所得税。

（5）财产租赁所得应缴纳的个人所得税。

2.中国公民王某就职于国内A上市公司，某纳税年度收入情况如下：

（1）1月1日起将其位于市区的一套住房按市价出租，每月收取租金3 800元。1月因卫生间漏水发生修缮费用1 200元，已取得合法有效的支出凭证。

（2）在国内另一家公司担任独立董事，3月取得该公司支付的上年度独立董事津贴35 000元。

（3）3月取得国内B上市公司分派的红利18 000元。

要求：请根据以上资料，计算并回答下列问题（每个问题需计算出合计数）。

（1）1月和2月出租房屋应缴纳的个人所得税（不考虑其他税费）。

（2）3月取得的独立董事津贴应预扣预缴的个人所得税。

（3）3月取得的红利应缴纳的个人所得税。

3.中国公民王某为某文艺团体演员，某纳税年度12月收入情况如下：

（1）自编剧本取得文工团给予的剧本使用费10 000元。

（2）以拍卖方式支付100 000元购入力达公司“打包债权”150 000元，其中甲欠力达公司120 000元，乙欠力达公司30 000元。12月王某从甲债务人处追回款项100 000元。

（3）录制个人专辑取得劳务报酬45 000元，与报酬相关的个人所得税由支付单位代付。

（4）为他人提供贷款担保获得报酬5 000元。

（5）在乙国出版自传作品一部，取得稿酬160 000元，已按乙国税法规定在该国缴纳了个人所得税16 000元。

要求：请根据上述资料，计算并回答下列问题。

（1）取得的剧本使用费应预扣预缴的个人所得税。

（2）处置债权取得所得应缴纳的个人所得税。

（3）录制个人专辑公司应代付的个人所得税。

（4）担保所得应缴纳的个人所得税。

（5）在乙国出版自传作品收入在我国应缴纳的个人所得税。

4.李某是一位知名作家，某纳税年度取得以下收入：

（1）1月出版一本小说取得稿费50 000元。

（2）3月将境内一处住房出租，租赁期限1年，不含税月租金4 000元，当月发生修缮费1 200元（不考虑其他税费）。

（3）4月应邀出国访问期间，举办明清文学历史讲座，国外主办单位支付酬金2 000

美元，境外缴纳个人所得税80美元（外汇牌价6.1）。

（4）5月份将国内上市公司的股票对外转让，取得转让收入50 000元，原购入价45 000元。

（提示：流转税除提示要求计算外，上述业务均不计算）

要求：根据上述资料，回答下列问题，需计算出合计数。

（1）计算李某稿酬所得应预扣预缴的个人所得税。

（2）计算李某出租住房应缴纳的个人所得税。

（3）计算李某取得举办讲座收入应缴纳的个人所得税。

（4）计算李某股票转让应缴纳的个人所得税。

第7章　资源类税法

【学习目的与要求】

学习本章的目的主要是理解资源类税法各税的基本概念和特点，熟悉资源类税法各税的征税范围、纳税人、税率和优惠政策，理解和掌握资源类税法各税应纳税额的计算，了解资源类税法各税的纳税时限和申报要求。要求学生认识和理解开征资源类各税的现实意义及相关的基础知识，了解资源类各税的基本法律内容，掌握资源类各税应纳税额计算的基本方法及征收管理的基本要求。

【重点与难点问题解析】

在教材中，本章分资源税法、城镇土地使用税法、耕地占用税法和土地增值税法四节内容。本章的重点是资源税、城镇土地使用税、耕地占用税和土地增值税的现实意义、征税范围、纳税人、税率和应纳税额的计算；难点是资源类各税应纳税额的计算。本章的重点与难点按税种分为以下4个问题，简析如下：

一、资源税的有关问题

1.资源税是指对在中国领域及管辖的其他海域开发应税资源的单位和个人，就其销售额或销售数量征收的一种税。

2.资源税具有征税范围的有限性、纳税环节的一次性、计税方法的复合性等特点。这决定了它具有调节级差收入，促使企业在市场经济条件下公平竞争，鼓励企业合理开发和节约国有资源等特定作用。

3.资源税的纳税人。在中国领域及管辖的其他海域开发应税资源的单位和个人，为资源税的纳税人，具体包括企业、行政单位、事业单位、军事单位、社会团体及外商投资企业、外国企业等其他单位，以及个体工商户和其他个人。

4.资源税的税目税率。资源税的税目包括能源矿产、金属矿产、非金属矿产、水气矿产和盐5大类。资源税的税目税率实行幅度税率和可选择实行从价或从量计征的，由省、自治区、直辖市人民政府在幅度范围内提出，报同级人大常委会决定，并报全国人大常委会和国务院备案。征税对象为原矿或选矿的，应分别确定具体适用税率。

5.资源税应纳税额的计算。其计算公式为：

从价定率征收的计算公式为：

应纳税额=销售额×税率

销售额为纳税人销售应税产品（原油、天然气）向购买方收取的全部价款和价外费用，但不包括收取的增值税销项税额。

从量定额征收的计算公式为：

应纳税额=销售数量×单位税额

销售数量包括纳税人开采或生产应税产品的实际销售数量和视同销售的自用数量。纳税人不能准确提供应税产品销售数量的，以应税产品的产量或主管税务机关确定的折算比例换算成的数量为计征资源税的销售数量。

此外，应掌握资源税的减免税政策，并关注其修改情况。

二、城镇土地使用税的有关问题

1.城镇土地使用税的现实意义。城镇土地使用税是以城镇土地为征税对象，对拥有土地使用权的单位和个人征收的一种税。通过征税，可以促进土地资源的合理配置和有效使用；调节土地级差收入，促进城镇建设的合理布局；增加地方收入，保证城市建设的资金来源；理顺国家和土地使用者之间的分配关系。

2.城镇土地使用税的征税范围。城镇土地使用税的征税范围为城市、县城、建制镇、工矿区，具体征税范围由各省、自治区、直辖市人民政府划定。

学习城镇土地使用税的征税范围时，一是要注意与城镇土地使用税减免税的结合，从而正确确定城镇土地使用税的征税范围；二是要注意与房产税征税范围的结合，因为土地与房产是不可分割的，所以城镇土地使用税与房产税在征税范围上限定的地区是相同的。

3.城镇土地使用税的纳税人。城镇土地使用税的纳税人是在征税区拥有土地的单位和个人。单位包括国有企业、集体企业、私营企业、股份制企业、外商投资企业、外国企业以及其他企业和事业单位、社会团体、国家机关、军队及其他单位；个人包括个体工商户及其他个人。

4.城镇土地使用税的税率。城镇土地使用税实行从量定额计征，采用分类幅度税额：大城市为1.5～30元/平方米；中等城市为1.2～24元/平方米；小城市为0.9～18元/平方米；县城、建制镇、工矿区为0.6～12元/平方米。

5.城镇土地使用税应纳税额的计算。应纳税额的计算是城镇土地使用税的重点和难点。城镇土地使用税以纳税人实际占用的土地面积为计税依据，其计算公式为：

应纳税额=实际占用土地面积×单位税额

计算过程中注意分清征税土地和免税土地，以及不同地段适用的免税额。

三、耕地占用税的有关问题

1.耕地占用税的现实意义。耕地占用税是对在中国境内占用耕地建设建筑物、构筑物或从事非农业建设的单位和个人，就其占用的耕地面积征收的一种税。

开征耕地占用税是加强土地管理、防止乱占耕地、综合治理非农业占用耕地的一种法律和经济手段。根据“取之于民、用之于民”的原则，征收的税款要返还发展农业、增加农业投资，特别是用于开垦宜农荒地，开发利用滩涂草场，改造治理中低产田，改善农田灌溉条件，加强农田基本建设，提高土地质量，以此来弥补一些占地给农业生产带来的损失。

2.耕地占用税的征税范围。耕地占用税以占用农用耕地从事其他非农业生产建设为征税范围。其条件为：一是占用土地的性质为农用耕地；二是占用土地的目的是建房或从事其他非农业生产建设。两个条件同时具备的，属于耕地占用税的征税范围。对占用非耕地或占用耕地用于农业生产建设的，则不属于该税的征税范围。此外，还应掌握耕地占用税的减免政策，并关注其调整与修改情况。

3.耕地占用税的纳税人。耕地占用税的纳税人是占用耕地建设建筑物、构筑物或从事其他非农业生产建设的单位和个人。

4.耕地占用税的税率。耕地占用税实行定额税率，国家根据人均耕地面积和经济发展情况，确定各省、自治区、直辖市的平均税额。

以县为单位的等级税额规定：人均耕地在1亩以下（含1亩）的地区，税率为10～50元/平方米；人均耕地在1～2亩（含2亩）的地区，税率为8～40元/平方米；人均耕地在2～3亩（含3亩）的地区，税率为6～30元/平方米；人均耕地在3亩以上的地区，税率为5～25元/平方米。

5.耕地占用税应纳税额的计算。应纳税额的计算是耕地占用税的重点和难点。耕地占用税以纳税人实际占用的耕地面积为计税依据，按规定的单位税额一次性征收。其计算公式为：

应纳税额=实际占用应税耕地面积×单位税额

四、土地增值税的有关问题

1.土地增值税的现实意义。土地增值税是对转让国有土地使用权、地上建筑物及其附着物并取得收入的单位和个人，就其转让房地产所取得的增值额征收的一种税。土地增值税对规范土地、房地产市场交易秩序，调节土地增值收益，维护国家权益等起到了积极作用。

2.土地增值税的征税范围。土地增值税以有偿转让的国有土地使用权、地上建筑物及其附着物为征税范围。它的界定应同时满足以下三个条件：一是转让的土地为国有土地；二是土地使用权属确实发生了转移；三是有偿转让。

3.土地增值税的纳税人。土地增值税以有偿转让国有土地使用权、地上建筑物及其附着物并取得收入的单位和个人为纳税人。单位包括各类企事业单位、国家机关和社会团体及其组织；个人包括个体经营者。

4.土地增值税的税率。土地增值税实行4级超率累进税率：土地增值额占扣除项目金额未超过50%（含）的部分，税率为30%；超过50%未超过100%（含）的部分，税率为40%；超过100%未超过200%（含）的部分，税率为50%；超过200%的部分，税率为60%。

5.土地增值税应纳税额的计算。应纳税额的计算是土地增值税的重点和难点。其计算公式为：

应纳土地增值税=土地增值额×适用税率-扣除项目金额×速算扣除率

土地增值税应纳税额的计算可通过表7-1来掌握。

表 7-1 土地增值税应纳税额计算表

计算步骤		内容
1.房地产土地使用权转让收入		包括货币、实物和其他收入
2.扣除项目金额		
新项目	（1）取得土地使用权所支付的金额	地价款和有关费用
	（2）房地产开发成本	房地产开发项目实际发生的成本
	（3）房地产开发费用	销售费用、管理费用和财务费用
	（4）与转让房地产有关的税金	城市维护建设税、印花税和教育费附加
	（5）加计扣除（房地产开发企业适用）	上述（1）、（2）两项之和的20%
转让旧房产	（1）房屋及建筑物的评估价格	重置成本乘以成新度折扣率
	（2）地价款和有关费用	
	（3）转让环节缴纳的税金	城市维护建设税、印花税和教育费附加
3.土地增值额		3=1-2
4.适用税率		①3÷2×100%；②查表
5.应纳税额		5=3×4-2×速算扣除率

一、判断题

1.资源税对在中国领域及管辖的其他海域开发应税资源的单位和个人征收，而对进口应税资源产品的单位和个人不征收。（　）

2.资源税属于价内税，在每一流转环节均征收。（　）

3.纳税人开采或生产应税资源产品销售的，以应税产品产量为课税数量。（　）

4.资源税的纳税人不仅包括符合规定的中国企业和个人，还包括外商投资企业和外国企业。（　）

5.开采原油过程中用于加热、修井的原油，免征资源税。（　）

6.纳税人在开采主矿产品的过程中伴采的其他应税矿产品，凡未单独规定适用税额的，一律按主矿产品或视同主矿产品征收资源税。（　）

7.纳税人出口资源税的应税产品，在退（免）增值税的同时，也退（免）其资源税。（　）

8.独立矿山、联合企业收购未税矿产品的单位，按照本单位应税产品税额标准，依据收购的数量代扣代缴资源税。（　）

9.纳税人采取分期收款结算方式的，其纳税义务发生时间为发出应税产品的当天。（　）

10.土地增值税的纳税人是转让国有土地使用权、地上建筑物及其附着物并取得收入的单位和个人，不包括内外资企业、行政事业单位、中外籍个人。（ ）

11.纳税人应纳的资源税属于跨省开采，其下属生产单位与核算单位不在同一省、自治区、直辖市的，一律在总机构所在地纳税。（ ）

12.一方以房地产与另一方的房地产进行交换，由于交换双方只取得了实物形态的收入，而未取得货币收入，因此不属于土地增值税的征税范围。（ ）

13.房产及土地使用权所有人通过中国境内非营利的社会团体、国家机关将房屋产权及土地使用权赠与教育、民政和其他社会福利、公益事业的，不征土地增值税。（ ）

14.纳税人提供房地产成交价格偏低，又无正当理由的，税务机关有权调整土地增值税的计税价格。（ ）

15.纳税人转让旧房在计算土地增值额时可以扣除的项目，包括取得土地使用权所支付的金额、旧房的重置成本价和转让旧房发生的城市维护建设税等相关税费。（ ）

16.对一方出土地、一方出资金，双方合作建房建成后转让的，可以免征土地增值税。（ ）

17.对以房地产进行投资、联营的，无论投资、联营的各方是否为房地产开发企业，均免征土地增值税。（ ）

18.旧房及建筑物的评估价格是指在转让已使用的房屋及建筑物时，由政府批准设立的房地产评估机构评定的重置成本乘以成新度折扣率后的价格。（ ）

19.整体转让未竣工决算房地产开发项目的，主管税务机关可要求纳税人进行土地增值税的清算。（ ）

20.纳税人既建造普通住宅又进行其他房地产开发的，应分别核算土地增值额；不分别核算的，其销售普通住宅不适用免税规定。（ ）

21.对房地产抵押期满后以房地产抵债的，应征收土地增值税。（ ）

22.纳税人转让旧房的，应按房屋及建筑物的评估价格、取得土地使用权所支付的地价款或出让金、按国家统一规定缴纳的有关费用和转让环节缴纳的税金作为扣除项目计征土地增值税。（ ）

23.房地产开发企业销售商品房，计征土地增值税时允许扣除的税金包括城市维护建设税等相关税费。（ ）

24.土地增值税的扣除项目包括超过贷款期限的利息和加罚的利息。（ ）

25.不能按转让房地产项目计算分摊利息，或不能提供金融机构证明的，房地产开发费用按取得土地使用权和土地开发成本之和10%以内的金额计算扣除。（ ）

26.纳税人建造普通标准住宅出售，增值额未超过扣除项目金额20%的，免征土地增值税。（ ）

27.对高校开办的工厂、商店、招待所等占用的土地，不征收城镇土地使用税。（ ）

28.在中国境内拥有土地使用权的单位和个人，应依法缴纳城镇土地使用税。（ ）

29.对企业厂区以内的绿化用地，免征城镇土地使用税。（ ）

30.城镇土地使用税按年计算，分期缴纳。缴纳期限由省、自治区、直辖市人民政府确定。（ ）

31.纳税人新征用的耕地，自批准征用之日起开始缴纳城镇土地使用税。（ ）

32.建设直接为农业生产服务的生产设施占用农业用地的，征收耕地占用税。（　　）

33.耕地占用税由所属税务机关负责征收，获准占用耕地的单位或个人应当在收到土地管理部门的通知之日起30日内缴纳耕地占用税。（　　）

34.耕地占用税对耕地的界定为：种植农作物的土地，包括苗圃、花圃、桑园的土地。（　　）

35.农村居民占用耕地新建住宅，按照当地适用税额减半征收耕地占用税。（　　）

二、单项选择题

1.下列各项中，属于资源税纳税人的是（　　）。

A.进口原油的外贸企业

B.销售自产天然气的生产企业

C.仅从事收购未税矿产品的独立矿山

D.出口外购原煤的外贸企业

2.下列各项中，应征收资源税的是（　　）。

A.人造石油

B.某商贸企业零售的煤炭

C.开采铁矿石同时开采的锰矿

D.某联合企业进口的石油

3.某煤矿某月生产销售原煤10万吨，售价3 000万元，地面抽采煤层气5 000万立方米，售价1 000万元，本月全部销售。该煤矿适用的税率为6%，煤矿邻近的某石油管理局天然气的税率为6%，则应纳的资源税为（　　）万元。

A.180　　B.200　　C.240　　D.260

4.下列各项中，关于资源税课税数量的表述不正确的是（　　）。

A.纳税人开采或生产应税产品销售的，以实际销售数量为课税数量

B.纳税人开采或生产应税产品自用于生产非应税产品的，以自用数量为课税数量

C.纳税人不能准确提供应税产品销售数量的，以应税产品的产量或者主管税务机关确定的折算比换算成的数量为课税数量

D.纳税人开采或生产应税产品销售的，以开采数量为课税数量

5.某煤矿生产企业2020年10月份开采原煤6 000吨，当月采用分期收款方式向某供热公司销售原煤3 000吨，约定销售总价款为330 000元（不含增值税），双方签订的销售合同规定，本月收取全部货款的1/3，其余货款在下月一次性付清；销售已税原煤生产的洗选煤200 000吨，取得不含增值税的销售额为100万元。已知原煤适用的资源税税率为6%。该煤矿企业当月应缴纳的资源税为（　　）元。

A.6 600　　B.19 800　　C.16 923　　D.11 282

6.资源税纳税人自产自用的应税产品，其纳税义务发生时间为（　　）。

A.应税产品开采的当天　　B.应税产品投入使用的当天

C.应税产品使用完毕的当天　　D.移送使用应税产品的当天

7.资源税纳税人不定期开采矿产品的，其纳税期限按（　　）核定。

A.1个月　　B.次月　　C.15天　　D.10天

8.某省甲独立矿山主营业务是开采、销售煤矿和收购未税原煤，其代扣资源税的税额

标准是（ ）。

A.税务机关核定的标准　　B.该省原煤的平均税额标准

C.甲独立矿山的税额标准　　D.收购地煤矿税额标准

9.开采过程中用于加热、修井的原油（ ）。

A.按规定全额征收资源税　　B.减半征收资源税

C.减征40%的资源税　　D.免征资源税

10.独立矿山、联合企业和其他收购未税矿产品的单位为资源税的（ ）。

A.纳税人　　B.扣缴义务人　　C.管理人　　D.征收单位

11.下列关于资源税的说法，不正确的是（ ）。

A.对出口的应税产品照章征收资源税

B.开采原油过程中用于加热的原油免征资源税

C.对深水油气田减按30%征收资源税

D.纳税人自用应税产品的，纳税义务发生时间为移送应税产品的当日

12.根据资源税的相关规定，下列说法中正确的是（ ）。

A.煤炭开采企业因安全生产需要抽采的煤成（层）气减半征收资源税

B.稠油、高凝油减征30%资源税

C.对实际开采年限在15年以上的衰竭期矿山开采的矿产资源，减征30%资源税

D.从低丰度油气田开采的原油、天然气，减征30%资源税

13.下列各项中，征收资源税的是（ ）。

A.地面抽采煤层气　　B.人造石油

C.与原油同时开采的天然气　　D.洗煤

14.M省甲市煤炭公司所属生产单位在N省乙市开采煤矿，该煤矿由P省丙市某煤炭设计院设计，开采的原煤销往Q省丁市，则其资源税纳税地点为（ ）。

A.甲市　　B.乙市　　C.丙市　　D.丁市

15.某独立矿山代扣代缴资源税12万元，应向（ ）税务机关缴纳。

A.开采地　　B.收购地　　C.所在地　　D.销售地

16.某商贸公司转让一幢已经使用过的办公楼，取得不含税收入500万元，办公楼原价480万元，已提折旧300万元。经房地产评估机构评估，该办公楼重置成本为800万元，成新度折扣率为五成，转让时缴纳相关税费6.85万元（不含增值税）。该公司转让该办公楼应缴纳土地增值税（ ）万元。

A.27.95　　B.28.02　　C.30　　D.60

17.对房地产开发企业进行土地增值税清算时，下列表述正确的是（ ）。

A.房地产开发企业的预提费用，准予扣除

B.符合清算条件应进行土地增值税清算的项目，纳税人应当在满足条件之日起60日内到主管税务机关办理清算手续

C.在土地增值税清算中，计算扣除项目金额时，除另有规定外，其实际发生的支出应当提供合法、有效凭证，未提供合法、有效凭据的不得扣除

D.房地产开发企业发生的房屋装修费用应计入开发费用在计算土地增值税时扣除

18.个人的下列房地产转让行为中，不需要到房地产主管税务机关备案的是（ ）。

A.因国家建设需要而征用收回的房地产而得到补偿金的

B.转让已居住3年以上的原自用住房

C.因规划城市建设而由纳税人自行转让的房产

D.因国家建设需要而被无偿征用收回的房产

19.下列项目中按税法规定可以免征或不征土地增值税的是（　　）。

A.国家机关转让自用的房产项目　　B.税务机关拍卖欠税单位的房产

C.国有企业进行评估增值的房产　　D.投资于房地产开发企业的房地产

20.某工业企业某纳税年度转让一幢使用了两年的办公楼，取得收入5 000万元，该办公楼建造成本和相关费用为3 700万元，经房地产评估机构评定其重置成本为4 000万元，成新度七成，缴纳与转让办公楼相关的税金277.50万元（其中印花税2.50万元）。该企业应缴纳土地增值税（　　）万元。

A.696.75　　B.615.13　　C.506.75　　D.507.50

21.下列税费中不属于土地增值税所列示的房地产开发成本的是（　　）。

A.耕地占用税　　B.开发间接费用　　C.前期工程费　　D.土地出让金

22.房地产开发企业在确定土地增值税的扣除项目时，允许单独扣除的税金是（　　）。

A.契税　　B.房产税　　C.城市维护建设税　　D.印花税

23.下列情形中，在计算土地增值税时，不需要对房地产进行评估来确定转让房地产收入、扣除项目的金额的是（　　）。

A.出售旧房及建筑物的

B.隐瞒、虚报房地产成交价格的

C.提供扣除项目金额不实的

D.转让房地产的实际成交价格高于房地产评估价格的

24.土地增值税的纳税人是法人的，当转让的房地产坐落在两个或两个以上地区时，应（　　）主管税务机关申报纳税。

A.分别向房地产所在地各方

B.向事先选择的房地产坐落地某一方

C.向房地产坐落地的上一级

D.先向机构所在地人民政府申报纳税，再向房地产坐落地上一级

25.依据土地增值税相关规定，纳税人办理纳税申报的期限是（　　）。

A.自签订房地产建筑合同之日起30日内

B.自转让房地产合同签订后7日内

C.向有关部门办理过户登记手续之日起7日内

D.自签订房地产转让合同且收回款项之日起10日内

26.房地产开发企业将开发的部分房地产用于（　　），不属于视同销售房地产，不征收土地增值税。

A.换取其他单位的非货币性资产

B.职工福利

C.出租

D.对外投资

27.某公司于2020年10月转让位于市区的办公用房，取得售房款200万元。该办公用房于2009年1月购入，购房发票上的金额为80万元。转让时不能提供评估价格，该公司当月应纳土地增值税的增值额是（　　）万元。（当地契税税率为4%）

A.90.19　　B.162.2　　C.170.2　　D.173.4

28.根据城镇土地使用税的相关规定，下列不属于城镇土地使用税征税范围的是（　　）。

A.市区内某公司厂房用地　　B.某县税务局办公用地

C.某村加工厂用地　　D.工矿区内某工矿企业的生产办公用地

29.2020年甲企业生产经营用地分布于某市的A、B两个区域，A区域土地使用权属于甲企业，占地10 000平方米，其中企业办医院占地2 000平方米，厂区内绿化占地3 000平方米；B区域的土地使用权由甲企业与乙企业共同拥有，占地面积共8 000平方米，实际使用面积各50%。已知甲企业所在地城镇土地使用税的年税额为每平方米5元，则甲企业全年应缴纳城镇土地使用税（　　）元。

A.60 000　　B.75 000　　C.90 000　　D.100 000

30.甲、乙两人交换房产，甲房产价值500万元，乙房产价值450万元，乙支付补价50万元。当地政府规定的契税税率是3%，上述业务应缴纳的契税为（　　）万元。

A.5　　B.28.5　　C.1.5　　D.57

31.下列属于耕地占用税征税范围的是（　　）。

A.占用花圃、苗圃用地用于建房　　B.鱼塘用地

C.茶园、果园用地　　D.种植经济林木的土地

32.下列各项中，应计算缴纳城镇土地使用税的是（　　）。

A.盐场的盐滩用地　　B.盐矿的矿井用地

C.企业厂区以外的公共绿化用地　　D.企业厂区以内的铁路专用线用地

33.下列免征耕地占用税的是（　　）。

A.铁路系统职工宿舍占用的耕地　　B.学校建校舍占用的耕地

C.水利工程用于发电占用的耕地　　D.职工夜校、培训中心占用的耕地

三、多项选择题

1.根据资源税的有关规定，下列表述不正确的有（　　）。

A.资源税只对特定资源征税

B.纳税人开采或者生产不同税目应税产品，未分别核算销售额或者销售数量的，由财政部核定具体适用税率

C.纳税人以1个月为一期纳税的，自期满之日起15日内申报缴纳资源税

D.纳税人将其开采的原煤加工为洗选煤自用的，视同销售洗选煤，计算缴纳资源税

2.下列收购未税矿产品的单位和个人中能够成为资源税扣缴义务人的有（　　）。

A.收购未税矿石的独立矿山　　B.收购未税矿石的联合企业

C.收购未税矿石的个体经营者　　D.收购未税矿石的冶炼厂

3.根据资源税法的规定，下列应税产品中，可采用从量定额方式计征资源税的有（　　）。

A.地热　　B.石灰岩　　C.砂石　　D.海盐

4.下列资源应征收资源税的有（　　）。

A.原油　　B.天然气　　C.原煤　　D.黑色金属矿原矿

5.下列不属于资源税纳税人的有（　　）。

A.开采煤矿的个体经营者　　B.进口矿产品的外贸企业

C.开采天然气的中外合作企业　　D.生产液体盐的单位

6.下列各项中，属于资源税应税产品的有（　　）。

A.石灰石　　B.煤矿瓦斯　　C.井矿盐　　D.黄金矿石

7.下列各项中，属于资源税纳税人的有（　　）。

A.进口盐的外贸企业　　B.开采原煤的私营企业

C.生产盐的外商投资企业　　D.中外合作开采石油的企业

8.下列关于资源税的纳税义务发生时间的表述，正确的有（　　）。

A.纳税人销售应税产品，其纳税义务发生时间为应税产品开采的当天

B.纳税人采取分期收款方式销售应税产品的，其纳税义务发生时间为销售合同规定的收款日期的当天

C.纳税人采取预收货款方式销售应税产品的，其纳税义务发生时间为发出应税产品的当天

D.纳税人自产自用应税产品的，其纳税义务发生时间为应税产品移送使用的当天

9.甲矿产企业销售开采原煤280万吨，取得不含税销售额22 400万元，资源税税率为6%，下列说法中正确的有（　　）。

A.增值税税率为13%

B.应缴纳的资源税为1 344万元

C.应缴纳的增值税为3 584万元

D.应缴纳的资源税为0

10.下列情况可以免征或不征资源税的有（　　）。

A.开采或生产应税产品因意外事故或自然灾害等原因遭受重大损失的

B.开采原油过程中用于修井的原油，但未分别核算不能准确提供数量的

C.开采原油过程中用于加热的500吨原油

D.对地面抽采煤层气的

11.下列矿产品中，应纳资源税的有（　　）。

A.井矿盐　　B.油母页岩原油

C.油田伴生天然气　　D.煤矿生产的天然气

12.下列关于资源税纳税地点的表述中，正确的有（　　）。

A.资源税纳税人应向开采或生产所在地主管税务机关纳税

B.下属生产单位与核算单位不在同一省、自治区、直辖市的，在开采地纳税

C.扣缴义务人应向收购地主管税务机关缴纳代扣代缴的资源税

D.纳税人在本省、自治区、直辖市范围内开采或生产应税产品，其纳税地点需要调整的，由所在地省、自治区、直辖市税务机关决定

13.下列各项关于资源税减免税规定的表述中，正确的有（　　）。

A.出口的应税产品免征资源税

B.进口的应税产品不征收资源税

C.开采原油过程中用于修井的原油免征资源税

D.开采应税产品因自然灾害有重大损失由省级政府减征资源税

14.下列各项中，符合资源税纳税义务发生时间规定的有（　　）。

A.采取分期收款结算方式的，为实际收到款项的当天

B.采取预收货款结算方式的，为发出应税产品的当天

C.自产自用应税产品的，为移送使用应税产品的当天

D.采取其他结算方式的，为收讫销售款或取得索取销售款凭据的当天

15.某传媒公司转让宿舍楼取得收入8 000万元，按规定计算扣除项目金额合计3 500万元，则计算土地增值税的适用税率为（　　）。

A.50%　　B.40%　　C.15%　　D.5%

16.下列单位中属于土地增值税纳税人的有（　　）。

A.建造房屋的施工单位　　B.中外合资房地产公司

C.出售国有土地使用权的事业单位　　D.提供房地产管理的物业公司

17.土地增值税法规定，允许从事房地产开发的纳税人加计20%扣除的项目有（　　）。

A.房地产开发成本　　B.房地产开发费用

C.取得土地使用权所支付的费用　　D.转让房地产税金的金额

18.按照土地增值税法的有关规定，下列行为中，应该缴纳土地增值税的有（　　）。

A.以房地产作价入股进行投资或联营的

B.双方合作建房建成后转让的

C.被兼并企业将房地产转让到兼并企业中的

D.以房地产抵债而发生房地产产权转让的

19.转让国有土地使用权、地上建筑及其附着物并取得收入的（　　），是土地增值税的纳税人。

A.学校　　B.税务机关　　C.外籍个人　　D.国有企业

20.免缴城镇土地使用税的土地包括（　　）。

A.直接用于农、林、牧、渔业的生产用地

B.个人所有的住宅及院落用地

C.国家机关自用的土地

D.生产企业闲置的土地

21.城镇土地使用税以纳税人实际占用的土地面积为计税依据，下列关于实际占用面积确定方法的说法中，正确的有（　　）。

A.由省、自治区、直辖市人民政府确定的单位组织测定土地面积的，以测定的面积为准

B.尚未组织测量，但纳税人持有政府部门核发的土地使用证书的，以证书确认的土地面积为准

C.尚未核发土地使用证书的，纳税人无须申报纳税，待核发土地使用证以后再以证书所载面积纳税

D.尚未核发土地使用证书的，应由纳税人申报土地面积，据以纳税，待核发土地使

用证书以后再进行调整

22.下列属于城镇土地使用税纳税人的有（　　）。

A.县城的个人独资企业　　B.农村股份制企业

C.工矿区内的工矿企业　　D.市区的集体企业

23.下列项目中，应计算缴纳耕地占用税的有（　　）。

A.占用鱼塘进行非农业建设　　B.占用苗圃建工厂

C.占用耕地建养老院　　D.占用农田水利用地进行非农业建设

24.下列各项中，免征耕地占用税的有（　　）。

A.飞机场跑道占用耕地　　B.幼儿园占用耕地

C.医院占用耕地　　D.养老院占用耕地

25.下列关于耕地占用税的说法，正确的有（　　）。

A.耕地占用税由地方税务机关负责征收

B.纳税人在批准临时占用耕地的期限内恢复所占用耕地原状的，已缴纳的耕地占用税不再退还

C.在经济技术开发区，耕地占用税的适用税额可以适当提高，但最多不得超过规定税额的50%

D.占用鱼塘及其他农用土地建房或从事其他非农业建设，视同占用耕地

四、计算题

1.某油田2020年10月开采销售原油1.2万吨，销售油田开采天然气250万立方米。原油的不含税售价为每吨5 000元，天然气的不含税售价为每万立方米1 800元，资源税税率为6%。

要求：请根据上述资料，计算该油田本月应纳的资源税。

2.某油田2020年10月销售原油20 000吨，开具增值税专用发票，取得销售额10 000万元。根据“资源税税目税率表”，其适用的税率为6%。

要求：请根据上述资料，计算该油田本月应纳的资源税和增值税。

3.某县城内原煤生产企业为增值税一般纳税人，2020年10月发生以下业务：

（1）购进挖掘机一台，获得的专用发票上注明的价款为60万元，增值税税额为7.8万元，支付运费4万元，取得公路内河货运专用发票。

（2）购进低值易耗品，取得的专用发票上注明的增值税税额为8万元。

（3）开采原煤10 000吨，采取分期收款方式销售原煤9 000吨，每吨不含税单价为500元。购销合同约定，本月应收取1/3的价款，但实际只收取了不含税价款120万元。另支付运费6万元、装卸费2万元，取得公路内河货运专用发票。

（4）为职工宿舍供暖，使用本月开采的原煤200吨。另将本月开采的原煤500吨无偿赠送给有长期业务往来的某客户。

（5）销售开采原煤过程中产生的天然气125千立方米，取得不含税销售额25万元。

（6）月末盘点时发现月初购进的低值易耗品的1/5因管理不善而丢失。

说明：企业相关票据在本月通过主管税务机关认证并申报抵扣；增值税月初留抵税额为0；该煤矿所在地原煤资源税税率为5%，天然气资源税税率为6%。

要求：请根据上述资料，计算该企业本月应纳的资源税。

4.某市一房地产开发公司通过竞拍取得一宗土地使用权，支付价款、税费合计6 000万元，本年度占用80%开发写字楼。开发期间发生开发成本4 000万元；发生管理费用2 800万元、销售费用1 600万元、利息费用400万元（不能提供金融机构的证明）。9月该写字楼竣工验收。10—12月，房地产开发公司将写字楼总面积的3/5直接销售，销售合同记载取得收入为12 000万元。12月，该房地产开发公司的建筑材料供应商催要材料价款，经双方协商，房地产开发公司用所开发写字楼的1/5抵偿材料价款。剩余的1/5公司转为固定资产自用。（注：开发费用的扣除比例为10%）

要求：请根据上述资料，计算该公司应纳的土地增值税。

5.府城房地产开发公司为内资企业，公司于2016年1月至2020年2月开发“东丽家园”住宅项目，发生相关业务如下：

（1）2016年1月通过竞拍获得一宗国有土地使用权，合同记载总价款17 000万元，并规定当年3月1日动工开发。由于公司资金短缺，于2017年5月才开始动工。因超过期限1年未进行开发建设，被政府相关部门按照规定征收土地受让总价款20%的土地闲置费。

（2）支付拆迁补偿费、前期工程费、基础设施费、公共配套设施费和间接开发费用合计2 450万元。2018年3月该项目竣工验收，支付建筑企业工程总价款3 150万元。

（3）2018年4月开始销售，可售总面积为45 000平方米。截至2020年2月底，已销售面积为40 500平方米，取得收入40 500万元；尚余4 500平方米房屋未销售。

要求：请根据上述资料，回答下列问题。

（1）在计算土地增值税和企业所得税时，缴纳的土地闲置费是否可以扣除？

（2）2020年3月进行土地增值税清算时可扣除的土地成本和开发成本是多少？

6.某市一家房地产开发公司与某外商投资企业签订售房合同，将一栋房屋出售给该外商投资企业，取得收入4 000万元。双方另签订补充协议，由外资企业以一块土地使用权作价1 000万元交给房地产开发公司，以弥补房款不足部分。该栋房屋的开发成本为2 000万元，支付土地出让金及相关费用共计1 000万元，其利息支出不能准确分摊，交易发生后缴纳了有关税费。外商投资企业取得土地使用权时所支付的金额为500万元，并缴纳了契税，该块土地尚未开发即转让给该房地产开发公司。该地区规定的房地产开发费用的扣除比例为10%，城市维护建设税税率为7%，教育费附加征收率为3%，印花税税率为5‰。

要求：请根据上述资料，计算房地产开发公司应纳的土地增值税。

7.某市一家房地产开发公司，建造一栋普通标准住宅出售，取得收入500万元。该公司建造该普通住宅支付地价款100万元，开发成本250万元，税收滞纳金5.5万元。由于该公司同时建有其他房产，无法对利息进行分摊，该地区规定开发费用计提比例为10%。

要求：请根据上述资料，计算该公司应纳的土地增值税。

8.某市一内资房地产开发企业2020年有关经营情况如下：

（1）2月1日与当地建设银行签订借款合同一份，合同记载借款金额2 000万元，借款期限10个月，还款到期日为11月30日。

（2）2月中旬用借款2 000万元和自有资金800万元，购得非耕地40 000平方米的使用权用于开发写字楼和商品房，合同记载土地使用权为60年，2月末办完相关权属证件。

（3）第一期工程（“三通一平”和第一栋写字楼开发）于11月30日竣工，按合同约定支付建筑承包商全部土地的“三通一平”费用400万元和写字楼建造费用7 200万元。写字楼占地面积12 000平方米，建筑面积60 000平方米。

（4）到12月31日为止对外销售写字楼50 000平方米，全部签了售房合同，每平方米售价0.32万元，共计收入16 000万元，按售房合同规定全部款项于12月31日均可收回，有关土地权证和房产证次年为客户办理；其余10 000平方米与某企业合作投资兴办五星级酒店，共担风险，该酒店当年由于刚开业出现亏损，未分配利润。

（5）在售房过程中发生销售费用1 500万元；发生管理费用（不含印花税）900万元。

（注：计算土地增值税开发费用的扣除比例为10%）

要求：请根据上述资料，计算并回答下列问题。

（1）征收土地增值税时应扣除的取得土地使用权支付的金额。

（2）征收土地增值税时应扣除的开发成本金额。

（3）征收土地增值税时应扣除的开发费用和其他项目金额。

（4）本年度应纳的土地增值税。

9.某市客隆购物中心实行统一核算，土地使用证上载明该企业实际占用土地情况为：中心店占地8 200平方米，一分店占地3 600平方米，二分店占地5 800平方米，企业仓库占地6 300平方米，企业自办托儿所占地360平方米。经税务机关确认，该企业所占用土地分别适用市政府确定的以下税额：中心店位于一等土地地段，每平方米年税额7元；一、二分店位于三等土地地段，每平方米年税额4元；仓库位于五等土地地段，每平方米年税额1元；另外，该市政府规定，企业自办托儿所、幼儿园、学校用地免征城镇土地使用税。

要求：请根据上述资料，计算客隆购物中心应纳的城镇土地使用税。

10.某企业2020年度有关资料如下：土地使用证上记载该企业占用土地4 000平方米，其中企业自办托儿所占地1 000平方米；企业分支机构占地2 000平方米，其中占用公安局免税土地700平方米；企业另有一个分支机构，设在郊区，占地3 000平方米，其中包括2010年占用的耕地2 600平方米；2017年企业经批准在郊区占用一块耕地，面积1 200平方米，用于扩建分支机构。已知城镇土地使用税单位税额为：郊区3元/平方米，其他地区5元/平方米；耕地占用税单位税额为10元/平方米。

要求：请根据上述资料，计算该企业当年应纳的城镇土地使用税和耕地占用税。

11.某煤矿为增值税一般纳税人，2020年10月发生下列业务：

（1）开采原煤40 000吨；

（2）采取托收承付方式销售自采原煤480吨，每吨不含税售价为150元，货款已经收讫；

（3）本月以自采原煤和外购原煤混合加工洗煤820吨，其中耗用外购原煤500吨，外购原煤购入时每吨不含增值税价格为120元。销售上述洗煤600吨，每吨不含税售价300元（含每吨收取50元装卸费，能够取得相应的凭证）；将5吨上述洗煤用于职工宿舍取暖；剩余洗煤赠送某关联单位。该煤矿原煤与洗煤的折算率为60%。

已知：该煤矿原煤资源税税率为5%。

要求：根据上述资料，回答下列问题。
（1）计算业务（1）应缴纳的资源税。
（2）计算业务（2）应缴纳的资源税。
（3）计算业务（3）应缴纳的资源税。
（4）计算当月合计应缴纳的资源税。

第8章 其他各税税法

【学习目的与要求】

学习本章的目的，主要是理解和掌握房产税等其他各税的概念及意义，掌握房产税等其他各税的纳税人和税率，熟悉房产税等其他各税的计税依据，理解房产税等其他各税的优惠政策，理解和掌握房产税等其他各税的计算与征收管理。要求学生在充分理解和熟记基本征收法律制度的基础上，掌握其应纳税额的计算和缴纳方法等。

【重点与难点问题解析】

在教材中，本章涉及的税种和内容较多。本章分为房产税法、车船税法和契税法等财产类税法，印花税法、车辆购置税法、环境保护税法和城市维护建设税法等行为目的类税法，烟叶税法，教育费附加及地方教育费附加、矿区使用费、文化事业建设费、社会保险费等非税征收制度四节内容。其重点是各税的现实意义、征税范围、纳税人等征收制度和应纳税额的计算；难点是各税种计税依据的确立和税额的计算。本章的重点与难点问题有9个，解析如下：

一、房产税法的有关问题

房产税的重点和难点主要是其现实意义、征税范围、纳税人、计税依据、税收优惠和应纳税额的计算等。

1.房产税的现实意义。房产税是以房产为征税对象，依据房产价格或租金收入向房产所有人征收的一种税。

房产税对地方财政筹集资金、支持地方市政建设、提高房屋使用效率、促进生产发展和提高社会生活水平等方面，都具有积极的现实意义。其作用主要包括：运用税收杠杆调节、理顺分配关系；加强房产监督管理，提高房屋使用效率；抑制固定资产投资，促进住房改革；征收简便易行，保证地方收入。

2.房产税的征收制度。主要包括以下几个方面：

（1）征税范围。房产税的征税范围包括城市、县城、建制镇和工矿区的房产。农村房产不在征税范围之内。

（2）纳税人。房产税的纳税人是征税范围内房屋产权所有人，产权属于国家所有的，由经营管理单位缴纳；产权属于集体和个人所有的，由集体单位和个人缴纳；产权出典的，由承典人缴纳；产权的所有人、承典人不在房产所在地的，或产权未确定及租典纠纷未解决的，由房产代管人或使用人缴纳。

（3）计税依据。计税分为从价计征和从租计征：从价计征的计税依据为房产余值，所称余值是指房产原值按年减除其10%～30%后的余额；从租计征的计税依据为房产租金收入。注意区分不同房产的计税标准，如融资租赁、出售的房产，建成出售前自用的房产等，应按房产余值计税；房产投资取得固定收入的，应按租金收入计税。

（4）税收优惠。税收优惠包括法定的免税项目和财政部批准免税的其他房产两大类，应注意掌握。

3.应纳税额的计算。房产税的计税方法分为从价计征和从租计征两种。其应纳税额的计算公式为：

从价计征应纳税额=应税房产余值×适用税率

从租计征应纳税额=房产租金收入×适用税率

二、车船税法的有关问题

车船税的重点和难点主要是其现实意义、征税范围、纳税人、计税依据、适用税率、税收优惠、应纳税额的计算等。

1.车船税的现实意义。车船税是指国家对行驶于中国境内公共道路的车辆和航行于中国境内河流、湖泊或领海的船舶，依法征收的一种税。

车船税属于财产税，国家征收车船税不仅有利于增加地方财政收入和提高车船使用效率，而且能有效地配合交通部门加强车船管理，支持交通运输事业的发展。其作用主要包括：开辟财产税源，增加地方财政收入；运用税收杠杆，提高车船使用效率；配合有关部门，加强车船管理。

2.车船税的征收制度。主要包括以下几个方面：

（1）征税范围。车船税的征税范围是依法应在车船管理部门登记及不需要在车船管理部门登记的在单位内部场所行驶或作业的机动车辆和船舶，即应税车船。具体包括机动车辆和船舶两类：机动车辆包括乘用车、商用车、半挂牵引车、三轮汽车、低速载货汽车、挂车、专用作业车、轮式专用机械车和摩托车。船舶包括各类机动、非机动船舶和其他水上移动装置，但是船舶上装备的救生艇筏和长度小于5米的艇筏除外。

（2）纳税人。车船税以应税车船的所有人或管理人，即在我国境内拥有车船的单位和个人为纳税人。单位是指行政机关、事业单位、社会团体和中外各类企业；个人是指我国境内的居民和外籍个人。应税车船的所有人或管理人未缴纳车船税的，应由使用人代缴。

（3）计税标准。车船税以应税车船为征税对象，按车船的种类和性能分别以辆、整备质量每吨、净吨位、米为计税标准。其中“辆”适用于乘用车、商用车客车和摩托车的计税征收；“整备质量每吨”适用于商用车货车、挂车、专用作业车和轮式专用机械车的计税征收；“净吨位”适用于机动船舶的计税征收；“米”指游艇的艇身长度，适用于游艇的计税征收。

（4）适用税率。车船税实行幅度定额税率，如乘用车的年税额为每辆60～5 400元，商用车客车的年税额为每辆480～1 440元，商用车货车的年税额为整备质量每吨16～120元，摩托车的年税额为每辆36～180元，机动船舶的年税额为净吨位每吨3～6元，游艇的年税额为每米600～2 000元等。具体适用税额由省、自治区、直辖市人民政府根据车船税法所附车船税税目、税额表确定。

（5）税收优惠。车船税法的税收优惠包括法定的免税车船和省、自治区、直辖市人民政府根据实际情况给予定期减免税的车船。纳税人在购买机动车交通事故责任强制保险时缴纳车船税的，不再向地方税务机关申报纳税。

3.应纳税额的计算。车船税以征税对象数量和计税标准的乘积，从量定额计算，按年申报缴纳应纳税额。其基本计算公式为：

年应纳税额=计税数量×计税标准×适用税率

纳税人购置新车船的应纳税额，自纳税义务发生的当月起按月计算。其计算公式为：

新购置车船应纳税额=年应纳税额÷12×应纳税月份数

根据上述车船税应纳税额的基本计算公式和计税标准，各类车船应纳税额计算公式为：

（1）乘用车、商用车客车、摩托车应纳税额=车辆数×适用单位税额

（2）商用车货车、挂车、专用作业车、轮式专用机械车应纳税额=吨数×适用单位税额

（3）机动船舶应纳税额=净吨位×适用单位税额

（4）游艇应纳税额=艇身长度（米）×适用单位税额

三、契税法的有关问题

契税的重点和难点主要是其现实意义、征税对象、纳税人、适用税率、计税依据、应纳税额的计算等。

1.契税的现实意义。契税是以在中国境内出让、转让、买卖、赠与、互换发生权属转移的土地、房屋为征税对象而征收的一种税。

契税属于地方税种，对产权承受者而不是转让方征收，采用有幅度的比例税率，税负较轻。契税对公平税负、规范房地产市场、促进房地产经济的发展、建立良好的房地产市场秩序以及增加财政收入等方面，都有着十分重要的现实意义。

2.契税的征收制度。主要包括以下几个方面：

（1）纳税人。契税的纳税人是在中国境内转移土地、房屋权属承受的单位和个人。单位包括企事业单位、国家机关、军事单位和社会团体以及其他组织，其中，企业包括内资企业、外商投资企业和外国企业；个人包括中国公民和外籍人员。

（2）征税对象。契税的征税对象是在中国境内转移土地、房屋权属的行为。契税与土地增值税征税对象的异同点见表8-1。

表8-1 契税与土地增值税征税对象对照表

项目	契税	土地增值税
1.国有土地使用权出让	缴纳	不缴纳
2.土地使用权转让	缴纳	缴纳
3.房屋买卖	缴纳	符合条件的缴纳
4.房屋赠与	缴纳	符合条件的缴纳
5.房屋互换	缴纳	单位间交换的缴纳

此外，还应注意特殊情形的征税行为，即以土地、房屋权属作价投资、入股、抵债，以获奖方式承受土地、房屋权属，以预购方式或预付集资建房款方式承受土地、房屋权属的，应视同土地使用权转让、房屋买卖或房屋赠与缴纳契税。

（3）适用税率。契税实行3%～5%的幅度税率。各省、自治区、直辖市人民政府可以在规定的幅度税率范围内，按照本地区的实际情况提出具体适用的税率，报同级人大常委

会决定，并报全国人大常委会和国务院备案。省、自治区、直辖市可依程序对不同主体、地区或类型住房的权属转移确定差别税率。

3.契税应纳税额的计算。契税以不动产的价格为计税依据，具体包括成交价格、市场价格、交换价格差额和补交土地使用权出让费用或土地收益。计算契税的应纳税额，按幅度比例税率从价计征。其计算公式为：

应纳税额=计税依据×适用税率

需要注意的是：计征契税的成交价格不含增值税。

四、印花税法的有关问题

印花税的重点和难点主要是其现实意义、征税范围、纳税人、税目税率、计税依据、应纳税额的计算和纳税办法及处罚规定。

1.印花税的现实意义。印花税是对经济活动和经济交往中书立、使用、领受具有法律效力的凭证的单位和个人征收的一种税，具有税源广泛、征收普遍、税率极低、税负从轻、自行完税、征收简便等特点。

印花税的作用主要表现为：一是增加地方财政收入，为经济建设积累资金；二是加强经济合同的管理和监督，提高合同的兑现率；三是在对外经济交往中贯彻税收政策的互惠原则，维护国家的经济权益，促进对外经济关系的发展；四是加强法制建设，增强人们依法纳税的观念和意识等。

2.印花税的征收制度。主要包括以下几个方面：

（1）征税范围。印花税对列举的凭证征收，未列举的不征收。其具体征税范围包括经济合同，产权转移书据，营业账簿，权利、许可证照和财政部确定征收的其他凭证。

（2）纳税人。印花税的纳税人是在中国境内书立、使用、领受应税凭证的单位和个人。注意，纳税人包括外商投资企业和外国企业以及外籍个人。根据应税凭证的性质，纳税人的种类包括立合同人、立据人、立账簿人、领受人和使用人5类。

（3）税目税率。印花税包括13个税目。税率分为比例税率和定额税率两种，比例税率分0.5‱、3‱、5‱和1‰四档，适用于记载有金额的应税凭证。注意各税率的档次，尤其是千分比、万分比税率，与其他各税的百分比税率有着重要的区别。定额税率适用于没有金额或虽有金额但作为计税金额明显不合理的应税凭证。此外，各应税凭证项目所属合同性质不同，其适用税率可能不同，需加以注意。

（4）计税依据。印花税的计税依据分为计税金额和凭证件数两类，各应税凭证的计税金额或凭证件数的确定是印花税法中重点和难点的核心，需要全面掌握和熟记，尤其是购销合同、加工承揽合同、货物运输合同、借款合同、建筑安装工程承包合同和营业账簿应特别注意。此外，还应注意计税金额不得扣除任何费用，以及合同所载金额不计税部分。印花税的纳税人、应税凭证类别、税目、计税依据和税率见表8-2。

3.印花税应纳税额的计算。印花税纳税人的应纳税额，根据应税凭证的计税金额或件数，采取从价定率或从量定额方法进行计算。其计算公式为：

应纳税额=应税凭证计税金额（或件数）×适用税率（或单位税额）

4.印花税的征收管理。

（1）纳税办法。印花税的纳税办法，按税额大小、贴花次数和征管需求，规定为自行贴花、汇总或汇缴、委托代征三种，尤其应注意自行贴花办法的程序及其适用范围。

表 8-2 印花税有关项目对照简表

纳税人	应税凭证类别	税目	计税依据	税率
立合同人	合同性质凭证	购销	购销金额	比例税率（分为 0.5‰、3‰、5‰ 和 1‰ 四个档次）
		加工承揽	收入金额	
		建设工程勘察设计	收取费用	
		建筑安装工程承包	承包金额	
		财产租赁	租赁金额	
		货物运输	运输费用	
		仓储保管	保管费用	
		借款	所载金额	
		财产保险	保费收入	
		技术	所载金额	
立据人	书据	产权转移书据	所载金额	比例税率（5‰）
立账簿人	账簿	营业账簿	记载资金	比例税率（2.5‰）
			账簿件数	免税
领受人	证照	权利、许可证照	证照件数	定额税率（5元）

（2）处罚规定。印花税的处罚规定是我国目前税收法律中唯一直接规定罚则的，处理原则是轻税重罚。注意违法处罚中倍数罚款、数额罚款的适用范围和具体标准，以及司法追究刑事责任的适用情况。

五、车辆购置税法的有关问题

车辆购置税的重点和难点，主要是其现实意义、征税范围、纳税人、计税价格、税率和应纳税额的计算。

1.车辆购置税的现实意义。车辆购置税是对在中国境内购买应税车辆的单位和个人征收的一种税。征收车辆购置税有利于理顺政府分配关系，增强政府宏观调控能力。

征收车辆购置税，有利于合理筹集财政资金，规范政府行为，调节收入差距，也有利于配合打击走私和维护国家权益。

2.车辆购置税的征收制度。主要包括以下几个方面：

（1）征税范围。车辆购置税的征税范围包括汽车、有轨电车、汽车挂车、摩托车，不包括地铁、轻轨等城市轨道交通车辆，装载机、平地机、挖掘机、推土机等轮式专用机械车以及起重机（吊车）、叉车、电动摩托车。

（2）纳税人。车辆购置税的纳税人为在中国境内购买应税车辆的单位和个人，其中，单位包括国有企业、集体企业、私营企业、股份制企业、外商投资企业、外国企业及其他企业、事业单位、社会团体、国家机关、部队和其他单位；个人包括个体工商户以及其他个人，既包括中国公民又包括外国公民。

（3）税率。现行车辆购置税实行单一比例税率，税率为10%。

3.车辆购置税应纳税额的计算。车辆购置税实行从价定率法，按计税价格和规定的税率计算应纳税额。其计算公式为：

应纳车辆购置税额=计税价格×税率

计税价格主要有5种情形：

（1）纳税人购买自用应税车辆的计税价格，为纳税人购买应税车辆而支付给销售者的全部价款和价外费用，此价款依据纳税人购买应税车辆时相关凭证载明的价格确定，但不包括增值税税款。

（2）纳税人进口自用的应税车辆以组成计税价格为计税依据，其计算公式为：

组成计税价格=关税完税价格+关税+消费税

或 =关税完税价格×（1+关税税率）÷（1-消费税税率）

（3）纳税人自产自用应税车辆的计税价格，按照同类应税车辆（即车辆配置序列号相同的车辆）的销售价格确定，不包括增值税税款；没有同类应税车辆销售价格的，按照组成计税价格确定。其计算公式为：

组成计税价格=成本×（1+成本利润率）÷（1-消费税税率）

（4）纳税人受赠、获奖和以其他方式取得并自用的应税车辆的计税价格，按购置应税车辆时相关凭证载明的价格确定，但不包括增值税税款。

（5）已经办理减免税手续的车辆因转让、改变用途等原因不再属于减免税范围的，计税价格为初次办理纳税申报时确定的价格。

六、环境保护税法的有关问题

环境保护税的重点和难点主要是其现实意义、征税对象、纳税人、适用税率、计税依据、应纳税额的计算等。

1.环境保护税的现实意义。将排污费改为环境保护税，要求纳税人依法缴纳税款，对解决排污费执法刚性不足和地方政府干预等问题，提高纳税人环保意识和遵从度，强化企业治污减排责任，构建促进经济结构调整和发展方式转变的绿色税制体系，强化税收调控作用，形成有效的约束激励机制，提高全社会环境保护意识，推进生态文明建设和绿色发展，规范政府分配秩序，优化财政收入结构，强化预算约束等方面具有重要意义。

2.环境保护税的征收制度。主要包括以下几个方面：

（1）征税范围。环境保护税以在中国领域和管辖的其他海域直接向环境排放应税污染物为征税对象，其征税范围包括大气污染物、水污染物、固体废物和噪声。

（2）纳税人。在中国领域和管辖的其他海域直接向环境排放应税污染物的单位，均为环境保护税的纳税人。所称单位包括企业单位、事业单位和其他生产经营者。

（3）税目税率。环境保护税税目税率如表8-3所示。

（4）计税依据。应税污染物的计税依据，按照下列方法确定：

①应税大气污染物和水污染物按照污染物排放量折合的污染当量数确定。

②应税固体废物按照固体废物的排放量确定。

③应税噪声按照超过国家规定标准的分贝数确定。

表8-3　　环境保护税税目税率表

税目		计税单位	税率
大气污染物		每污染当量	1.2～12元
水污染物			1.4～14元
固体废物	煤矸石	每吨	5元
	尾矿		15元
	危险废物		1 000元
	冶炼渣、粉煤灰、炉渣、其他固体废物（含半固体、液态废物）		25元
噪声	工业噪声	超标1～3分贝	每月350元
		超标4～6分贝	每月700元
		超标7～9分贝	每月1 400元
		超标10～12分贝	每月2 800元
		超标13～15分贝	每月5 600元
		超标16分贝以上	每月11 200元

3.环境保护税应纳税额的计算。

大气污染物应纳税额＝污染当量数×适用单位税额

水污染物应纳税额＝污染当量数×适用单位税额

固体废物应纳税额＝排放量×适用单位税额

4.环境保护税的征收管理。

（1）纳税义务发生时间。纳税人排放应税污染物的当日。

（2）纳税地点。纳税人应当向应税污染物排放地主管税务机关申报缴纳环境保护税。

（3）纳税申报。环境保护税按月计算，按季申报缴纳。不能按固定期限计算缴纳的，可以按次申报缴纳。

（4）纳税期限。纳税人按季申报缴纳的，应当自季度终了之日起15日内，向税务机关办理纳税申报并缴纳税款。纳税人按次申报缴纳的，应当自纳税义务发生之日起15日内，向税务机关办理纳税申报并缴纳税款。

七、城市维护建设税法的有关问题

城市维护建设税的重点和难点，主要是其现实意义、征税范围、纳税人、适用税率、计税依据和应纳税额的计算。

1.城市维护建设税的现实意义。城市维护建设税简称城建税，是对缴纳增值税和消费税的单位和个人，以增值税、消费税（以下简称“两税”）实缴税额为计税依据而征收的一种税。

现行城市维护建设税按照“两税”税额计征，具有有附加税的性质、无专项用途规定等特点。其作用主要表现在：调动地方政府的积极性和有利于地方税体系的建立。

2.城市维护建设税的征收制度。主要包括以下几个方面：

（1）纳税人。城市维护建设税的纳税人是指负有缴纳“两税”义务的单位和个人，包括国有企业、集体企业、私营企业、股份制企业、其他企业和行政单位、事业单位、军事单位、社会团体和其他单位，以及个体工商户、外籍人员、华侨、港澳台同胞及其他个人。

（2）征税范围。城市维护建设税的征税范围不仅包括城市和县城、镇，还包括城市和县城、镇以外的地区，即只要是属于增值税、消费税征税范围的，通常都属于城市维护建设税的征税范围。

（3）适用税率。城市维护建设税的税率按纳税人所在地的不同，设置了3档差别比例税率，即纳税人所在地为市区的，税率为7%；纳税人所在地为县城、建制镇的，税率为5%；纳税人所在地不在市区、县城或建制镇的，税率为1%。

3.城市维护建设税应纳税额的计算。城市维护建设税以实际缴纳的“两税”税额为计税依据，但不包括纳税人违反“两税”有关规定而加收的滞纳金和罚款。城市维护建设税实行从价定率法计算应纳税额。其计算公式为：

应纳税额=纳税人实缴的增值税、消费税税额×适用税率

八、烟叶税法的有关问题

1.烟叶税的含义。烟叶税是指对在中国境内从事烟叶收购的单位，按其收购金额计算征收的一种税。它是2006年单独设立的对农产品征收的特别税种。

2.烟叶税的征税对象、纳税人和税率。烟叶税以晾晒烟叶、烤烟叶为征税对象；以中国境内收购烟叶的单位为纳税人；实行20%的比例税率。

3.烟叶税应纳税额的计算。烟叶税应纳税额以纳税人收购烟叶的收购金额和规定的税率计算。所谓收购金额包括纳税人支付给烟叶销售者的烟叶收购价款和价外补贴，其中价外补贴国家统一暂按烟叶收购价款的10%计算。其应纳税额计算公式为：

应纳税额=烟叶收购金额×税率

4.烟叶税的征收管理。烟叶税的纳税义务发生时间为纳税人收购烟叶的当天；纳税人应当自纳税义务发生之日起30日内申报纳税。纳税人收购烟叶，应当向烟叶收购地的主管税务机关申报纳税。

九、非税征收制度的有关问题

1.教育费附加和地方教育费附加征收制度。教育费附加是对缴纳增值税、消费税的单位和个人，以其实际缴纳的税额为计算依据征收的一种附加费；地方教育费附加是指各省、自治区、直辖市根据国家有关规定，为实施“科教兴省”战略，增加地方教育的资金投入，促进本地区教育事业发展开征的一项地方政府性基金。

（1）缴纳人、征收范围及计征依据。对缴纳增值税、消费税的单位和个人进行征收，以其实际缴纳的增值税、消费税为计征依据，与增值税、消费税同时缴纳。

（2）计征比例。现行教育费附加征收比例为3%，地方教育费附加征收比例统一规定为2%。

（3）教育费附加和地方教育费附加的计算。其计算公式为：

应纳教育费附加=实际缴纳的增值税、消费税×3%

应纳地方教育费附加=实际缴纳的增值税、消费税×2%

（4）减免规定。对海关进口的产品征收的增值税、消费税，不征收教育费附加；对由

于减免增值税、消费税而发生退税的，可同时退还已征收的教育费附加。但对出口产品退还增值税、消费税的，不退还已征收的教育费附加。

2.文化事业建设费征收制度。文化事业建设费是国家为了引导和调控文化事业的发展而征集的一种专项资金。

（1）缴纳人和扣缴义务人。在中国境内提供广告服务的广告媒介单位和户外广告经营单位为缴纳人，中国境外的广告媒介单位和户外广告经营单位在境内提供广告服务，在境内未设有经营机构的，以广告服务接受方为文化事业建设费的扣缴义务人。

（2）免征政策。提供应税服务未达到增值税起征点的个人，以及增值税小规模纳税人中月销售额不超过2万元（按季纳税6万元）的企业和非企业性单位提供的应税服务，免征文化事业建设费。

（3）费额计算。缴纳人应按提供广告服务取得的计费销售额和3%的费率计算应缴费额。其计算公式为：

应缴费额=计费销售额×3%

（4）征收管理。文化事业建设费的缴纳义务发生时间、缴纳期限和缴纳地点，与缴纳人的增值税的纳税义务发生时间、纳税期限和纳税地点相同。文化事业建设费纳入财政预算管理，建立专项资金，用于文化事业建设。

3.社会保险费征收制度。社会保险费是国家为了发展社会保险事业而征集的一种专项资金。我国的社会保险费是指由用人单位及其职工依法参加社会保险并缴纳的相应保险费用。

（1）基本养老保险费。职工应当参加基本养老保险，由用人单位和职工共同缴纳基本养老保险费。

（2）基本医疗保险费。职工应当参加基本医疗保险，由用人单位和职工共同缴纳基本医疗保险费。

（3）失业保险费。职工应当参加失业保险，由用人单位和职工按照国家规定共同缴纳失业保险费。单位缴纳失业保险费的费率为其工资总额的2%；职工个人缴纳的费率为本人缴费工资的1%。

（4）工伤保险费。职工应当参加工伤保险，由用人单位缴纳工伤保险费，职工不缴纳工伤保险费。各地方省级政府平均缴费率原则上应控制在职工工资总额的1%左右。

（5）征收管理。社会保险费集中、统一征收与缴纳，不得减征、免征；由税务机关征收或劳动保障行政部门按照规定设立的社会保险经办机构征收；社会保险费收入纳入社会保险基金，单独核算、专款专用，且不得计征任何税费。

一、判断题

（一）房产税法判断题

1.个人拥有的营业用房或者出租的房产免征房产税。（　　）

2.房产税只对房屋的产权所有人征收，对产权出典以及租典纠纷未解决的房产，不征收房产税。（　　）

3.以房屋为载体，不可随意移动的附属设备和配套设施，如果会计上是单独核算的，

可以不计入房产原值，不征收房产税。（　）

4.房产联营投资不承担经营风险只收取固定收入，投资方视固定收入为租金收入，以租金收入为计税依据计征房产税。（　）

5.以劳务或其他形式为报酬抵付房租收入的，应根据当地同类房产的租金水平确定一个标准租金额从租计征。（　）

6.由国家财政部门拨付的事业单位自身业务用房免征房产税；其经费来源实行自收自支后，从自收自支年度起，免征房产税5年。（　）

7.房地产开发企业建造的商品房，在出售前，不征收房产税；但对出售前房地产开发企业已使用或出租、出借的商品房应按规定征收房产税。（　）

8.纳税人委托施工单位建设的房屋，应自房屋交付使用之次月起缴纳房产税。（　）

（二）车船税法判断题

9.车船税在购买应税车辆当年缴纳，以后年度不需要再缴纳。（　）

10.依法不需要在车船管理部门登记、在单位内部场所行驶或作业的机动车辆和船舶免征车船税。（　）

11.车船税以“米”为计税标准是指游艇的艇身长度，适用于游艇的计税征收。（　）

12.由扣缴义务人代收代缴机动车车船税的，纳税人应在购买机动车交通事故责任强制保险的同时缴纳车船税。（　）

13.在国外缴纳吨税的中国远洋轮，在国内仍应按我国税法规定缴纳车船税。（　）

14.税务机关付给扣缴义务人代收代缴手续费的标准，由省级税务局制定。（　）

15.按照规定缴纳船舶吨税的机动船舶自车船税法实施之日起5年内免税。（　）

16.车船税按年申报、分月计算、一次性缴纳。纳税年度为公历1月1日至12月31日，具体申报期限由省、自治区、直辖市人民政府确定。（　）

（三）契税法判断题

17.政府以零地价方式出让国有土地使用权的，承受国有土地使用权一方仍需缴纳契税。（　）

18.以自有房产作股权资本投资于本人独资经营的企业的，免征契税。（　）

19.土地使用权的转让行为属于契税的征税范围，但对农村集体土地承包经营权的转移不征契税。（　）

20.土地使用权的赠与中，其契税的计税依据可以由征收机关参照土地使用权出售、房屋买卖的市场价格核定。（　）

21.城镇职工在国家规定标准面积以内首次购买公有住房的，经批准后免征契税，但仅限一次。（　）

（四）印花税法判断题

22.法律、会计、审计等方面的咨询属于技术咨询，其所立合同按技术合同应当依法缴纳印花税。（　）

23.甲公司与乙公司签订一份加工合同，甲公司提供价值30万元的辅助材料并收取加工费25万元，乙公司提供价值100万元的原材料。甲公司应纳印花税275元。（　）

24.我国税法规定，对于在国外书立、领受，但在国内使用的应税凭证应以使用人为纳税人。（　）

25.对应税凭证，凡由两方或两方以上当事人共同书立的，其当事人各方都是印花税的纳税人，应各就其所持凭证的计税金额履行纳税义务。（ ）

26.营业账簿中记载资金的账簿，以实收资本和资本公积两项合计金额为计税依据。（ ）

27.同一种类应税凭证，需频繁贴花的，纳税人可以根据实际情况自行决定是否采用按期汇总缴纳印花税的方式，汇总缴纳的期限为3个月。（ ）

28.对于有经营收入的企业单位，凡由国家财政拨付事业经费，实行差额预算管理的，其记载经营业务的账簿，按金额贴花，不记载资金的账簿不贴花。（ ）

29.印花税的税率中加工承揽合同适用比例税率，税率为0.5‰，营业账簿适用定额税率的，暂免征收。（ ）

30.借贷双方签订的流动资金周转性借款合同，以其规定的最高额为计税依据，在签订时贴花一次，在限额内随借随还不签订新合同的，另贴印花。（ ）

31.对已贴花合同，修改后所载金额增加的，其增加部分应补贴印花，多贴的印花可申请退税或抵用。（ ）

32.货物运输合同的印花税计税依据为取得的运输费收入，包括所运货物的金额、装卸费和保险费等。（ ）

33.实行汇贴办法缴纳印花税的单位，凡分别汇总应税凭证和免税凭证的，应按本期应税凭证汇总金额计税；不能分别汇总的，应按全部凭证的实际汇总金额计算缴纳印花税。（ ）

34.印花税的处罚规定是我国目前税收法律中唯一直接规定罚则的，处理原则是轻税重罚。（ ）

（五）车辆购置税法判断题

35.车辆购置税实行一次课征制，对纳税人购置的已税车辆不征税。（ ）

36.对回国服务的留学人员用现汇购买的1辆自用国产小汽车免征车辆购置税。（ ）

37.车辆购置税的纳税人是销售应税车辆的单位和个人。（ ）

38.纳税人购进车辆用于出售的，应于出售时缴纳增值税和车辆购置税。（ ）

39.车辆购置税的计税依据随车辆来源的不同而不尽相同。（ ）

40.纳税人缴纳车辆购置税时，应由代征机构填制“车辆购置税审核记录表”，作为完税凭证。（ ）

（六）环境保护税法判断题

41.环境保护税的纳税人为在中国领域和管辖的其他海域，直接向环境排放应税污染物的企事业单位和其他生产经营者。（ ）

42.环境保护税由环境保护主管部门依照《中华人民共和国税收征收管理法》和《中华人民共和国环境保护税法》的有关规定征收管理。（ ）

43.环境保护税纳税义务发生时间为纳税人排放应税污染物的当日。（ ）

44.应税噪声声源一个月内超标不足15天的，减半计算应纳税额。（ ）

45.环境保护税纳税人应当自季度终了之日起30日内，向税务机关办理纳税申报和缴纳税款。

（ ）

（七）城市维护建设税法判断题

46.纳税人违反增值税法、消费税法而加收的滞纳金和罚款，是税务机关对纳税人违法行为的经济制裁，不作为城市维护建设税的计税依据。（　　）

47.某企业本月接受其他企业委托，加工一批应税消费品，代扣消费税100元的同时，应按委托方所在地适用税率代扣城市维护建设税。（　　）

48.对于临时到外地流动经营无固定纳税地点的单位和个人，在经营地缴纳“两税”的，其城市维护建设税应随同“两税”按经营地适用税率计算缴纳。（　　）

49.经国家税务总局正式审核批准的当期免抵的增值税税额应纳入城市维护建设税的计征范围。（　　）

50.所有出口企业，在出口货物退还增值税时，一般均会同期退还城市维护建设税和教育费附加。（　　）

（八）非税征收制度判断题

51.教育费附加是对缴纳增值税、消费税的单位和个人，就其应当缴纳税额为计算依据征收的一种附加费。（　　）

52.海关对进口产品征收的增值税、消费税不作为教育费附加的征收基础。（　　）

53.文化事业建设费由地方财政机关征收，其收入纳入财政预算管理，分别由国家和各省、自治区、直辖市建立专项资金，用于文化事业建设。（　　）

54.失业保险费的征缴范围是国有企业、城镇集体企业、外商投资企业、城镇私营企业和其他城镇企业及其职工，以及事业单位及其职工。（　　）

55.社会保险费实行集中、统一征收与缴纳，不得减征、免征，由税务机关征收或劳动保障行政部门按照规定设立的社会保险经办机构征收。（　　）

二、单项选择题

（一）房产税法单项选择题

1.下列各项中符合房产税纳税人规定的是（　　）。

A.产权属于集体的，由承典人缴纳

B.房屋产权出典的，由出典人缴纳

C.产权纠纷未解决的，由代管人或使用人缴纳

D.产权属于国家的，不缴纳

2.下列房产应征收房产税的是（　　）。

A.大修停用半年以上的房产

B.因企业停产而转给其他征税单位的房产

C.人民团体的办公用房

D.经费自收自支不足3年的事业单位自用房

3.某企业有原值为5 000万元的房产，某纳税年度1月1日将其中的30%用于对外投资联营，投资期限10年，每年固定利润分红200万元，不承担投资风险。已知当地政府规定的扣除比例为20%，则该企业应纳房产税（　　）万元。

A.24　　B.3.8　　C.57.6　　D.33.6

4.下列各项中，不符合房产税纳税义务发生时间规定的是（　　）。

A.将原有房产用于生产经营，从生产经营之次月起缴纳房产税

B.委托施工企业建设的房屋，从办理验收手续之次月起缴纳房产税

C.购置存量房，自权属登记机关签发房屋权属证书之次月起缴纳房产税

D.购置新建商品房，自房屋交付使用之次月起缴纳房产税

5.下列各项中，应作为融资租赁房屋房产税计税依据的是（　　）。

A.房产售价　　B.房产余值　　C.房产原值　　D.房产租金

6.某企业2020年拥有一幢三层的办公楼，原值6 000万元，将其中的1/3以每月15万元的不含增值税租金出租给其他单位使用，2020年4月底，原租户的租期到期，该企业将该幢办公楼进行改建，更换楼内电梯，将原值80万元的电梯更换为120万元的新电梯，为该楼安装了300万元的智能化楼宇设施，这些改建工程于7月底完工，该企业所在地省人民政府规定计算房产余值的减除比例为30%，该企业当年应纳房产税（　　）万元。

A.51.49　　B.52.38　　C.53.05　　D.53.19

（二）车船税法单项选择题

7.下列各项中，应缴纳车船税的是（　　）。

A.燃料电池乘用车　　B.低速载货汽车

C.捕捞、养殖渔船　　D.纯电动汽车

8.下列车船中，以整备质量作为车船税计税标准的是（　　）。

A.摩托车　　B.三轮汽车　　C.乘用车　　D.拖船

9.车船税的纳税地点由省级人民政府根据当地实际情况确定。跨省、自治区、直辖市使用的车船纳税地点为（　　）。

A.车船的登记地　　B.车船的购买地　　C.车船的使用地　　D.车船的所在地

10.根据现行车船税的有关规定，下列表述中正确的是（　　）。

A.车辆整备质量在0.5吨以下的，不征税

B.挂车按载货汽车整备质量的50%计算纳税

C.净吨位不超过1吨的船舶免征车船税

D.非机动驳船免征车船税

11.下列说法中，不符合车船税有关规定的是（　　）。

A.纳税人未按照规定到车船管理部门办理应税车船登记手续的，以车船购置发票所载时间的当月作为车船税的纳税义务发生时间

B.依法不需要办理登记车船的纳税地点由省、自治区、直辖市政府规定

C.保险机构代收代缴的车船税应在保险机构所在地上缴

D.未办理车船登记手续且无法提供车船购置发票的，由主管税务机关核定纳税

12.下列各项中，属于车船税法定减免项目的是（　　）。

A.批准临时入境的台湾地区的车船　　B.外商投资企业使用的汽车

C.消防车　　D.政府机关办公用车辆

13.某企业在2020年初拥有整备质量为10吨的载货汽车6辆，小轿车4辆，2020年4月购入整备质量为8吨的载货汽车3辆，当月办理完登记手续；11月，1辆小轿车被盗，公安机关出具了证明，假设当地人民政府规定载货汽车车船税每吨年税额60元，小轿车车船税每辆年税额360元，该企业当年实际应缴纳车船税（　　）元。

A.6 000　　B.6 060　　C.6 120　　D.6 480

14.某旅游公司2020年拥有的船舶情况如下：机动船舶30艘，每艘净吨位1.3吨；5千瓦的拖船1艘；非机动驳船2艘，每艘净吨位均为3 000吨。国务院规定机动船舶净吨位小于200吨的，车船税年税额为3元/吨；净吨位2 001吨至10 000吨的，车船税年税额为每吨5元。该旅游公司当年应缴纳车船税（　　）元。

A.7 627.5　　B.12 154.5　　C.15 122.03　　D.30 192

（三）契税法单项选择题

15.发生下列业务的单位和个人，无须缴纳契税的是（　　）。

A.处置旧楼房的工业企业　　B.接受土地使用权投资的商业企业

C.房产交换中的支付补价方　　D.购买商品房的外籍人员

16.杨某以500万元存款及价值800万元的房产投资设立个人独资企业；当年杨某的朋友张某移居国外，将其境内价值80万元的房产赠送给杨某。当地契税的税率为3%，则杨某应缴纳的契税为（　　）万元。

A.0　　B.2.4　　C.41.4　　D.42

17.关于契税，下列说法中不正确的是（　　）。

A.采取分期付款方式购买房屋附属设施土地使用权、房屋所有权的，应按合同规定的总价款计征契税

B.承受国有土地使用权，减免土地出让金，相应减免契税

C.买房拆料或翻建新房，应照章征收契税

D.承受荒山、荒沟、荒丘、荒滩土地使用权并用于农林牧渔业生产的，免征契税

18.发生下列行为的单位和个人，应缴纳契税的是（　　）。

A.将房产用于偿还债务的张先生　　B.以房屋权属作价投资的某企业

C.以房产投资于本人公司的李先生　　D.购买房产用于翻建新房的张某

19.契税的纳税义务发生时间是（　　）。

A.签订土地、房屋权属转移合同或合同性质凭证的当天

B.签订土地、房屋权属转移合同或合同性质凭证的7日内

C.签订土地、房屋权属转移合同或合同性质凭证的10日内

D.签订土地、房屋权属转移合同或合同性质凭证的30日内

20.依据契税法的相关规定，下列土地或房屋应征收契税的是（　　）。

A.公租房经营单位购买住房作为公租房的

B.以减免土地出让金形式取得国有土地使用权的

C.城镇职工按规定第一次购买公有住房的

D.承受荒山用于农业生产的

21.周某向谢某借款80万元，后因谢某急需资金，周某以一套价值90万元的房产抵偿所欠谢某债务，谢某取得该房产产权的同时支付周某差价款10万元。已知契税的税率为3%。根据契税法律制度的规定，关于此次房屋交易缴纳契税的下列表述中，正确的是（　　）（上述金额均不含增值税）。

A.周某应缴纳契税3万元　　B.周某应缴纳契税2.4万元

C.谢某应缴纳契税2.7万元　　D.谢某应缴纳契税0.3万元

（四）印花税法单项选择题

22.以下不属于印花税纳税义务人的是（　　）。

A.立合同人　　B.代理人　　C.立据人　　D.领受人

23.印花税的比例税率中不包括（　　）。

A.0.05‰　　B.0.3‰　　C.0.5‰　　D.0.1‰

24.下列合同和凭证应纳印花税的是（　　）。

A.企业因改制签订的产权转移书据

B.广告合同

C.国际金融组织向我国国家金融机构提供优惠贷款所书立的合同

D.银行同业拆借合同

25.在国际货运中，凡由我国企业运输的对我国运输企业所持的运费结算凭证，均按本程运费计算纳税；对托运方所持的运费结算凭证，按（　　）计税贴花。

A.全程运费　　B.本程运费　　C.分程运费　　D.双方商定结果

26.纳税人的印花税凭证应按国家规定的保存期限妥善保管，凡国家无明确规定的，均应在履行完毕后保存（　　）年。

A.1　　B.3　　C.5　　D.10

27.下列关于印花税计税依据的表述中，符合印花税条例规定的是（　　）。

A.对采用易货方式进行商品交易签订的合同，应以易货差价为计税依据

B.货物运输合同的计税依据是运输费用总额，含装卸费和保险费

C.建筑安装工程承包合同的计税依据是承包总额

D.对于由委托方提供辅助材料的加工合同，无论加工费和辅助材料金额是否分开记载，均以其合计数为计税依据

28.某企业签订一份货物运输合同，运费金额15 000元，其中含装卸费300元，保险费1 200元。本次运输货物金额为60 000元，则应缴纳的印花税为（　　）元。

A.6.8　　B.6.75　　C.6.5　　D.7

29.下列各项中，不属于印花税征税范围的是（　　）。

A.酒厂销售货物签订的销售货物合同

B.发电厂与国家电网之间签订的电力购销合同

C.财产所有人将财产赠与社会福利单位的书据

D.银行因内部管理需要设置的现金收付登记簿

30.纳税人缴纳印花税时，下列规定不正确的是（　　）。

A.在应税凭证书立或领受时即自行贴花完税，不得延至凭证生效日期贴花

B.已经贴花的凭证，修改后金额增加的部分，应补贴印花

C.对已贴花的各类应纳税凭证，纳税人需按规定期限保管，不得私自销毁

D.多贴印花税票者，可以申请退税和抵扣

31.下列企业中，免征印花税的是（　　）。

A.以分程结算方式从事国内货物联运业务的企业

B.以统一结算全程运费方式从事国内货物联运业务的企业

C.从事国际货物联运的中国运输企业

D.从事国际货物联运的外国运输企业

（五）车辆购置税法单项选择题

32.关于车辆购置税的计算，下列说法正确的是（　　）。

A.进口自用的应税小汽车的计税价格包括关税完税价格和关税，不包括消费税

B.纳税人购买自用的应税车辆的计税依据为纳税人购买应税车辆而支付给销售方的全部价款和价外费用（含增值税）

C.纳税人自产自用、受赠使用、获奖使用和以其他方式取得并自用的应税车辆，一般以国家税务总局核定的最低计税价格为计税依据

D.纳税人以外汇结算应税车辆价款的，按照申报纳税当月最后一天的中国人民银行公布的人民币基准汇率，折合成人民币计算应纳税额

33.某汽车贸易公司进口11辆小轿车，海关审定的关税完税价格为25万元/辆，当月销售8辆，取得含税销售收入240万元；2辆企业自用，1辆用于抵偿债务。合同约定的含税价格为30万元。该公司应纳车辆购置税（　　）万元。（小轿车关税税率为28%，消费税税率为9%）

A.7.03　　B.5.00　　C.7.50　　D.10.55

34.下列行为中，不属于车辆购置税应税行为的是（　　）。

A.进口使用应税车辆的行为　　B.购买使用应税车辆的行为

C.自产自用应税车辆的行为　　D.销售应税车辆的行为

35.车辆购置税的纳税期限为纳税义务发生之日起的（　　）日内。

A.10　　B.30　　C.45　　D.60

36.纳税人购置应税车辆的，应在（　　）申报缴纳车辆购置税。

A.车辆登记注册地　　B.纳税人所在地

C.车辆所在地　　D.纳税人核算地

（六）环境保护税法单项选择题

37.下列关于环境保护税计税依据的表述中，不正确的是（　　）。

A.应税大气污染物按照污染物排放量折合的污染当量数确定

B.应税水污染物按照污染物排放量折合的污染当量数确定

C.应税固体废物按照固体废物的排放量确定

D.应税噪声按照噪声的分贝数确定

38.下列各项中，应计算缴纳环境保护税的是（　　）。

A.企业向依法设立的污水集中处理场所排放应税水污染物

B.企业在符合国家环境保护标准的场所贮存固体废物

C.医院直接向环境排放应税水污染物

D.机动车排放应税污染物

39.下列关于环境保护税应纳税额计算的表述中，不正确的是（　　）。

A.应税大气污染物的应纳税额为污染排放量乘以具体适用税额

B.应税水污染物的应纳税额为污染当量数乘以具体适用税额

C.应税固体废物的应纳税额为固体废物排放量乘以具体适用税额

D.应税噪声的应纳税额为超过国家规定标准的分贝数对应的具体适用税额

40.下列符合水资源税征收管理规定的是（　　）。

A.水资源税的纳税义务时间为纳税人取用水资源的次日

B.水资源税按年征收

C.纳税人应当自纳税期限满或者纳税义务发生之日起15日内申报纳税

D.跨省、自治区、直辖市调度的水资源，由调度区域所在地的税务机关征收水资源税

41.下列情形中，应缴纳环境保护税的是（　　）。

A.家庭养鸡6只排放的应税污染物

B.存栏300头奶牛的养牛厂排放的应税污染物

C.船舶行驶排放的应税污染物

D.企业直接向依法设立的垃圾集中处理中心运送的应税污染物

（七）城市维护建设税法单项选择题

42.下列各项中，符合城市维护建设税纳税地点规定的是（　　）。

A.取得输油收入的管道局，为管道局所在地

B.流动经营无固定地点的单位，为单位注册地

C.流动经营无固定地点的个人，为居住所在地

D.代征代扣“两税”的单位和个人，为被代征人所在地

43.代征代缴“两税”的单位和个人，其城市维护建设税的纳税地点是（　　）。

A.负税人所在地　　　　B.纳税人所在地

C.纳税人核算地　　　　D.代征代扣地

44.纳税人在发生下列行为时，应于缴纳相关税种的同时，缴纳城市维护建设税的是（　　）。

A.取得利息收入　　　　B.购买自行车

C.提供运输劳务　　　　D.为本单位提供加工劳务

45.下列对城市维护建设税的表述中，不正确的是（　　）。

A.城市维护建设税是一种附加税

B.税款专门用于城市的公用事业和公共设施的维护建设

C.外商投资企业和外国企业需缴纳城市维护建设税

D.海关对进口产品代征增值税、消费税、城市维护建设税

46.对个别缴纳城市维护建设税确有困难的企业和个人，可由（　　）审批，酌情给予减免。

A.省税务局　　　　B.市税务局

C.省人民政府　　　　D.市（县）人民政府

47.以下各项中，可以作为计算城市维护建设税的依据的是（　　）。

A.补缴的消费税税款　　　　B.滞纳金

C.因漏缴增值税而交纳的罚款　　　　D.进口货物缴纳的增值税税款

48.某城市纳税人本月应纳增值税2万元，应减征增值税1万元，补缴上月漏缴增值税0.5万元，则本月应纳城市维护建设税（　　）万元。

A.0.14　　B.0.07　　C.0.175　　D.0.105

49.以下关于城市维护建设税的表述中，不正确的是（　　）。

A.城市维护建设税的纳税期限分别同增值税、消费税的纳税期限一致

B.城市维护建设税由所属税务局征收管理

C.增值税实行先征后返的，城市维护建设税也同时返还

D.进口产品不缴纳城市维护建设税

50.某市内资企业某月实际缴纳“两税”总计20万元，后经查，当期应免征消费税3万元，并予以退税，则当月应纳城市维护建设税（　　）万元。

A.1.19　　B.1.61　　C.1.4　　D.0.85

51.关于城市维护建设税及教育费附加的减免税规定，下列表述正确的是（　　）。

A.对海关进口产品征收的增值税和消费税应征收城市维护建设税及教育费附加

B.对“两税”实行先征后返除另有规定外，随同“两税”附征的城市维护建设税不予退（返）还

C.对出口产品退还增值税、消费税的，可以同时退还已征的城市维护建设税及教育费附加

D.对因减免税办理增值税、消费税退库的，不可同时退还已征城市维护建设税及教育费附加

（八）非税征收制度单项选择题

52.教育费附加计征比例几经变化，1986年征收时规定为1%，现行规定为（　　）。

A.2%　　B.3%　　C.5%　　D.7%

53.矿区使用费按年计算，分次或分期预缴，由（　　）征收管理。

A.人民政府　　B.主管部门　　C.财政机关　　D.税务机关

54.文化事业建设费应按提供广告服务取得的计费销售额和（　　）的费率计算应缴费额。

A.1%　　B.2%　　C.3%　　D.5%

55.流动经营的单位，在经营地缴纳“两税”的，则其教育费附加应在（　　）缴纳。

A.经营地按当地适用费率计算

B.机构所在地按当地适用费率计算

C.经营地但按机构所在地的适用费率计算

D.机构所在地但按经营地的适用费率计算

56.企业缴纳基本养老保险费的比例，一般不得超过企业工资总额的（　　），具体比例由各省、自治区、直辖市人民政府确定。

A.5%　　B.10%　　C.15%　　D.20%

三、多项选择题

（一）房产税法多项选择题

1.下列有关房产税规定的表述中，正确的有（　　）。

A.事业单位自实行自收自支的年度起，免征房产税3年

B.对损坏不堪使用的房屋和危险房屋，经有关部门鉴定后，可免征房产税

C.对某个人拥有的超豪华别墅征收房产税

D.对按照房产原值计税的房产，无论会计上如何核算，房产原值不应包含地价

2.下列关于房产税的表述中，正确的有（　　）。

A.房产不在同地的纳税人应按房产坐落地点分别向房产所在地税务机关缴纳房产税

B.因房屋实物状态变化应依法终止房产税纳税义务的，纳税计算截至其变化的当月末

C.个人所有非营业用的房产免征房产税

D.因房屋大修导致连续停用3个月以上的房屋在大修理期间免征房产税

3.下列项目中，免征或暂免征收房产税的有（　　）。

A.军队自用的房产

B.企业按政府规定价格向职工出租的单位自有住房

C.自收自支事业单位按政府规定价格向职工出租的单位自有住房

D.非营利性医疗机构自用的房产

4.下列关于房产税的相关政策中，表述不正确的有（　　）。

A.对居民住宅区内业主共有的经营性房产，由业主共同缴纳房产税

B.无租使用其他单位房产的应税单位和个人，依照房产余值代为缴纳房产税

C.对附属设备和配套设备中易损坏、需要经常更换的零配件，更新后不再计入房产原值

D.融资租赁的房产，按收取的租金从租计征房产税

5.甲企业共有两处房产A和B，房产原值共计1 800万元，2020年年初，将两处房产用于投资联营，将原值为800万元的A房产投资于乙企业，甲企业参与投资利润分红，共担风险，当年取得分红40万元；将原值为1 000万元的B房产投资丙企业，不承担联营风险，当年取得不含增值税固定利润分红60万元。已知当地省人民政府规定的房产原值扣除比例为30%。则下列关于上述两处房产的房产税缴纳情况，说法正确的有（　　）。

A.甲企业应就A房产缴纳房产税4.8万元

B.乙企业应就A房产缴纳房产税6.72万元

C.甲企业应就B房产缴纳房产税7.2万元

D.甲企业应就B房产缴纳房产税8.4万元

（二）车船税法多项选择题

6.我国车辆应纳车船税的计税依据为（　　）。

A.每辆　　B.座位数　　C.每米　　D.净吨位每吨

7.根据车船税的有关规定，下列表述符合车船税现行规定的有（　　）。

A.依法在车船管理部门登记的企业内部行驶的车船不征税

B.半挂牵引车不纳车船税

C.拖拉机不需要缴纳车船税

D.拖船按船舶税额50%计税

8.下列关于车船税纳税期限的说法，正确的有（　　）。

A.车船实际发生营运业务的当月

B.车船购置发票所载开具时间的当月

C.取得车船所有权或管理权的当月

D.车船管理部门核发的车船行驶证书记载日期的次月

9.某企业2020年年初拥有排气量2.8升的乘用车1辆（核定载客人数9人以下），当年4月，该车被盗，已按照规定办理退税。通过公安机关的侦查，9月份被盗车辆失而复得，

并取得公安机关的相关证明。已知2.8升乘用车车船税年税额为1 800元/辆。则下列关于该企业车船税的税务处理中，说法正确的有（　　）。

A.对于失而复得的乘用车，纳税人应当从9月起计算缴纳车船税

B.对于失而复得的乘用车，纳税人应当从10月起计算缴纳车船税

C.该企业当年实际应缴纳车船税900元

D.该企业当年实际应缴纳车船税1 050元

（三）契税法多项选择题

10.契税纳税义务的发生时间有（　　）。

A.签订土地房屋权属转移合同的当天　　B.签订土地房屋权属转移合同次日

C.取得具有转移合同性质凭证的当天　　D.实际取得房地产产权证书的当天

11.根据契税法的有关规定，以下各项中属于契税的征税对象的有（　　）。

A.某金银首饰店用一批金银首饰与某公司换取门面房一套

B.一房地产开发企业从当地政府取得城区一块土地的使用权准备开发商品房

C.邓氏集团接受容氏集团的房产作为投资入股

D.甲公司购买豪华小轿车一辆

12.甲企业将原值70万元的房产评估作价80万元投资乙企业，乙企业办理产权登记后又将该房产以每年30万元的价格出租给丙企业，当地契税税率为3%，则下列说法中正确的有（　　）。

A.丙企业应缴纳契税0.9万元　　B.丙企业无须缴纳契税

C.乙企业应缴纳契税2.4万元　　D.乙企业应缴纳契税3.3万元

13.下列各项中，属于契税纳税人的有（　　）。

A.以买房拆料为目的取得房屋权属的张某

B.出让土地使用权的国土资源管理局

C.以土地作价入股的投资方

D.购入国有土地使用权进行房地产开发的单位

14.下列关于契税计税依据的说法中，正确的有（　　）。

A.房屋交换，交换价格不等时，以多支付的货币、实物、无形资产或者其他经济利益为计税依据

B.以划拨方式取得土地使用权，经批准转让房地产时，计税依据为补交的土地使用权出让费用或者土地收益

C.减免承受国有土地使用权应支付的土地出让金，契税相应减免

D.国有土地使用权出让、土地使用权出售、房屋买卖，以成交价格为计税依据

（四）印花税法多项选择题

15.下列各项中，应按照“产权转移书据”缴纳印花税的有（　　）。

A.土地使用权出让合同　　B.土地使用权转让合同

C.非专利技术转让合同　　D.商品房销售合同

16.下列证照应当缴纳印花税的有（　　）。

A.房屋产权证　　B.工商营业执照

C.商标注册证　　D.土地使用证

17.下列单位或个人的财产无偿赠送行为中，（　　）所书立的书据免征印花税。

A.某企业将财产赠送国有控股公司

B.某个人将财产赠送社会福利养老院

C.某集团公司将财产赠送100%控股的子公司

D.某社会团体将财产捐赠给当地小学

18.下列关于印花税税率的表述中，正确的有（　　）。

A.印花税税率有比例税率和定额税率两种形式

B.税率设计遵循税负从轻、共同负担的原则

C.印花税规定的比例税率共分为4档

D.印花税中的“权利许可证照”适用定额税率

19.下列关于印花税纳税人的说法中，正确的有（　　）。

A.各类合同的纳税人是立合同人

B.产权转移书据的纳税人是立据人

C.权利许可证的纳税人是发放及领受双方

D.在国外书立在国内使用的应税凭证的纳税人是使用人

20.印花税应税凭证应于（　　）贴花。

A.合同签订时　　B.书据立据时　　C.账簿更换的年末　　D.证照领受时

21.下列有关印花税优惠政策的陈述中，符合规定的有（　　）。

A.财产所有人将财产赠给学校所立的书据免税

B.签订的农副产品收购合同免税

C.企业因改制签订的产权转移书据免予贴花

D.以合并或分立方式成立的新企业，其新启用的资金账簿记载的资金，原已贴花的部分可不再贴花，未贴花的部分和以后新增加的资金按规定贴花

22.采用自行贴花方法缴纳印花税的，纳税人应（　　）。

A.自行申报应税行为　　B.自行计算应纳税额

C.自行购买印花税票　　D.自行一次贴足税票并注销

23.下列各项中，符合印花税有关违章处罚规定的有（　　）。

A.已贴印花税票，揭下重用造成未交或少交印花税的，依法追究刑事责任

B.在应税凭证上未贴、少贴印花税票的，处以未贴、少贴金额3倍至5倍的罚款

C.伪造印花税票的，由税务机关责令改正，处以2 000元以上1万元以下的罚款

D.伪造印花税票情节严重的，处以1万元以上5万元以下的罚款；构成犯罪的，依法追究刑事责任

24.下列项目中，符合印花税相关规定的有（　　）。

A.加工承揽合同的计税依据为加工货物的同类售价金额

B.财产租赁合同的计税依据为租赁金额

C.仓储保管合同的计税依据为所保管货物的金额

D.建设工程勘察设计合同的计税依据为收取的费用

（五）车辆购置税法多项选择题

25.根据车辆购置税法的有关规定，下列车辆中可以减免车辆购置税的有（　　）。

A.武警部队购买的列入武器装备订货计划的车辆

B.长期来华定居的专家进口1辆自用小汽车

C.在外留学人员购买1辆自用进口小汽车

D.森林消防部门用于指挥、检查、调度、联络的设有固定装置的指定型号的车辆

26.下列车辆中可以免缴车辆购置税的有（　　）。

A.设有固定装置的非运输车辆　　B.城市内行驶的公交汽车

C.外国驻华使馆外交人员自用车辆　　D.设有固定装置的运输车辆

27.某机关2020年10月购买一辆车，随购车款支付的下列款项中，应并入计税依据征收车辆购置税的有（　　）。

A.控购费　　B.增值税税款　　C.零部件价款　　D.车辆装饰费

28.下列关于车辆购置税的相关规定中，表述正确的有（　　）。

A.车辆购置税以列举的车辆作为征税对象，未列举的车辆不纳税

B.车辆购置税征收范围由国家税务总局决定，其他任何部门、单位和个人无权擅自扩大或缩小车辆购置税的征税范围

C.车辆购置税对同一课税对象的应税车辆不论来源渠道，都按同一比例税率征收

D.车辆购置税的征税范围包括汽车、摩托车、电车、挂车、农用运输车

29.关于车辆购置税的计算，下列说法正确的有（　　）。

A.购买自用应税车辆时，支付的车辆装饰费不并入计税依据中计税

B.购买者购买应税车辆时，支付的控购费应并入计税价格计征车辆购置税

C.汽车销售公司使用本公司发票的代收款项并入计税价格计征车辆购置税

D.进口自用的应税小汽车，其计税价格=关税完税价格+关税+消费税

30.下列行为中属于车辆购置税应税行为的有（　　）。

A.销售应税车辆的行为　　B.购买应税车辆的行为

C.自产自用应税车辆的行为　　D.进口使用应税车辆的行为

（六）环境保护税法多项选择题

31.下列关于对应税噪声征收环境保护税的表述中，正确的有（　　）。

A.昼、夜均超标的环境噪声，昼、夜分别计算应纳税额，累计计征

B.声源一个月内超标不足15天的，减半计算应纳税额

C.应税噪声环境保护税的计税单位为超标分贝

D.应税噪声的应纳税额为超标分贝数乘以具体适用税额

32.下列关于环境保护税征收管理的表述中，正确的有（　　）。

A.纳税义务发生时间为纳税人排放应税污染物的当日

B.环境保护税按月计算，按年申报缴纳

C.纳税人应当向应税污染物排放地税务机关申报缴纳环境保护税

D.纳税人按次申报缴纳的，应当自纳税义务发生之日起30日内，向税务机关办理纳税申报并缴纳税款

33.下列各项中，暂予免征环境保护税的有（　　）。

A.农业生产（不包括规模化养殖）排放应税污染物的

B.机动车等流动污染源排放应税污染物的

C.依法设立的城乡污水集中处理、生活垃圾集中处理场所排放应税污染物的

D.纳税人综合利用的固体废物，符合国家和地方环境保护标准的

34.下列关于环境保护税应纳税额计算的表述中，正确的有（　　）。

A.应税大气污染物的应纳税额为污染排放量乘以具体适用税额

B.应税水污染物的应纳税额为污染当量数乘以具体适用税额

C.应税固体废物的应纳税额为固体废物排放量乘以具体适用税额

D.应税噪声的应纳税额为超过国家规定标准的分贝数对应的具体适用税额

（七）城市维护建设税法和烟叶税法多项选择题

35.某经贸有限公司在上海转让位于上海市区的一处房产，购进价格为52万元，转让价格为65万元，则下列说法中正确的有（　　）。

A.城市维护建设税应在上海缴纳

B.城市维护建设税应在北京缴纳

C.城市维护建设税的计算适用7%的税率

D.城市维护建设税应纳税额为0.0325万元

36.下列各项中，属于城市维护建设税计税依据的有（　　）。

A.偷逃消费税而被查补的税款　　B.偷逃消费税而加收的滞纳金

C.出口货物免抵的增值税税额　　D.出口产品征收的消费税和关税

37.下列各项中，符合城市维护建设税规定的有（　　）。

A.对国家重大水利工程建设基金可以免予征收城市维护建设税

B.因减免税而需进行“两税”退库的，可同时退还城市维护建设税

C.出口产品退还增值税、消费税的，不退还城市维护建设税

D.海关对进口产品代征增值税、消费税，不征收城市维护建设税

38.下列关于烟叶税的说法中，正确的有（　　）。

A.在中国境内收购烟叶的单位需要代扣代缴烟叶税

B.烟叶税的税率为20%

C.烟叶税的应纳税额等于烟叶收购金额乘以税率

D.烟叶税的纳税义务发生时间为纳税人收购烟叶的当天

39.烟叶税的征税范围包括（　　）。

A.采摘烟叶　　B.晾晒烟叶　　C.烤烟叶　　D.购买烟丝

（八）非税征收制度多项选择题

40.征收教育费附加主要是为了扩大地方教育经费的资金来源，其计征依据是（　　）。

A.增值税　　B.资源税　　C.房产税　　D.消费税

41.矿区使用费是对在中国内海、领海、大陆架和其他属于中国管辖的海域以内依法开采（　　）进行征收。

A.原油　　B.原煤　　C.海盐　　D.天然气

42.缴纳（　　）增值税的各类单位和个人，为文化事业建设费的缴纳人。

A.文化业　　B.娱乐业　　C.广告业　　D.服务业

43.社会保险费是国家为了发展社会保险事业而征集的一种专项资金，其征收项目包括基本养老保险费、（　　）。

A.基本医疗保险费　　　　B.失业保险费

C.社会救济保险费　　　　D.工伤保险费

44.下列关于教育费附加的表述中，正确的有（　　）。

A.教育费附加征收比例按照地区差别设定

B.对海关进口的产品征收增值税、消费税，但不征收教育费附加

C.出口产品退还增值税、消费税的，同时退还已征收的教育费附加

D.外商投资企业和外国企业也要缴纳教育费附加

四、计算题

1.坐落在县城的某大型国有企业，用于生产经营的厂房原值为5 000万元，该企业还创办了一所学校和一所职工医院，房产原值分别为300万元和200万元。另外，该企业还有一个用于出租的仓库，年租金为4万元。按当地的规定，允许以减除房产原值20%后的余值为计税依据。

要求：请根据上述资料，计算该企业全年应纳的房产税。

2.一栋楼房由国家某机关和某信托投资公司共同使用，其中国家机关占用的面积占楼房总面积的2/3，另外1/3归信托投资公司使用。已知该栋楼的原值经核准为6 000万元，当地规定允许减除房产原值的30%。

要求：请根据上述资料，计算各纳税人应纳的房产税。

3.某商业企业有房屋8栋，原值2 000万元。其中：6栋为经营用房和仓库，原值1 000万元；1栋门店出租，原值200万元，年租金20万元；办公楼1栋，原值800万元。该办公楼共8层，每层面积相等，其中1层出租，年租金40万元。该地区原值扣除率为30%。

要求：请根据上述资料，计算该企业全年应纳的房产税。

4.某公司办公大楼原值30 000万元，2020年2月28日将其中部分闲置房间出租，租期2年。出租部分房产原值5 000万元，租金每年1 000万元。当地规定房产税原值减除比例为20%。

要求：请根据上述资料，计算该公司2020年应纳的房产税。

5.某公司房屋原值1 000万元，其中职工食堂用房100万元、出租的门市房80万元。门市房每月收取租金0.3万元。2020年5月末由于业务需要收回出租的门市房，租金已结清。本年12月新购置一处房屋花费200万元，已投入使用。另有委托施工单位建设的房屋造价500万元，11月办理完毕验收手续，当月出租给某中外合资经营企业，每月收取租金25万元。当地房产原值扣除比例为20%。

要求：请根据上述资料，计算该公司当年应纳的房产税。

6.某交通运输企业纳税年度拥有5吨载重汽车40辆，4吨挂车15辆，2.5吨低速货车10辆。该企业所在地载货汽车年税额为20元/吨。

要求：请根据上述资料，计算该企业本年度应纳的车船税。

7.某公司纳税年度拥有乘用车10辆，其中发动机气缸容量（排气量）在1.0升以上1.6升（含）以下的有5辆，年税额为400元/辆；2.0升以上2.5升（含）以下的有3辆，年税额为900元/辆；3.0升以上4.0升（含）以下的有2辆，年税额为3 000元/辆；商用车货车5辆，每辆整备质量4吨，年税额为100元/吨。

要求：请根据上述资料，计算该公司本年度应纳的车船税。

8.某企业拥有机动船舶5艘，其中净吨位1 000吨的有3艘，5 000吨的有2艘；游艇2艘，游艇身长分别为15米和20米。

要求：请根据上述资料，计算该企业应纳的车船税。

9.居民乙因拖欠居民甲180万元款项无力偿还，2020年5月经有关部门调解，以房产抵偿该笔债务，居民甲因此取得该房产的产权并支付给居民乙差价款20万元。当地省政府规定的契税税率为5%。

要求：请根据上述资料，计算居民甲应纳的契税。

10.某市居民3月初以50万元转让自用6年的住房一套（非唯一），房屋原值36万元。经评估，该住房完全重置成本价48万元，6成新，转让时支付评估费1.2万元，3月末，购买一套住房价款57万元，预付房款7万元。当地契税税率为5%，财产转移书据印花税税率为5‰。

要求：请根据上述资料，计算该居民3月应纳的各项税额。

11.某商业企业自有房产原价1 000万元，有500平方米的场地已出租承包给工厂或个体户，年租金为700元/平方米。该企业有售货汽车6辆，每辆自重吨位5吨，另有1辆客货两用汽车，载货部分自重吨位2吨，当年签订20份运输合同，合同所载运输费总金额50万元。年末又购进一套商品房用于办公，买价20万元。当地政府规定房产原值扣除比例为20%；载货汽车年税额50元/吨，契税税率为3%。

要求：请根据上述资料，计算该企业当年应纳的房产税、车船税、契税和印花税。

12.甲公司和乙公司签订一份加工合同，甲公司提供价值50万元的辅料并收取加工费20万元，代乙公司购买加工用原材料100万元。

要求：请根据上述资料，计算甲公司应纳的印花税。

13.某新开张的企业启用3本账簿，一本是记载银行存款收支的日记账，一本是记载现金收支的库存现金日记账，还有一本是记载其他业务的总账。该企业年终银行存款结余数为30 000元，库存现金结余5 000元，注册资本50万元，实收资本40万元，资本公积5万元。

要求：请根据上述资料，计算该企业当年应纳的印花税。

14.某借款人甲用财产作抵押与金融机构乙签订合同借款现金250万元，投资做房地产生意，后因管理不善生意亏本，甲无力偿还所欠借款，遂按合同规定将自己的财产转移给了金融机构乙，并办理了相关手续。

要求：请根据上述资料，计算甲、乙双方在财产转移过程中应纳的印花税。

15.某地下列纳税人发生如下业务：

（1）甲签订运输合同1份，总金额100万元（含装卸费5万元），进行货物国际联运。

（2）乙出租居住用房一间给某单位，月租金500元，租期不定。

（3）丙签订销售合同，数量5 000件，无金额，当期市价50元/件。

（4）房管部门与个人丁签订租房合同，其中一部分出租，月租金600元/月，租期2年。

（5）戊企业与他人签订一份仓储合同，保管费50 000元，但未履行，戊企业将贴用的印花税票揭下留用。

要求：请根据上述资料，计算各纳税人应纳的印花税，并说明是否有违法行为，如有，应如何处理。

16.某公司主要从事建筑工程机械的生产制造，2020年发生以下业务：

（1）签订钢材采购合同一份，采购金额8 000万元；签订以货换货合同一份，用库存的价值3 000万元A型钢材换取对方相同金额的B型钢材；签订销售合同一份，销售金额15 000万元。

（2）公司作为受托方签订甲、乙两份加工承揽合同。其中甲合同约定：由委托方提供主要材料（金额300万元），受托方只提供辅助材料（金额20万元），受托方另收取加工费50万元；乙合同约定：由受托方提供主要材料（金额200万元），并收取加工费40万元。

（3）公司作为受托方签订技术开发合同一份，合同约定技术开发金额共计1 000万元，其中研究开发费用与报酬金额之比为3∶1。

（4）公司作为承包方签订建筑安装工程承包合同一份，承包金额300万元，公司随后又将其中的100万元业务分包给另一单位，并签订相关合同。

（5）公司新增实收资本2 000万元、资本公积500万元。

（6）公司启用其他账簿10本。

说明：购销合同、加工承揽合同、技术合同、建筑安装工程承包合同的印花税税率分别为0.3‰、0.5‰、0.3‰、0.3‰；营业账簿中记载资金的账簿印花税税率为0.5‰减半，按件征收的免税。

要求：请根据上述资料，计算该公司当年应纳的印花税。

17.某汽车贸易公司2020年10月进口11辆小轿车，海关审定的关税完税价格为25万元/辆，当月销售8辆，取得含税销售收入240万元；2辆企业自用，1辆用于抵偿债务。合同约定的含税价格为30万元。（小轿车关税税率为28%，消费税税率为9%）

要求：请根据上述资料，计算该公司应纳的车辆购置税。

18.某市外贸公司某月进口应税小轿车50辆，海关核定的关税完税价格为每辆15万元，其中2辆自用，其余全部外销，开具的增值税专用发票注明售价16万元。关税税率为15%，消费税税率为9%。

要求：请根据上述资料，计算该外贸公司应纳的车辆购置税。

19.某化工厂只有一个污水排放口且直接向河流排放污水。2020年10月该工厂自动监测仪器读数显示，当月排放硫化物、氟化物各100千克，甲醛、总铜各90千克，总锌200千克，总锰120千克。已知，硫化物、甲醛污染当量值为0.125，氟化物污染当量值为0.5，总铜污染当量值为0.1，总锌、总锰污染当量值为0.2；当地水污染物每污染当量税额为3元。

要求：请根据上述资料，计算该工厂当月应纳的环境保护税。

20.位于某市的甲地板厂为外商投资企业，2020年5月购进一批木材，取得增值税发票注明不含税价格为800 000元，当月委托位于县城的乙工厂加工成实木地板，支付不含税加工费150 000元。乙工厂11月交付50%实木地板，12月完工交付剩余部分。已知实木地板消费税税率为5%。

要求：请根据上述资料，计算乙工厂5月应代收代缴的城市维护建设税。

21.某市一企业10月应纳增值税52万元，被税务机关查出10月为他人代开增值税专用发票5份，价款20万元。此行为被当地税务机关处1倍罚款，并加征了滞纳金（滞纳天数为123天)。

要求：请根据上述资料，计算该企业本月应纳的城市维护建设税，应补缴的增值税及各项税的罚款、滞纳金。

22.某烟草公司系增值税一般纳税人，2020年10月收购烟叶100 000千克，烟叶收购价格9元/千克，货款已全部支付。

要求：请根据上述资料，计算该公司本月应纳的烟叶税。

第9章　税收征收管理法

【学习目的与要求】

学习本章的目的主要是使学生在总体上认识税收征收管理法的重要性，明确税务登记的种类、范围，理解账证管理、发票管理的基本要求，熟悉纳税申报的内容和方式，掌握税款征收的方式与措施，了解税务检查的权利与责任，理解税务违法的内涵及其处理依据。要求学生认识和掌握税务登记、账簿管理、纳税申报、税款征收、税务检查和税务违法处理的征管内容及要求，能在此基础上依法处理税收征管业务及其有关问题。

【重点与难点问题解析】

在教材中，本章分为税务管理、税款征收、纳税评估、税务检查、违法处理和税务文书六节内容。重点是税务管理、税款征收和违法处理，难点是违法处理。本章的重点和难点分以下13个问题，简析如下：

一、《税收征管法》的修订与调整

《税收征管法》全称为《中华人民共和国税收征收管理法》，这是我国第一部以法律形式对国内税收和涉外税收作出统一规定的税收程序法。该法于1992年9月第七届全国人大常委会第二十七次会议审议通过，并于1995年2月、2001年4月、2013年6月和2015年4月经全国人大常委会修订。新修订的《税收征管法》与原《税收征管法》相比，无论是在范围和内容上，还是在力度和规范程度上，都进行了较大幅度的调整。主要修订内容体现在以下几个方面：

第一，进一步明确了税务机关执法主体的地位，增加了防范涉税违法行为的措施，加大了打击偷税、骗税的力度。

第二，大量增加了保护纳税人合法权益和依法享有权利的内容和条款。

第三，突出了规范税务机关行政行为的要求，明确规定税务机关应加强内部监督制约、依法行政、文明执法，并依法接受社会监督。

第四，明确规定了地方各级人民政府、有关部门、单位和个人应当支持税务机关依法行使职务。

第五，确立了国家税款的优先地位。

第六，根据“科技加管理”的精神，第一次在法律中提出了税收现代化建设的要求，使税收信息采集、传递和共享以及税控装置的运用有了法律保障，为加强税收征管的基础建设提供了广阔的空间。

二、税务登记的种类、范围及时间要求

1.开业登记的有关问题。开业税务登记的适用对象可分为两类：一是领取营业执照从事生产经营活动的纳税人；二是其他纳税人，如不从事生产经营活动但依法负有纳税义务的单位和个人，但不包括临时取得应税收入或发生应税行为以及只缴纳个人所得税、车船税的纳税人。开业税务登记的时限为30日。

2.变更税务登记的有关问题。变更税务登记的适用范围和时间规定如下：

（1）纳税人在办理税务登记之后，遇有改变单位名称、法定代表人、所有制性质、隶属关系、经营地址、经营方式、经营范围、经营期限、开户银行及账号、工商证照的，应办理变更税务登记手续。

（2）纳税人应当自市场监管部门办理变更登记之日起30日内（不需要在市场监管部门办理注册登记的，应当自有关机关批准或者发布变更之日起30日内），持有关证件向原税务机关申报办理变更税务登记手续。

3.注销税务登记的有关问题。注销税务登记的适用范围和时间规定如下：

（1）纳税人发生停业、解散、破产、被撤销或吊销营业执照等依法终止纳税义务的，应办理注销税务登记。

（2）纳税人依法终止纳税义务时，应当在申报办理注销工商登记前，先向原税务登记机关申报办理注销税务登记；对未在市场监管机关办理注册登记的，应当在有关机关批准或宣告之日起15日内申报办理注销税务登记；对被吊销营业执照的纳税人，应当自营业执照被吊销之日起15日内，向原税务登记机关申报办理注销税务登记。

4.停业与复业登记的有关问题。实行定期定额征收方式的纳税人在营业执照核准的经营期限内需停业的，应向税务机关办理停业登记；恢复生产、经营之前，向税务机关办理复业登记。

三、账证管理的内容及时间要求

1.设置账簿范围。从事生产经营的纳税人、扣缴义务人应自领取营业执照之日起15日内，按照有关法律、行政法规和国务院财政、税务主管部门的规定设置账簿，根据有关法律、行政法规和合法、有效的记账凭证进行核算。

我国国有企事业单位和涉外企业的财务、会计制度由财政部主管；城镇集体企业和私营企业财务、会计制度由国家税务总局主管；个体工商户的财务处理规定及会计制度由各省、自治区、直辖市税务机关具体确定。

2.账证管理的内容。主要包括以下几个方面：

（1）计算机记账管理。纳税人和扣缴义务人采用计算机记账的，应在使用前将其记账软件、程序和使用说明书及有关资料报送主管税务机关备案。

（2）个体户建账要求。个体工商户确实不能设置账簿的，经税务机关核准可不设置账簿，但应聘请注册会计师或经税务机关认可的财会人员代为建账和处理账务。

（3）会计管理的备案。从事生产经营的纳税人应自领取税务登记证件之日起15日内，将其财务、会计制度或财务、会计处理办法和会计核算软件报送税务机关备案。

（4）税款计算的协调。纳税人及扣缴义务人的财务、会计制度或财务、会计处理办法与国家有关税收规定相抵触的，应按照国家有关税收的规定计算应纳税款、代扣代缴和代收代缴税款。

（5）税控装置的使用。国家根据税收征收管理的需要，积极推广使用税控装置。纳税人应按照规定安装、使用税控装置，不得损毁或擅自改动税控装置。

（6）账证资料的保管。会计档案及有关纳税资料，除法律、法规另有规定外，应保存10年。对保管期满的会计档案，经税务机关批准后可进行处理。

四、发票的使用与开具

根据《税收征管法》及其实施细则、《中华人民共和国发票管理办法》和《中华人民共和国发票管理办法实施细则》的规定，发票管理的内容主要包括发票印制、发票领购、发票开具、发票保管、发票检查和发票处罚等。

1.发票按其使用对象及重要性，可分为普通发票、专用发票、机动车销售统一发票和其他发票4种

2.发票印制。专用发票由国家税务总局指定的企业印制，其他发票由省税务机关确定的企业印制，禁止私自印制、伪造、变造发票；印制发票应使用国家税务总局确定的全国统一的发票防伪专用品；发票套印使用的由国家税务总局确定式样的全国统一发票监制章，由省、自治区、直辖市税务机关制作；发票实行不定期的换版制度。

3.发票领购。依法办理了税务登记的单位和个人申请领购发票时，应持税务登记证件、经办人身份证明、按照国家税务总局规定式样制作的发票专用章的印模，向主管税务机关办理发票领购手续。主管税务机关根据领购单位和个人的经营范围和规模，确认领购发票的种类、数量及领购方式（批量供应、交旧购新或验旧购新等），在5个工作日内发放发票领购簿。

4.发票开具。销售商品、提供服务及从事其他经营活动的单位和个人，对外发生经营业务收取款项，收款方应当向付款方开具发票；特殊情况下，由付款方向收款方开具发票；不符合规定的发票，不得作为财务报销凭证，任何单位和个人有权拒收；开具发票应按照规定的时限、顺序、栏目，全部联次一次性如实开具，并加盖发票专用章，任何单位和个人不得有虚开发票的行为。

5.发票保管。开具发票的单位和个人应按照税务机关的规定存放和保管发票，不得擅自损毁。发生发票丢失情形时，应当于发现丢失当日书面报告税务机关，并登报声明作废。已经开具的发票存根联和发票登记簿，应当保存5年，保存期满报经税务机关查验后销毁。使用发票的单位和个人应当妥善保管发票。

6.发票检查。税务机关在发票管理中的检查权限主要包括：检查印制、领购、开具、取得、保管和缴销发票情况；调出发票查验；查阅、复制与发票有关的凭证及资料；向当事各方询问与发票有关的问题和情况；在查处发票案件时对与案件有关的情况和资料，可记录、录音、录像、照相和复制。印制、使用发票的单位和个人必须接受税务机关的依法检查，如实反映情况，提供有关资料，不得拒绝、隐瞒。税务人员进行检查时，应当出示税务检查证。

7.发票处罚。可分不同情形予以处罚，主要包括：违反规定的，由税务机关责令改正，没收非法所得和作案工具；可处1万元以下或1万元以上5万元以下的罚款；构成犯罪的，依法追究刑事责任。

五、纳税申报的对象和方式

1.纳税申报的对象。办理纳税申报的对象有4类：一是负有纳税义务的单位和个人；

二是临时取得应税收入或发生应税行为的纳税人；三是扣缴义务人；四是享受减税、免税待遇的纳税人。

2.纳税申报的方式。主要包括以下几种方式：

（1）直接申报。直接申报又称“上门申报”，是指纳税人和扣缴义务人直接到主管税务机关办理的纳税申报。其主要包括以下申报方式：

①以表申报。以表申报是指纳税人、扣缴义务人发生纳税行为后，向所在地主管税务机关以纳税申报表等报表为主所办理的纳税申报。

②IC卡申报。纳税人将应税收入、应纳税额等数据资料输入IC卡报税器，税务微机员将IC卡中的数据输入微机并与税票中的数据相核对，核对无误盖章后报税结束。

③微机录入卡申报。纳税人将应税收入、应纳税款输入微机录入卡，缴纳税款后向税务机关提交纳税申报表、微机录入卡和完税凭证等资料，税务微机员将其数据输入微机，审核无误后报税结束。

（2）电文申报。电文申报即数据电文申报，是指纳税人、扣缴义务人采用电话语音、电子数据交换和网络传输等电子方式向税务机关办理的纳税申报。

（3）特殊申报。其主要包括以下申报内容：

①延期申报。纳税人经省级税务局批准可延期申报，但最长不得超过3个月，其税款应按上期或税务机关核定的税额预缴，并在核准的延期期限内办理税款结算。

②邮寄申报。一是纳税人、扣缴义务人直接申报有困难的，经税务机关批准，可以采取邮寄方式申报；二是凡实行查账征收的纳税人，经主管税务机关批准，可以采取邮寄纳税申报的办法。邮寄申报以寄出地的邮戳日期为实际申报日期。

③其他申报。除上述方式外，实行定期定额缴纳税款的纳税人，可以实行简易申报、简并征期等申报纳税方式。

六、税款征收的方式

税款征收方式是指税务机关依照税法规定和纳税人的生产经营、财务管理情况，以及遵循方便纳税人、降低成本和保证国家税款及时、足额入库的原则而采取的具体组织税款入库的方法。主要有以下5种征收方式：

1.查账征收。查账征收是指税务机关按照纳税人提供的账表所反映的经营情况，依照适用税率计算应纳税款的征收方式。

2.核定征收。核定征收是指税务机关对不能完整、准确提供纳税资料的纳税人采用特定方法确定其应纳税收入或应纳税额，纳税人据以缴纳税款的征收方法。具体包括：

（1）查定征收，是指由税务机关根据纳税人的从业人员、生产设备、采用原材料等因素，在正常生产经营条件下，对其产制的应税产品查实核定产量、销售额并据以征收税款的一种征收方法。

（2）查验征收，是指税务机关对纳税人的应税商品，通过查验数量，按市场一般销售单价计算其销售收入并据以征税的一种征收方法。

（3）定期定额，是指对一些营业额、所得额不能准确计算的小型工商户，经过自报评议，由税务机关核定一定时期的营业额和所得税附征率，实行多税种合并征收的一种征收方法。

3.代理征收。其具体包括：

（1）代扣代缴征收，是指单位和个人从持有的纳税人收入中扣缴其应纳税款并向税务机关解缴的行为。

（2）代收代缴征收，是指与纳税人有经济往来关系的单位和个人借助经济往来关系，向纳税人收取其应纳税款并向税务机关解缴的行为。

4.委托代征。委托代征是指税务机关根据有利于税收控管和方便纳税的原则，按照国家有关规定委托有关单位及人员代征零星分散和异地缴纳的税款的征收方法。

5.汇算清缴。汇算清缴是指对纳税期限较长的纳税人实行按期预缴、到期计算、多退少补应纳税额的征收方法，它适用于基本建设项目期限较长的企业所得税等税种的应纳税额的计算征收。

七、税款征收的措施

为保证税款及时、足额入库和纳税人纳税义务的全面、实际履行，税法对于有明显转移、隐匿应纳税商品、货物及其他财产或收入行为的纳税人等，实行一系列促使其履行纳税义务的行政措施，其顺序如下：责令限期内缴纳→提供纳税担保→实施税收保全措施→实施强制执行措施→出境结清税款→税款追征。税款征收措施的重点和难点问题简析如下：

1.加收滞纳金。纳税人和扣缴义务人未按法律和行政法规或税务机关的规定期限缴纳、解缴税款的，税务机关除责令限期缴纳外，从滞纳税款之日起按日加收滞纳税款5‱的滞纳金。

应当注意：偷税和抗税也属未按规定的纳税期限纳税，也应加收滞纳金。其滞纳时间从税款当期应缴纳或解缴期满的次日起，至实际纳税或解缴之日止。

2.核定税额。对按法律、行政法规和税务机关的规定，可以不设置账簿的或应设而未设置账簿的、虽设账簿但难以进行查账的、擅自销毁账簿或拒不提供纳税资料的、税务机关责令限期纳税申报而逾期仍不申报的、纳税人申报的计税依据明显偏低又无正当理由的，以及未取得营业执照从事经营的单位或个人，税务机关有权核定其应纳税额。

3.纳税调整。企业或外国企业在中国境内设立的从事生产经营的机构、场所与其关联企业之间的业务往来，应按照独立企业之间的业务往来收取或支付价款、费用。不按规定减少其应税收入或所得额的，税务机关有权对其计税金额进行合理调整。

4.纳税担保。主要规定包括：

（1）前提条件。主要有以下几种：税务机关有根据认为从事生产经营的纳税人有逃避纳税义务的行为，在规定的纳税期之前责令其限期缴纳应纳税款，在限期内发现纳税人有明显的转移、隐匿其应纳税的商品、货物和其他财产或应纳税收入的迹象，责成纳税人提供纳税担保的；欠缴税款、滞纳金的纳税人或其法定代表人需要出境的；纳税人同税务机关发生纳税争议而未缴清税款，需要申请行政复议的；税收法律法规规定可提供纳税担保的其他情形。

（2）担保方式。担保方式主要包括纳税保证、纳税抵押和纳税质押三种，其中国家机关、学校、幼儿园、医院等事业单位，以及社会团体、企业法人的职能部门和有欠税行为等情况的单位，不得作为纳税保证人。

5.税收保全。税收保全是指税务机关为防范税款流失而对纳税人采取冻结存款、扣押财产等行政行为的一种控制管理措施。

（1）税收保全的前提。纳税人在无力或拒绝提供纳税担保的情形下，经县级以上税务局（分局）局长的批准后采用。对有逃避纳税义务的从事生产经营的纳税人，适用税收保全措施的程序是：责令限期缴纳在先，纳税担保居中，税收保全措施在后。

（2）税收保全的执行。包括冻结存款和扣押财产两项措施。前者指书面通知纳税人开户银行或其他金融机构冻结纳税人金额相当于应纳税款的存款；后者指扣押、查封纳税人的商品、货物或其他财产，其价值以相当于纳税人应纳税款、滞纳金和扣押、查封、保管、拍卖、变卖所发生的费用为原则。

（3）税收保全的终止。税收保全的终止包括两种情况：一是纳税人在规定的期限内缴纳了应纳税款；二是纳税人超过规定的期限仍不缴纳税款的，经县级以上税务局（分局）局长批准，终止保全措施，转入强制执行措施。

6.强制执行。税收强制执行是指纳税人、扣缴义务人和纳税担保人在规定的期限内未履行法定义务，税务机关采取法定的强制手段强迫其履行纳税义务的行为。

（1）强制执行的前提。纳税人、扣缴义务人和纳税担保人未按规定期限缴纳或解缴税款或应担保的税款，应先行告诫、责令限期缴纳，经限期15日内仍未缴纳的，经县级以上税务局（分局）局长批准，可采取强制执行措施。

（2）强制执行的方式。强制执行的方式主要包括扣缴税款和拍卖抵税两种。前者指书面通知其开户银行或其他金融机构从其存款中扣缴税款和滞纳金；后者指扣押、查封、依法拍卖或变卖其价值相当于应纳税款的商品、货物或其他财产，以拍卖或变卖所得抵缴税款和滞纳金以及扣押、查封、保管、拍卖、变卖所发生的费用。

7.出境清税。欠缴税款的纳税人或其他的法定代表人需要出境的，应在出境前向主管税务机关结清应纳的税款、滞纳金或提供纳税担保；未结清税款、滞纳金，又不提供纳税担保的，主管税务机关可书面通知出境管理机关阻止其出境。

8.减免税款。税收法律法规规定或经法定审批机关批准减免税的纳税人，应持有关文件到主管税务机关办理减免税手续，减免税期满应当自期满次日起恢复纳税；纳税人减免税条件发生变化时应在其变化之日起15日内向税务机关报告，不再符合减免税条件的应依法纳税，未依法纳税的税务机关应当予以追缴。

9.税款退还与追征。纳税人超过应纳税额缴纳的税款，税务机关发现后应当立即退还；纳税人发现多缴税款要求退还的，税务机关应当办理退还手续；纳税人自结算缴纳税款之日起3年内发现的，可向税务机关要求退还多缴的税款并加算银行同期存款利息。

纳税人和扣缴义务人未缴或少缴税款的，税务机关责任的，可在3年内追缴征收，不加收滞纳金；因纳税人和扣缴义务人计算错误等失误未缴或少缴的，税务机关在3年内可追征税款、滞纳金，但数额在10万元以上的追征期可延长到5年；对纳税人偷、抗、骗税的税款及其应缴的税收滞纳金、罚款，税务机关可无限期追征。

10.税款征收的其他规定。

（1）未办理税务登记的征收。对未按照规定办理税务登记从事生产经营及临时从事经营的纳税人，由税务机关核定其应纳税额缴纳，不缴纳的，税务机关可扣押其价值相当于应纳税款的商品、货物。

（2）税收优先权及欠税公告。除法律另有规定外，税务机关征收的税款优先于无担保债权；纳税人欠缴的税款同时又被行政机关处以罚款、没收违法所得的，税收优先于罚款、没收违法所得。

(3) 欠税纳税人的财产处理。欠缴税款数额在5万元以上的纳税人，在处理其不动产或大额资产之前，应向税务机关予以报告。

(4) 欠税纳税人的债务处理。欠缴税款的纳税人因其怠于行使到期债权，或放弃到期债权，或无偿转让财产，或以明显不合理的低价转让财产而受让人知道该情形，对国家税收造成损害的，税务机关可行使代位权和撤销权。

(5) 纳税人变更的税款清算。纳税人有合并、分立情形的，应当向税务机关报告，并依法缴清税款。

八、纳税评估的内容与方法

纳税评估是指税务机关运用数据信息对比分析的方法，对纳税人和扣缴义务人纳税申报情况的真实性和准确性作出定性和定量的判断，并采取进一步征管措施的管理行为。该项工作主要由基层税务机关的税源管理部门及税收管理员负责，重点税源和重大事项的纳税评估也可由上级税务机关负责。

1.纳税评估的内容。主要包括：根据宏观税收分析和行业税负监控结果以及相关数据设立评估指标及其预警值；综合运用各类对比分析方法筛选评估对象；对所筛选出的异常情况进行深入分析并作出定性和定量的判断；对评估分析中发现的问题分别采取税务约谈、调查核实、处理处罚、提出管理建议、移交稽查部门查处等方法进行处理；维护更新税源管理数据，为税收宏观分析和行业税负监控提供基础信息等。

2.纳税评估的对象与方法。纳税评估的对象为主管税务机关负责管理的所有纳税人及其应纳的所有税种。纳税评估可采用计算机自动筛选、人工分析筛选和重点抽样筛选等方法。税务机关在综合审核对比分析中发现有问题或疑点的纳税人，应作为重点评估对象；对重点税源户和特殊行业的重点企业，税负异常变化、长时间零税负和负税负申报、纳税信用等级低下以及日常管理和税务检查中发现较多问题的纳税人，应列为纳税评估的重点分析对象。

在实际纳税评估工作中，可根据所辖税源和纳税人的不同情况，采取灵活多样的评估分析方法。其方法主要包括：对纳税人申报纳税资料进行案头的初步审核比对，以确定进一步评估分析的方向和重点；通过各项指标与相关数据的测算，设置相应的预警值，将纳税人的申报数据与预警值相比较，将纳税人申报数据与财务会计报表数据进行比较，与同行业相关数据或类似行业同期相关数据进行横向比较；将纳税人申报数据与历史同期相关数据进行纵向比较等。

九、税务检查的内容与手段

1.税务检查的种类。按税务检查的目的、检查对象的来源和检查内容的范围，可分为重点检查、专项检查、分类检查、集中检查和临时检查。

2.税务检查的形式。税务检查的形式主要包括纳税人自查、税务机关专业检查和有关部门联合检查等。其中，最常见的是税务机关专业检查，并以日常检查、专项检查和专案检查为主。

3.税务检查的内容。税务检查的内容主要包括两个方面：一是检查纳税人履行纳税义务的情况，这是税务检查的核心内容；二是检查税务机关和税务人员执行税收征管法律规定的情况。

4.征纳双方的税务检查权责。税务机关在税务检查中，以行使权力为主，其主要权限包括账证检查权、场地检查权、责成提供资料权、询问权、交通邮政检查权、存款账户检查权、网络交易检查权、财务委托检查权、虚假发票检查权和信息查询权等；税务检查中的相对人以履行义务为主，其主要义务有纳税人和扣缴义务人必须接受税务机关依法进行的检查，有关单位和个人必须予以配合、支持、协助；向税务机关如实反映情况；据实提供有关资料和证明材料等。

5.税务检查的特殊措施。税务机关对从事生产经营的纳税人以前纳税期的纳税情况依法进行税务检查时，发现纳税人有逃避纳税义务行为，并有明显的转移、隐匿其应纳税的商品、货物以及其他财产或应纳税收入的迹象的，可按照规定采取税收保全措施或强制执行措施。

6.税务检查的取证手段。税务机关检查税务违法案件时，对与案件有关的情况和资料，可记录、录音、录像、照相和复制。但应注意的是，上述5种取证手段只能在检查税务违法案件时使用，不是对所有的税务检查对象都适用。

7.电算化会计系统的税务检查。对采用电算化会计系统的纳税人，税务机关有权对其会计电算化系统进行查验；对纳税人会计电算化系统处理、储存的会计记录以及其他有关的纳税资料，税务机关有权进入其电算化系统进行检查，并可复制与纳税有关的电子数据作为证据。税务机关进入纳税人电算化系统进行检查时，有责任保证纳税人会计电算化系统的安全性，并保守纳税人的商业秘密。

十、税务违法的行政处理

1.违反税务管理法规行为的处理。主要规定如下：

（1）纳税人未按规定的期限申报办理税务登记、变更或注销登记及验证或换证手续的，未按规定设置、保管账簿或保管记账凭证和有关资料的，未按规定将财务、会计制度或者财务会计处理办法和会计核算软件报送税务机关备查的，未按照规定办理税务登记从事生产、经营的，使用的财务会计软件不能准确核算或者无法按照税务机关要求提供相关数据的，未按照规定将其全部银行账号向税务机关报告的，以及未按规定安装、使用税控装置或损毁、擅自改动税控装置的，由税务机关责令限期改正，可处2 000元以下的罚款；情节严重的，处2 000～10 000元的罚款。

（2）纳税人不办理税务登记的，由税务机关责令限期改正；逾期不改正的，由市场监督管理部门吊销其营业执照。纳税人未按照规定使用税务登记证件，或转借、涂改、损毁、买卖、伪造税务登记证件的，可处2 000～10 000元的罚款；情节严重的，处10 000～50 000元的罚款。

（3）扣缴义务人未按规定设置、保管代扣代缴税款账簿或保管代扣、代收税款记账凭证及有关资料的，由税务机关责令限期改正，可处2 000元以下的罚款；情节严重的，处2 000～5 000元的罚款。

（4）纳税人、扣缴义务人未按规定期限办理纳税申报或报送代扣代缴、代收代缴税款报告的，由税务机关责令限期改正，可处2 000元以下的罚款；情节严重的，处2 000～10 000元的罚款。

2.欠税行为的处理。对欠税者，税务机关除令其限期照章补缴所欠税款外，还要从滞纳税款之日起，按日加收滞纳税款5‱的滞纳金。纳税人欠缴应纳税款的，采取转移或者隐匿财产手段，妨碍税务机关追缴欠缴税款的，由税务机关追缴欠缴的税款、滞纳金，并处欠缴税款0.5～3倍的罚款；构成犯罪的，依法追究刑事责任。

3.偷税行为的处理。对偷税者，由税务机关追缴其偷税款、滞纳金，并处以偷税数额0.5～3倍的罚款；构成犯罪的，依法追究刑事责任。扣缴义务人采取欺骗、隐瞒手段，不缴或少缴已扣、已收税款的，由税务机关追缴其不缴或少缴的税款、滞纳金，并处不缴或少缴税款0.5～3倍的罚款；构成犯罪的，依法追究刑事责任。

4.骗税行为的处理。对骗取国家出口退税款的纳税人，由税务机关追缴其骗取的退税款，并处骗取税款1～5倍的罚款；构成犯罪的，依法追究刑事责任。

5.抗税行为的处理。对抗税者，除由税务机关追缴其拒缴的税款外，并处以20万元以下的罚款，涉嫌犯罪的，移送司法机关依法处理。

6.其他税务违法行为的处理。主要规定包括以下几个方面：

（1）纳税人、扣缴义务人编造虚假计税依据的，由税务机关责令限期改正，并处5万元以下的罚款。纳税人不进行纳税申报，不缴或少缴应纳税款的，由税务机关追缴其不缴或少缴的税款、滞纳金，并处不缴或少缴税款0.5～3倍的罚款。

（2）纳税人、扣缴义务人在规定期限内不缴或少缴应纳或应解缴的税款，经税务机关责令限期缴纳，逾期仍未缴纳的，税务机关除可采取强制执行措施追缴其不缴或少缴的税款外，还可以处不缴或少缴税款0.5～3倍的罚款。

（3）扣缴义务人应扣未扣、应收而不收税款的，由税务机关向纳税人追缴税款，并对扣缴义务人处以应扣未扣、应收未收税款0.5～1倍的罚款。

（4）纳税人、扣缴义务人逃避、拒绝或以其他方式阻挠税务机关检查的，由税务机关责令改正，可处1万元以下的罚款；情节严重的，处1万元以上5万元以下的罚款。

（5）违反《税收征管法》的规定非法印制发票的，由税务机关销毁非法印制的发票，没收违法所得和作案工具，并处50万元以下的罚款；构成犯罪的，依法追究刑事责任。

（6）从事生产经营的纳税人、扣缴义务人有《税收征管法》规定的税收违法行为，拒不接受税务机关处理的，税务机关可以收缴其发票或者停止向其出售发票。

（7）纳税人、扣缴义务人的开户银行或其他金融机构拒绝接受税务机关依法检查纳税人、扣缴义务人存款账户，或拒绝执行税务机关作出的冻结存款或扣缴税款的决定，或在接到税务机关的书面通知后帮助纳税人、扣缴义务人转移存款，造成税款流失的，由税务机关处10万元以上50万元以下的罚款；对直接负责的主管人员和其他直接责任人员处1 000元以上1万元以下的罚款。

（8）为纳税人、扣缴义务人非法提供银行账户、发票、证明或其他方便，导致未缴、少缴税款或骗取国家出口退税款的，税务机关除没收其违法所得外，可处未缴、少缴或骗取税款1倍以下的罚款。

（9）税务机关依法到车站、码头、机场、邮政企业以及其分支机构检查纳税人的有关情况时，有关单位拒绝的，由税务机关责令改正，可以处1万元的罚款；情节严重的，处1万元以上5万元以下的罚款。

（10）税务代理人违反税收法律、行政法规，造成纳税人未缴或少缴税款的，除由纳税人缴纳或补缴应纳税款、滞纳金外，对税务代理人处纳税人未缴或少缴税款50%以上3倍以下的罚款。

十一、直接妨害税款征收的犯罪

直接妨害税款征收的犯罪包括逃税罪、抗税罪、欠税罪和骗税罪。学习中应重点掌握各类犯罪的界定、犯罪主体及处罚规定。

1.逃税罪。对逃税罪应重点掌握的问题包括：

（1）逃税罪的界定。逃税罪是指纳税人采取欺骗、隐瞒手段进行虚假纳税申报或者不纳报，逃避缴纳税款数额较大并且占应纳税额10%以上的；或者扣缴义务人采取欺骗、隐瞒手段，不缴或少缴已扣、已收税款，数额较大的行为。

（2）逃税罪的犯罪主体。其包括纳税人和扣缴义务人。

（3）逃税罪的处罚。犯逃税罪的，逃避缴纳税款数额较大并且占应纳税额10%以上的，处3年以下有期徒刑或拘役，并处罚金；数额巨大并且占应纳税额30%以上的，处3～7年有期徒刑，并处罚金。

2.抗税罪。对抗税罪应重点掌握的问题包括：

（1）抗税罪的界定。抗税罪是指以暴力、威胁办法，拒不缴纳税款的行为。

（2）抗税罪的犯罪主体。其由具备刑事责任能力，负有纳税、扣缴义务的自然人构成，单位不能构成抗税罪的犯罪主体。

（3）抗税罪的处罚。犯抗税罪的，处3年以下有期徒刑或拘役，并处拒缴税款1～5倍的罚金；情节严重的，处3～7年有期徒刑，并处拒缴税款1～5倍的罚金。

3.欠税罪。欠税罪是指纳税义务人欠缴应纳税款，采取转移或隐匿财产的手段，致使税务机关无法追缴欠缴的税款，且欠缴税款数额在1万元以上的行为。

依据《中华人民共和国刑法》第203条的规定，纳税人欠缴应纳税款，采取转移或隐匿财产的手段，致使税务机关无法追缴欠缴的税款，数额在1万元以上10万元以下的，处3年以下有期徒刑或拘役，并处或单处欠缴税款1～5倍罚金；数额在10万元以上的，处3～7年有期徒刑，并处欠缴税款1～5倍罚金。

4.骗税罪。对骗税罪应重点掌握的问题包括：

（1）骗税罪的界定。骗税罪是指采取假报出口等欺骗手段，骗取国家出口退税数额较大的行为。

（2）骗税罪的犯罪主体。其包括单位和个人。

（3）骗税罪的处罚。犯骗税罪的，处5年以下有期徒刑或拘役，并处骗取税款1～5倍的罚金；骗取国家出口退税数额巨大或有其他严重情节的，处5～10年有期徒刑，并处骗取税款1～5倍的罚金；数额特别巨大或有其他特别严重情节的，处10年以上有期徒刑或无期徒刑，并处骗取税款1～5倍的罚金或没收财产。

十二、妨害发票管理的犯罪

学习中应重点掌握各类犯罪的界定、犯罪主体及处罚规定。

1.虚开专用发票罪。对虚开专用发票罪应重点掌握的问题包括：

（1）虚开专用发票罪的界定。虚开专用发票罪是指违反税收法规，虚开增值税专用发票或用于骗取出口退税、抵扣税款的其他专用发票的行为。

（2）虚开专用发票罪的犯罪主体。任何企事业单位和具有刑事责任能力的个人均可构成本罪的犯罪主体。

（3）虚开专用发票罪的处罚。犯虚开专用发票罪的，处3年以下有期徒刑或拘役，并处2万元以上20万元以下罚金；数额较大或有其他严重情节的，处3～10年有期徒刑，并处5万元以上50万元以下罚金；数额巨大或有其他特别严重情节的，处10年以上有期徒刑或无期徒刑，并处5万元以上50万元以下罚金或没收财产；数额特别巨大、情节特别严重、给国家利益造成特别重大损失的，处无期徒刑或死刑，并处没收财产。

2.伪造、出售伪造专用发票罪。对伪造、出售伪造专用发票罪应重点掌握的问题包括：

（1）伪造、出售伪造专用发票罪的界定。伪造、出售伪造专用发票罪是指非法印制或出售非法印制的增值税专用发票的行为。

（2）伪造、出售伪造专用发票罪的犯罪主体。任何企事业单位和具有刑事责任能力的个人均可构成本罪的犯罪主体。

（3）伪造、出售伪造专用发票罪的处罚。犯伪造、出售伪造专用发票罪的，处3年以下有期徒刑、拘役或管制，并处2万元以上20万元以下罚金；数量较大或有其他严重情节的，处3～10年有期徒刑，并处5万元以上50万元以下罚金；数量巨大或有其他特别严重情节的，处10年以上有期徒刑或无期徒刑，并处5万元以上50万元以下罚金或没收财产；数量特别巨大、情节特别严重、严重破坏经济秩序的，处无期徒刑或死刑，并处没收财产。

3.非法出售专用发票罪。对非法出售专用发票罪应重点掌握的问题包括：

（1）非法出售专用发票罪的界定。非法出售专用发票罪是指无权发售增值税专用发票的单位或个人违反国家发票管理法规，出售增值税专用发票的行为。

（2）非法出售专用发票罪的犯罪主体。其指拥有增值税专用发票的单位和个人，包括非法购买后拥有的单位和个人。

（3）非法出售专用发票罪的处罚。犯非法出售专用发票罪的，处3年以下有期徒刑、拘役或管制，并处2万元以上20万元以下罚金；数量较大的，处3～10年有期徒刑，并处5万元以上50万元以下罚金；数量巨大的，处10年以上有期徒刑或无期徒刑，并处5万元以上50万元以下罚金或没收财产。

4.非法购买、购买伪造专用发票罪。对非法购买、购买伪造专用发票罪应重点掌握的问题包括：

（1）非法购买、购买伪造专用发票罪的界定。非法购买、购买伪造专用发票罪是指通过非法方式购买增值税专用发票或明知是伪造的增值税专用发票仍购买的行为。

（2）非法购买、购买伪造专用发票罪的犯罪主体。任何企事业单位和具有刑事责任能力的个人均可构成本罪的犯罪主体。

（3）非法购买、购买伪造专用发票罪的处罚。犯非法购买、购买伪造专用发票罪的，处5年以下有期徒刑或拘役，并处或单处2万元以上20万元以下罚金。

5.非法制造、出售非法制造其他专用发票罪。对非法制造、出售非法制造其他专用发票罪应重点掌握的问题包括：

（1）非法制造、出售非法制造其他专用发票罪的界定。非法制造、出售非法制造其他专用发票罪是指伪造、擅自制造或出售伪造、擅自制造的，除增值税专用发票以外，可以用于骗取出口退税、抵扣税款的其他专用发票行为。

（2）非法制造、出售非法制造其他专用发票罪的犯罪主体。任何企事业单位和具有刑事责任能力的个人均可构成本罪的犯罪主体。

（3）非法制造、出售非法制造其他专用发票罪的处罚。犯非法制造、出售非法制造其他专用发票罪的，处3年以下有期徒刑、拘役或管制，并处2万元以上20万元以下罚金；

数量巨大的，处3～7年有期徒刑，并处5万元以上50万元以下罚金；数量特别巨大的，处7年以上有期徒刑，并处5万元以上50万元以下罚金或没收财产。

6.非法制造、出售非法制造发票罪。对非法制造、出售非法制造发票罪应重点掌握的问题包括：

（1）非法制造、出售非法制造发票罪的界定。非法制造、出售非法制造发票罪是指伪造、擅自制造或出售伪造、擅自制造的，可以用于骗取出口退税、抵扣税款以外的其他普通发票的行为。

（2）非法制造、出售非法制造发票罪的犯罪主体。任何企事业单位和具有刑事责任能力的个人均可构成本罪的犯罪主体。

（3）非法制造、出售非法制造发票罪的处罚。犯非法制造、出售非法制造发票罪的，处2年以下有期徒刑、拘役或管制，并处或单处1万元以上5万元以下罚金；情节严重的，处2～7年有期徒刑，并处5万元以上50万元以下罚金。

7.非法出售其他专用发票罪。对非法出售其他专用发票罪应重点掌握的问题包括：

（1）非法出售其他专用发票罪的界定。非法出售其他专用发票罪是指非法出售除增值税专用发票以外的，可以用于骗取出口退税、抵扣税款的其他专用发票的行为。

（2）非法出售其他专用发票罪的犯罪主体。其指合法拥有可以用于骗取出口退税、抵扣税款的其他专用发票以及从合法拥有人手中买入又倒卖的单位和个人。

（3）非法出售其他专用发票罪的处罚。犯非法出售其他专用发票罪的，处3年以下有期徒刑、拘役或管制，并处2万元以上20万元以下罚金；数量巨大的，处3～7年有期徒刑，并处5万元以上50万元以下罚金；数量特别巨大的，处7年以上有期徒刑，并处5万元以上50万元以下罚金或者没收财产。

8.非法出售发票罪。对非法出售发票罪应重点掌握的问题包括：

（1）非法出售发票罪的界定。非法出售发票罪是指非法出售不能用于骗取出口退税、抵扣税款的普通发票的行为。

（2）非法出售发票罪的犯罪主体。其指合法拥有普通发票以及从合法拥有人手中买入又倒卖的单位和个人。

（3）非法出售发票罪的处罚。犯非法出售发票罪的，处2年以下有期徒刑、拘役或管制，并处或单处1万元以上5万元以下罚金；情节严重的，处2～7年有期徒刑，并处5万元以上50万元以下罚金。

直接妨害税款征收的犯罪和妨害发票管理的犯罪的处罚比较见表9-1。

十三、税务文书送达

1.税务文书的种类。税务文书是指用于税务机关与纳税人缴纳税款及其相关活动的各种文书的总称。其种类包括税务事项通知书、责令期限改正通知书、税收保全措施决定书、税收强制执行决定书、税务检查通知书、税务处理决定书、税务行政处罚决定书、行政复议决定书和其他税务文书9种。

2.税务文书送达的含义。税务文书送达是指税务执法机关将税务文书采取一定的方式送给有关的纳税人、扣缴义务人和其他当事人的一种管理行为。它是税收征收管理工作的重要组成部分。通过税务文书送达，可以明确征收机关的责任、规范文书传送的程序和提高文书的法律效力，也有利于保证税务文书的安全和效果。

表9-1 直接妨害税款征收的犯罪和妨害发票管理的犯罪的处罚比较

类别	罪名	犯罪主体	量刑依据	刑期处罚	经济处罚
直接妨害税款征收的犯罪	逃税罪	纳税人和扣缴义务人	(1)数额较大并且占应纳税额10%以上的	处3年以下有期徒刑或拘役	并处罚金
			(2)数额巨大并且占应纳税额30%以上的	处3~7年有期徒刑	并处罚金
	抗税罪	自然人	(1)一般犯罪行为	处3年以下有期徒刑或拘役	并处拒缴税款1~5倍的罚金
			(2)抗税情节严重的	处3~7年有期徒刑	并处拒缴税款1~5倍的罚金
	欠税罪	自然人和单位	(1)数额在1万~10万元的	处3年以下有期徒刑或拘役	并处或单处欠缴税款1~5倍的罚金
			(2)数额在10万元以上的	处3~7年有期徒刑	并处欠缴税款1~5倍的罚金
	骗税罪	任何单位和个人	(1)数额较大的	处5年以下有期徒刑或拘役	并处骗取税款1~5倍的罚金
			(2)数额巨大或有其他严重情节的	处5~10年有期徒刑	并处骗取税款1~5倍的罚金
			(3)数额特别巨大或有其他特别严重情节的	处10年以上有期徒刑或无期徒刑	并处骗取税款1~5倍的罚金或没收财产
妨害发票管理的犯罪	虚开专用发票罪	企事业单位和个人	(1)一般犯罪行为	处3年以下有期徒刑或拘役	并处2万元以上20万元以下罚金
			(2)数额较大或有其他严重情节的	处3~10年有期徒刑	并处5万元以上50万元以下罚金
			(3)数额巨大或有其他特别严重情节的	处10年以上有期徒刑或无期徒刑	并处5万元以上50万元以下罚金或没收财产
			(4)数额特别巨大、情节特别严重、给国家利益造成特别重大损失的	处无期徒刑或死刑	并处没收财产
	伪造、出售伪造专用发票罪	企事业单位和个人	(1)一般犯罪行为	处3年以下有期徒刑、拘役或管制	并处2万元以上20万元以下罚金
			(2)数量较大或有其他严重情节的	处3~10年有期徒刑	并处5万元以上50万元以下罚金
			(3)数量巨大或有其他特别严重情节的	处10年以上有期徒刑或无期徒刑	并处5万元以上50万元以下罚金或没收财产
			(4)数量特别巨大、情节特别严重、严重破坏经济秩序的	处无期徒刑或死刑	并处没收财产

续表

类别	罪名	犯罪主体	量刑依据	刑期处罚	经济处罚
妨害发票管理的犯罪	非法出售专用发票罪	拥有专用发票的单位和个人	(1)一般犯罪行为	处3年以下有期徒刑、拘役或管制	并处2万元以上20万元以下罚金
			(2)数量较大的	处3~10年有期徒刑	并处5万元以上50万元以下罚金
			(3)数量巨大的	处10年以上有期徒刑或无期徒刑	并处5万元以上50万元以下罚金或没收财产
	非法购买、购买伪造专用发票罪	企事业单位和个人	有犯罪行为的	处5年以下有期徒刑或拘役	并处或单处2万元以上20万元以下罚金
	非法制造、出售非法制造其他专用发票罪	企事业单位和个人	(1)一般犯罪行为	处3年以下有期徒刑、拘役或管制	并处2万元以上20万元以下罚金
			(2)数量巨大的	处3~7年有期徒刑	并处5万元以上50万元以下罚金
			(3)数量特别巨大的	处7年以上有期徒刑	并处5万元以上50万元以下罚金或没收财产
	非法制造、出售非法制造发票罪	企事业单位和个人	(1)一般犯罪行为	处2年以上有期徒刑、拘役或管制	并处或单处1万元以上5万元以下罚金
			(2)情节严重的	处2~7年有期徒刑	并处5万元以上50万元以下罚金
	非法出售其他专用发票罪	拥有其他专用发票的单位和个人	(1)一般犯罪行为	处3年以下有期徒刑、拘役或管制	并处2万元以上20万元以下罚金
			(2)数量巨大的	处3~7年有期徒刑	并处5万元以上50万元以下罚金
			(3)数量特别巨大的	处7年以上有期徒刑	并处5万元以上50万元以下罚金或没收财产
	非法出售发票罪	拥有普通发票的单位和个人	(1)一般犯罪行为	处2年以上有期徒刑、拘役或管制	并处或单处1万元以上5万元以下罚金
			(2)情节严重的	处2~7年有期徒刑	并处5万元以上50万元以下罚金

3.税务文书送达的方式。税务文书送达的方式，原则上是直接送达，但由于特殊原因还可采取委托、邮寄和公告等方式送达。

(1)直接送达，指由税务机关将税务文书直接送达纳税人、扣缴义务人和其他当事人的一种送达方式。

(2)委托送达，指税务机关委托有关机关或其他单位，将税务文书以代理方式送达受送达人的一种送达方式。

（3）邮寄送达，指税务机关以邮件、电报等形式将税务文书邮寄给受送达人的一种送达方式。

（4）公告送达，指征收机关采取向社会公告税务文书，以向受送达人传递征收机关决定的一种送达方式。

4.税务文书送达的确认。送达税务文书必须有送达回证，即由受送达人或规定的其他签收人在送达回证上记录收到日期、签名或盖章。只有完成这些手续，才能确认税务文书送达。确认税务文书送达的标准主要有即为送达和视为送达。

一、判断题

1.由税务机关征收的各种税收的征收管理，均适用《税收征管法》，包括城市维护建设税及教育费附加。 （　　）

2.扣缴义务人应自领取营业执照之日起30日内，向所在地税务机关申报办理扣缴税款登记，并领取代扣代缴、代收代缴税款凭证。 （　　）

3.根据《税收征管法》等法律的规定，不从事生产经营活动但依照法律、法规的规定负有纳税义务的单位和个人，除临时取得应税收入或发生应税行为，以及只缴纳个人所得税、车船税的以外，都应按规定向税务机关办理税务登记。 （　　）

4.纳税人、扣缴义务人对税务机关所作出的决定，享有陈述权、申辩权，依法享有申请行政复议、提起行政诉讼、请求国家赔偿等权利。 （　　）

5.税收保全措施是税收强制执行措施的必要前提，税收强制执行措施是税收保全措施的必然结果。 （　　）

6.纳税人因住所、经营地点变动而脱离原主管税务机关管辖区的，应向原税务机关申报办理注销税务登记，并向迁达地主管税务机关办理税务登记。 （　　）

7.纳税人须办理注销税务登记的，应在申报办理注销工商登记前，向原税务机关申报办理注销税务登记；在办理注销税务登记前，应当向税务机关结清应纳税款，缴销发票和其他税务证件。 （　　）

8.从事生产经营的纳税人到外县（市）从事生产经营活动的，必须持所在地税务机关填发的外出经营活动税收管理证明，向营业地税务机关报验登记，接受税务管理。 （　　）

9.个体工商户确实不能设置账簿的，经税务机关批准，可以不设账簿。 （　　）

10.从事生产、经营的纳税人应当自领取营业执照或发生纳税义务之日起30日内设置账簿。 （　　）

11.账簿、记账凭证、报表、完税凭证、发票、出口凭证以及其他有关涉税资料，除另有规定外，应当保存10年。 （　　）

12.依据《税收征管法》的规定，财政机关和税务机关是发票主管机关，但增值税专用发票必须由主管税务机关进行监督管理。 （　　）

13.对外省来本地从事临时经营活动的单位和个人，本省税务机关可以售予其发票，但应要求其提供担保人，或者根据所领购发票的票面限额与数量交纳10 000元以下的保证金，并限期缴销发票。 （　　）

14.纳税人欠缴税款，同时又被税务机关决定处以罚款、没收非法所得的，税收优先于罚款、没收非法所得。（ ）

15.纳税人在纳税申报期内若有收入，应按规定的期限办理纳税申报；若申报期内无收入或在减免税期间，可以不办理纳税申报。（ ）

16.纳税人可根据其自身情况选定纳税申报方式，但延期申报、邮寄申报和数据电文申报方式必须经主管税务机关批准。（ ）

17.税务机关对可不设或应设未设账簿的或虽设账簿但难以查账的纳税人，可以采取查定征收方式。（ ）

18.对纳税人、扣缴义务人的欠税、偷税和抗税行为，税务机关可依法对于其未缴或应缴未缴、少缴的税款加收滞纳金。（ ）

19.纳税人因有特殊困难，不能按期缴纳税款的，经县级税务局批准，可延期纳税3个月；延期纳税3个月以上者，需经地（市）级税务局批准。（ ）

20.可以采取税收保全措施的纳税人包括从事或非从事生产经营的纳税人，以及扣缴义务人和纳税担保人。（ ）

21.因特殊情况，经省级以上税务局局长批准，税务机关可对纳税人生活必需的住房和用品采取税收保全措施和税收强制执行措施。（ ）

22.只要税务机关有根据认为纳税人有明显的转移、隐匿其应纳税的商品、货物以及其他财产或应纳税收入等行为或迹象，就可以对纳税人采取税收保全措施。（ ）

23.因纳税人、扣缴义务人计算错误等失误，未缴或者少缴税款的，税务机关在3年内可以追征；有特殊情况（即数额在10万元以上），税务机关可以无限期追征。（ ）

24.对纳税人、扣缴义务人违法行为不缴或少缴税款的，经税务机关批准，可依法采取提供纳税担保或税收保全、强制执行等措施。（ ）

25.依据《税收征管法》的规定，税务机关依法采取税收保全和强制执行措施时，对个人及其所抚养家属维持生活必需的住房和用品不在实施范围之内。（ ）

26.依据《税收征管法》的规定，税务机关征收的税款一律优先于纳税人的无担保债权。（ ）

27.欠缴税款的纳税人需要出境的，应当在出境前向税务机关结清应纳税款或者提供担保，未结清税款又不提供担保的，税务机关可以通知出境管理机关阻止其出境。（ ）

28.经县级以上税务局（分局）局长批准，税务机关有权查询从事生产、经营的纳税人、扣缴义务人在银行或其他金融机构的存款账户。（ ）

29.纳税人不进行纳税申报，不缴或少缴应纳税款的，由税务机关追缴其不缴或少缴的税款、滞纳金，并处不缴或少缴税款50%以上5倍以下的罚款。（ ）

30.税务机关采取税收强制执行措施时，执行对象不包括纳税人、扣缴义务人、纳税担保人未缴纳的滞纳金。（ ）

二、单项选择题

1.下列各项中，可以作为纳税保证人的是（ ）。

A.国家机关　　B.与纳税人存在担保关联关系的企业

C.纳税信誉等级被评为A级的企业　　D.限制民事行为能力的自然人

2.下列各项财产中，能够作为纳税抵押的是（ ）。

A.抵押人所有的房屋和其他地上定着物

B.土地所有权

C.依法定程序确认为违法、违章的建筑物

D.学校的教育设施

3.从事生产、经营的纳税人，应当自领取营业执照或者发生纳税义务之日起（ ）日内设置账簿。

A.15　　B.10　　C.20　　D.30

4.纳税人发生解散、破产、撤销以及其他情形，按照规定不需要在市场监管机关办理注销登记的，应当自有关机关批准或者宣告终止之日起（ ）日内，持有关证件向原税务登记管理机关申报办理注销税务登记。

A.60　　B.30　　C.15　　D.10

5.下列关于税款征收方式的陈述，不正确的是（ ）。

A.查定征收一般适用于财务会计制度健全的纳税单位

B.定期定额征收一般适用于无完整考核依据的小型纳税单位

C.委托代征税款一般适用于对小额、零散税源的征收

D.查验征收一般适用于经营品种比较单一、经营地点、时间和商品来源不固定的纳税人

6.根据《税收征管法》的规定，从事生产经营的纳税人应当自领取税务登记证之日起（ ）内，将其财务、会计制度或者财务、会计处理办法和会计核算软件报送税务机关备案。

A.5日　　B.10日　　C.15日　　D.30日

7.以下关于税款征收原则的说法中，正确的是（ ）。

A.税收优先于所有的无担保债权

B.税收优先于抵押权、质权和留置权

C.纳税人欠缴税款，同时又被税务机关处以罚款、没收违法所得的，税收优先于罚款、没收违法所得

D.纳税人欠缴税款，同时又被税务机关以外的其他行政部门处以罚款、没收违法所得的，税收不优先于罚款和没收违法所得

8.下列关于税收征收管理的陈述，不正确的是（ ）。

A.《税收征管法》只适用于由税务机关征收的各种税收的征收管理

B.我国税收的征收机关有税务和海关部门

C.税务机关征收各种工商税收，海关征收关税

D.海关征收关税适用其他法律法规，但是代征的增值税、消费税，仍适用《税收征管法》

9.纳税人遗失税务登记证件的，应当在（ ）日内书面报告主管税务机关，并登报声明作废。同时，凭报刊上刊登的遗失声明向主管税务机关申请补办税务登记证件。

A.60　　B.30　　C.15　　D.10

10.下列关于停业、复业的陈述，不正确的是（ ）。

A.实行定期定额征收方式的纳税人，在营业执照核准的经营期限内需要停业的，应当向税务机关提出停业登记

B.申请停业的纳税人，应结清税款并上缴税务登记证件、发票领购簿和发票，办理停业登记

C.纳税人停业期间发生纳税义务，应在复业后向主管税务机关申报，依法补缴应纳税款

D.纳税人应当于恢复生产、经营之前，向税务机关提出复业登记申请

11.下列关于账簿设置的表述，正确的是（　　）。

A.扣缴义务人应当自税收法律、行政法规规定的扣缴义务发生之日起15日内，按照代扣、代收的税种，分别设置代扣代缴、代收代缴税款账簿

B.纳税人使用计算机记账的，应当在使用前将会计电算化系统的会计核算软件、使用说明书及有关资料报送主管税务机关审批

C.纳税人、扣缴义务人会计制度健全，能够通过计算机正确、完整计算其收入和所得或者代扣代缴、代收代缴税款情况的，其计算机储存的会计记录可视同会计账簿，不必打印成书面资料

D.生产经营规模小又确无建账能力的纳税人，若聘请专业机构或者人员有实际困难，经县以上税务机关批准，可以按照规定建立收支凭证粘贴簿、进货销货登记簿或者税控装置

12.实行定期定额缴纳税款的纳税人在法律、行政法规规定的期限内或税务机关依据法规的规定确定的期限内缴纳税款的，税务机关可以视同申报，这种方式称为（　　）。

A.直接申报　　B.间接申报　　C.简并申报　　D.简易申报

13.因纳税人计算错误，而未缴或少缴的税款，追征期为（　　），特殊情况的追征期为（　　）。

A.2年，5年　　B.3年，5年　　C.3年，10年　　D.5年，10年

14.根据《税收征管法》的规定，致使纳税人未按规定的期限缴纳或者解缴税款的，税务机关除责令限期缴纳外，还应当从滞纳税款之日起，按日加收滞纳税款（　　）的滞纳金。

A.1‰　　B.2‰　　C.3‱　　D.5‱

15.纳税担保人提供质押担保，缴清税款、滞纳金的，税务机关自纳税担保人缴清税款及滞纳金之日起（　　）个工作日内返还质押物、解除质押关系。

A.1　　B.2　　C.3　　D.5

16.根据《税收征管法》的规定，扣缴义务人应扣未扣、应收未收税款的，由税务机关向纳税人追缴税款，并对扣缴义务人处一定数额的罚款。其罚款额为（　　）。

A.2 000元以下

B.2 000元以上5 000元以下

C.应扣未扣、应收未收税款50%以上3倍以下

D.应扣未扣、应收未收税款50%以上5倍以下

17.根据《中华人民共和国刑法》的有关规定，非法购买增值税专用发票或者购买伪造的增值税专用发票的，处5年以下有期徒刑、拘役，并处或单处（　　）罚金。

A.2万元以下　　B.2万～10万元　　C.50万元以下　　D.5万～50万元

18.下列有关纳税申报的表述中，正确的是（　　）。

A.纳税人只能采取直接纳税申报方式　　B.享受免税的企业不必申报纳税

C.享受减税的企业应按时申报纳税　　D.扣缴义务人无须进行纳税申报

19.下列情形中，构成逃税罪的是（　　）。

A.逃税数额占应纳税额的10%以上的

B.逃税数额超过1万元的

C.逃税数额占应纳税额10%以上或逃税数额超过1万元的

D.逃税数额占应纳税额10%以上且逃税数额超过1万元的

20.下列各项财产中，能够作为纳税抵押物的是（　　）。

A.抵押人所有的房屋和其他地上定着物

B.土地所有权

C.依法定程序确认为违法、违章的建筑物

D.学校的教育设施

21.《税收征管法》中规定，对纳税人骗取出口退税款的，可（　　）。

A.加收滞纳金　　B.处骗取税款0.5～5倍的罚款

C.处以1万元以下的罚款　　D.处骗取税款1～5倍的罚款

22.下列单位或个人可以成为纳税保证人的是（　　）。

A.与纳税人存在担保关联关系的企业

B.在主管税务机关所在地的市没有住所的自然人

C.纳税信誉等级被评为B级的企业

D.有欠税行为的单位和个人

23.从事生产经营的纳税人，如果其财务会计制度或财务会计处理方法与国务院或者国务院财政、税务主管部门有关税收的规定相抵触，则应（　　）。

A.提请上级主管部门作出决定

B.按纳税人的财务会计制度和处理方法计算纳税

C.按国务院或国务院财政、税务主管部门的有关规定计算纳税

D.由纳税人和主管税务机关协商确定税款的计缴方法

24.下列关于税款追征的表述，不正确的是（　　）。

A.因税务机关责任，致使纳税人、扣缴义务人未缴或者少缴税款的，税务机关在3年内可要求纳税人、扣缴义务人补缴税款，但是不得加收滞纳金

B.纳税人、扣缴义务人因计算错误等失误，未缴或少缴税款的，税务机关在3年内可追征税款、滞纳金；有特殊情况的，追征期可延长到5年

C.追征的特殊情况是指纳税人或扣缴义务人因计算错误等失误，未缴或少缴、未扣或少扣、未收或少收税款，累计数额在5万元以上

D.对偷税、抗税、骗税的，税务机关追征其未缴或少缴的税款、滞纳金或所骗取的税款，不受规定期限的限制

25.下列各项中，符合《税收征管法》关于延期缴纳税款规定的是（　　）。

A.延期期限最长不得超过6个月，同一笔税款不得滚动审批

B.延期期限最长不得超过3个月，同一笔税款不得滚动审批

C.延期期限最长不得超过6个月，同一笔税款经审批可再延期一次

D.延期期限最长不得超过3个月，同一笔税款经审批可再延期一次

26.根据《税收征管法》及其实施细则的规定，欠缴税款数额较大的纳税人在处分其不动产或者大额资产之前，应当向税务机关报告。欠缴税款数额较大是指欠缴税款在（　　）。

A.3万元以上　　B.5万元以上　　C.10万元以上　　D.20万元以上

27.因纳税人计算失误，未缴或者少缴税款的，税务机关的处理正确的是（　　）。

A.税务机关在3年内可以追征税款

B.税务机关不得追加滞纳金

C.未缴或者少缴税款在20万元以上的，追征期可以延长5年

D.追征的年限不受限制

28.下列各项中，按照《税收征管法》及《税务登记管理办法》的规定，不承担税务登记义务的是（　　）。

A.依法负有代扣代缴税款义务的单位

B.从事生产经营活动的个体工商户

C.企业在外地设立的独立核算的分支机构

D.个人

29.通过被查纳税人的生产经营场所、仓库、工地等现场，实地观察其生产经营及存货等情况，以发现纳税问题或验证账中可疑问题，这种检查方法称为（　　）。

A.核对法　　B.观察法　　C.比较分析法　　D.现场检查法

30.从事生产、经营的纳税人应当自领取营业执照或者发生纳税义务之日起（　　）日内按照国家有关规定设置账簿。

A.10　　B.15　　C.20　　D.30

三、多项选择题

1.依据《税收征管法》的规定，税务管理的内容包括（　　）。

A.税务登记　　B.纳税申报　　C.税款征收　　D.账证管理

2.下列各项中，属于法定税务登记事项的有（　　）。

A.开业税务登记　　B.注销税务登记

C.停业税务登记　　D.临时经营税务登记

3.纳税人发生下列（　　）情形，不能按期纳税，经省级税务机关批准，可延期3个月纳税。

A.因不可抗力，导致纳税人发生较大损失，正常经营受较大影响

B.因客户拖欠货款，导致资金周转困难

C.因经营不善，长期处于亏损状态

D.当期货币资金扣除职工工资和社会保险费后，不足以纳税

4.根据《税收征管法》的规定，下列属于税收保全措施的有（　　）。

A.责令纳税人提前缴纳税款

B.责成纳税人提供纳税担保

C.扣押、查封、依法拍卖或者变卖其价值相当于应纳税款的商品、货物或其他财产

D.冻结纳税人存款

5.下列关于纳税申报的表述中，正确的有（　　）。

A.两种期限具有同等的法律效力
B.纳税人在纳税期内没有应纳税款可以不办理纳税申报
C.邮寄申报以税务机关收到的邮戳日期为实际申报日期
D.纳税人和扣缴义务人都必须按照法定的期限办理纳税申报
6.如果委托加工的应税消费品，受托方没有履行代收代缴义务，则（　　）。
A.委托方补缴消费税
B.受托方补缴消费税
C.对受托方处以应代收代缴税款50%以上3倍以下的罚款
D.对受托方处以应代收代缴税款50%以上5倍以下的罚款
7.纳税申报的对象包括（　　）的单位和个人。
A.负有纳税义务　　B.负有代扣代缴、代收代缴义务
C.取得临时应税收入　　D.享有减税、免税待遇
8.经税务机关批准，纳税人可以采取（　　）等特殊申报方式进行纳税申报。
A.邮寄申报　　B.延期申报　　C.直接申报　　D.数据电文申报
9.下列项目中，符合税款征收方式的有（　　）。
A.查账征收　　B.查定征收　　C.查验征收　　D.委托代征税款
10.根据《税收征管法》的规定，下列各项中税务机关有权核定其应纳税额的有（　　）。
A.纳税企业擅自销毁账簿或拒不提供纳税资料的
B.依照法律、行政法规的规定可以不设置账簿的
C.依照法律、行政法规的规定应设置但未设置账簿的
D.发生纳税义务未按照规定的期限办理纳税申报的
11.根据《税收征管法》的规定，下列各项中关于减免税制度的表述正确的有（　　）。
A.减免税必须有法律、行政法规的明确规定
B.纳税人申请减免税，应向主管税务机关提出书面申请，并按规定附送有关资料
C.减税、免税期满，纳税人应当自期满次日起恢复纳税
D.纳税人同时从事减免项目与非减免项目，不能分别核算的，由税务机关核定减免税额
12.下列关于发票管理的陈述，正确的有（　　）。
A.依法办理税务登记的单位和个人，在领取税务登记证后，向主管税务局申请领购发票
B.对无固定经营场地或者财务制度不健全的纳税人申请领购发票，主管税务机关有权要求其提供担保人
C.增值税专用发票只限于增值税一般纳税人领购使用
D.根据发票管理的要求，发票保管分为税务机关保管和用票单位、个人保管两个层次
13.未办理税务登记和临时经营的纳税人，税务机关可依法采取的税款征收措施主要有（　　）。
A.核定其应纳税额　　B.责令限期缴纳
C.税收保全措施　　D.强制执行措施
14.根据《税收征管法》的规定，可以处不缴或少缴税款的50%以上5倍以下的罚款的行为有（　　）。
A.纳税人伪造、变造、隐匿、擅自销毁账簿、记账凭证，不缴或少缴应纳税款的

B.纳税人在账簿上多列支出或不列、少列收入，不缴或少缴应纳税款的

C.纳税人经税务机关通知申报而拒不申报或进行虚假的纳税申报，不缴或少缴应纳税款的

D.纳税人、扣缴义务人编造虚假计税依据的

15.根据《税收征管法》的有关规定，纳税人因自身原因未缴或少缴税款，税务机关可采取的措施有（　　）。

A.非故意数额在10万元以上的，5年内追征

B.非故意数额在10万元以上的，10年内追征

C.因计算错误的，3年内追征

D.偷税的，无限期追征

16.纳税人有（　　）情形的，适用纳税担保。

A.在限期内税务机关有根据认为纳税人有明显的转移、隐匿其应纳税的商品、货物以及其他财产或应纳税收入的迹象

B.纳税人未按规定期限纳税

C.纳税人与税务机关在纳税上发生争议而未缴清税款须申请行政复议的

D.欠缴税款、滞纳金的纳税人或其法定代表人需要出境的

17.根据《税收征管法》的规定，下列属于税收强制执行措施的有（　　）。

A.书面通知纳税人开户银行或其他金融机构冻结纳税人金额相当于应纳税款的存款

B.扣押、查封、拍卖纳税人价值相当于其应纳税款的商品、货物或者其他财产，以拍卖所得抵缴税款

C.书面通知纳税人开户银行或者其他金融机构从其存款中扣缴税款

D.扣押、查封纳税人价值相当于其应纳税款的商品、货物或其他财产

18.从事生产经营的纳税人到外县（市）临时从事生产经营活动，须持（　　）向营业地主管税务机关报验登记。

A.税务登记证正本

B.税务登记证副本

C.工商营业执照

D.所在地税务机关开具的外出经营活动税收管理证明

19.纳税人、扣缴义务人在规定的期限内不缴或少缴应纳或应解缴的税款，税务机关可根据其情节依法采取的措施和处罚主要有（　　）。

A.责令限期缴纳　　B.处以0.5～3倍罚款

C.处以0.5～5倍的罚款　　D.处以5倍以下罚款

20.《税收征管法》规定，纳税人逃避、拒绝或以其他方式阻挠税务机关依法检查的，税务机关可采取的措施或处罚有（　　）。

A.责令其改正　　B.情节严重的，处1万～5万元罚款

C.处1万元以下罚款　　D.采取强制执行措施

21.可以作为抵押物的财产包括（　　）。

A.土地所有权

B.抵押人所有的机器、交通运输工具和其他财产

C.抵押人依法有权处分的国有房屋和其他地上定着物

D.依法被查封、扣押、监管的财产

22.纳税人偷税构成犯罪的，可采取的处罚方式主要有（　　）。

A.追缴税款　　B.加收滞纳金

C.罚款　　D.追究刑事责任

23.以下对纳税质押的理解正确的有（　　）。

A.纳税质押是指经税务机关同意，纳税人或纳税担保人将其动产或权利凭证移交税务机关占有，将该动产或权利凭证作为税款及滞纳金的担保

B.动产质押包括现金以及不动产提供的质押

C.权利质押包括汇票、支票、本票、债券、存款单等权利凭证提供的质押

D.税务机关自担保人缴清税款及滞纳金之日起3日内返还质押物、解除质押关系

24.税务工作人员的职务犯罪所涉及的罪名有（　　）。

A.徇私舞弊不征少征税款罪

B.以权谋私多征税款罪

C.徇私舞弊发售发票、抵扣税款、出口退税罪

D.徇私舞弊非法出售增值税专用发票罪

四、综合题

2020年10月，某税务机关对某公司进行纳税检查时发现了以下几个问题：

（1）该公司从一些个体工商户处购买货物，未经税务机关同意，取得了一部分增值税专用发票，并作为进项税额入账，已抵扣进项税款140 000元。

（2）账外销售货物280 000元（不含税价格），未计入销售额，计算销项税额为36 400元。

（3）经核实，该公司已纳增值税400 000元，税务机关对该公司作出追缴税款176 400元（140 000+36 400）的处罚，并罚款92.4万元。

要求：请根据《税收征管法》的规定，对上述公司的行为和税务机关的行为作出判断，并提出处理意见。

第10章　税务行政管理法

【学习目的与要求】

学习本章的目的主要是掌握税收管理体制的概念及管理权限的划分，了解我国税务机构的设置及其征管范围，理解和掌握税务行政处罚的基本内容，掌握税务行政复议、诉讼和应诉的基本内容，掌握税务行政赔偿的相关要素、程序、方式与标准。要求学生熟记税收管理体制和税务行政处罚、复议、诉讼和赔偿的主要规定，并能熟练、综合、灵活地加以运用。

【重点与难点问题解析】

在教材中，本章共分税收管理体制、税务行政处罚、税务行政争讼和税务行政赔偿4节内容。重点是税收管理体制和税务行政处罚、争讼，难点是税务行政争讼、赔偿。本章的重点和难点分7个问题，简析如下：

一、我国税收管理权限的划分

我国税收管理权限按大类可划分为税收立法权和税收执法权。

1.税收立法权的划分。我国税收立法权是根据税收执法级次来划分的，并赋予地方适当的税收立法权。

概括地说，全国人大及其常委会有全国性税种的立法权；经全国人大及其常委会的授权，国务院可发布“实施条例”或“暂行条例”，制定税法实施细则，有税目增减、税率调整权和税法解释权；财政部和国家税务总局有税收条例解释权和税收条例实施细则制定权；省级人大及其常委会有全国性税种以外的地方税种的税收立法权（包括基金和费用）；经省级人大及其常委会授权，省级政府有本地区地方税法的解释权以及制定其实施细则和调整税目与税率权等。

2.税收执法权的划分。我国税收按税种划分为中央收入和地方收入，按收入划分税收管理权限。中央税是维护国家经济权益、实施宏观调控所必需的税种，其税收管理权限由国务院及财政部、国家税务总局掌握；地方税是适合地方征管的税种，其管理权限由地方人民政府及地方税务主管部门掌握；共享税是同国民经济发展直接相关的主要税种，其税收管理权限按中央和地方各自的收入归属划分。

二、我国税务机构及其权限的划分

1.税务机构的总体设置。2018年3月13日国务院改革国税地税征管体制，将省级和省级以下国税地税机构合并，具体承担所辖区域内各项税收、非税收入征管等职责。

2.中央与地方政府税收收入的划分。主要包括以下几个方面：

（1）中央政府固定收入，包括国内消费税、关税、印花税（从2016年1月起将证券交易印花税全部调整为中央收入）以及海关代征的增值税、消费税。

（2）地方政府固定收入，包括城镇土地使用税、耕地占用税、土地增值税、房产税、车船税、契税、烟叶税和其他地方附加收入。

（3）中央与地方共享收入，包括国内增值税、企业所得税、个人所得税、资源税、城市维护建设税。

三、税务行政处罚的有关问题

有关税务行政处罚的现行法律规定，主要包括税务行政处罚的设定、种类、主体、程序和执行等内容。

1.税务行政处罚的设定。全国人大及其常委会可以通过法律的形式，设定各种税务行政处罚；国务院可以通过行政法规的形式，设定除限制人身自由以外的税务行政处罚；国家税务总局可以通过规章的形式，设定警告和罚款；地方性法规和地方性规章，不得设定税务行政处罚。

2.税务行政处罚的种类。我国现行税务行政处罚的种类主要有罚款、没收非法所得、停止出口退税权、收缴发票和暂停供应发票。

3.税务行政处罚的主体。税务行政处罚的实施主体是县以上税务机关，各级税务机关的内设机构、派出机构不具备处罚主体资格；但税务所可以实施罚款数额在2 000元以下的税务行政处罚。

4.税务行政处罚的程序。税务行政处罚程序分为简易程序和一般程序。

（1）简易程序，是指税务机关及其执法人员对于公民、法人或其他组织违反税收征管秩序的行为，当场作出税务行政处罚决定的行政处罚程序。其适用条件如下：一是案情简单、事实清楚、违法后果比较轻微，且有法定依据应当给予处罚的违法行为；二是给予的处罚较轻，仅适用于对公民处以50元以下和对法人或其他组织处以1 000元以下罚款的违法案件。

（2）一般程序，是指除适用简易程序的税务违法案件外，税务机关对于其他违法案件在作出处罚决定之前都要经过立案、调查取证、审查、决定、执行程序。主要适用于情节比较复杂、处罚比较重的案件。有些案件在调查取证时需要举行听证，听证的范围是对公民作出2 000元以上和对法人或其他组织作出10 000元以上罚款的案件。

5.税务行政处罚的执行。主要包括以下几个方面：

（1）税务行政处罚决定的履行。税务机关作出行政处罚决定后，应按规定送达当事人执行。当事人在法定期限内，不申请复议、不起诉又不履行的，税务机关可申请法院强制执行。

（2）税务执法人员收缴罚款。税务机关对当事人作出罚款行政处罚决定的，当事人应在收到行政处罚决定书之日起15日内缴纳罚款，到期不缴纳的，税务机关可对当事人每日按罚款数额的3%加处罚款。

（3）代收罚款协议的签订。自代收罚款协议签订之日起15日内，税务机关应当将代收罚款协议报上一级税务机关和同级财政部门备案；代收机构应当将代收罚款协议报中国人民银行或当地分支机构备案。

四、税务行政复议的有关问题

1.税务行政复议的特点。税务行政复议是指纳税当事人（纳税人、扣缴义务人和纳税担保人等）不服税务机关及其工作人员作出的具体行政行为，根据当事人的申请，由上一级税务机关（复议机关）对复议申请内容进行复查并作出裁决的一种税务行政行为。一般而言，税务行政复议是解决税务行政争议案件的必经程序。我国税务行政复议的特点主要表现为：

（1）因税务管理对象当事人的申请而产生，以申请复议的具体行政行为为对象。

（2）复议要以申请人依法自动履行原具体行政行为为前提条件。

（3）由作出税务具体行政行为的上一级税务机关负责裁决。

（4）因征税行为发生的争议，复议与诉讼相衔接并构成税务行政复议的前置程序。

2.税务行政复议的受案范围。受案范围是对税务机关的具体行政行为不服提出的行政复议申请，主要包括：

（1）征税行为。征税行为包括确认纳税主体、征税对象、征税范围、减税、免税、退税、抵扣税款、适用税率、计税依据、纳税环节、纳税期限、纳税地点和税款征收方式等具体行政行为，以及征收税款、加收滞纳金，扣缴义务人、受税务机关委托的单位和个人作出的代扣代缴、代收代缴、代征行为等。

（2）行政许可、行政审批行为。

（3）发票管理行为，包括发售、收缴、代开发票等。

（4）税收保全措施、强制执行措施。

（5）行政处罚行为，包括罚款、没收财物和违法所得、停止出口退税权。

（6）不依法履行下列职责的行为，包括颁发税务登记，开具、出具完税凭证及外出经营活动税收管理证明，行政赔偿，行政奖励，其他不依法履行职责的行为。

（7）资格认定行为。

（8）不依法确认纳税担保行为。

（9）政府信息公开工作中的具体行政行为。

（10）纳税信用等级评定行为。

（11）通知出入境管理机关阻止出境行为。

（12）其他具体行政行为。

3.税务行政复议参加人。参加人是指在复议机关的组织下，依法参加税务行政复议活动的申请人、第三人、代理人和被申请人。

（1）税务行政复议的申请人。税务行政复议的申请人是指依法提起税务行政复议的税务当事人。

（2）税务行政复议的第三人。税务行政复议的第三人是指与申请税务行政复议的具体行政行为有利害关系的其他公民、法人或其他组织。

（3）税务行政复议的代理人。税务行政复议的代理人是指受申请人或第三人的委托，在法律规定或当事人委托的权限范围内进行税务行政复议活动的人。申请人、第三人可委托1～2名代理人参加行政复议，并向行政复议机构提交授权委托书。

（4）税务行政复议的被申请人。税务行政复议的被申请人是指纳税人或其他税务当事人不服的作出具体行政行为的税务机关。

4.税务行政复议申请的程序。其规定主要包括：

（1）税务行政复议的申请。申请人可在知道税务机关作出具体行政行为之日起60日内提出行政复议申请。申请人申请行政复议的，必须依照税务机关依法确定的税额和期限，先行缴纳或解缴税款和滞纳金或提供相应的担保，才可在缴清税款和滞纳金后或所提供担保得到作出具体行政行为的税务机关确认之日起60日内提出行政复议申请。

（2）税务行政复议的受理。复议机关收到复议申请后，应在5日内审查。受理行政复议申请，应书面告知申请人。对应当先向复议机关申请复议，对复议决定不服再向人民法院提起行政诉讼的具体行政行为，复议机关决定不予受理或受理后超过期限不作答复的，申请人可自收到不予受理决定书之日起或复议期满之日起15日内，依法向法院提起诉讼。

（3）税务行政复议的审查。行政复议机构应自受理行政复议申请之日起7日内，将复议申请书副本或申请笔录复印件发送被申请人。行政复议原则上采用书面审查的办法。复议机关应全面审查被申请人的具体行政行为所依据的事实证据、法律程序、法律依据和设定的权利义务内容的合法性、适当性。

（4）税务行政复议的决定。复议机关应自受理申请之日起60日内作出行政复议决定。情况复杂不能在规定期限内作出复议决定的，经复议机关负责人批准可延期，但延期不得超过30日。其复议决定结论包括维持、撤销、变更或确认违法、重新作出和予以驳回。作出行政复议决定应制作复议决定书，决定书一经送达即发生法律效力。

（5）税务行政复议的履行。被申请人应履行行政复议决定。被申请人不履行、无正当理由拖延履行行政复议决定的，复议机关或有关上级税务机关应责令其限期履行。申请人逾期不起诉又不履行复议决定的，由作出具体行政行为的税务机关或变更具体行政行为的复议机关依法强制执行，或申请法院强制执行。

五、税务行政诉讼的有关问题

1.税务行政复议与诉讼的关系。主要表现在：

（1）联系：两者都是以解决税务行政争议为目的，且争议的一方是税务机关；它们的法律关系表现为“三方性”，即争讼的税务机关、当事人和复议的上级税务机关或司法仲裁的人民法院；在税务行政争议的法律关系中，争议双方的法律地位是平等的，由复议税务机关或法院依法作出裁决。

（2）区别：一是受理机关不同，复议由税务机关受理，而诉讼由人民法院受理；二是适用程度不同，诉讼适用司法程序，其特征是严格、全面和公正，而复议是司法化的行政程序，兼有行政和司法两重性；三是调节广度不同，法院受理的税务行政诉讼案，一般只作出维持或撤销的判决，而复议的裁决除撤销或维持处理决定外，还可依法作出变更的决定等。

2.税务行政诉讼的受案与管辖。税务行政诉讼的受案范围，在内容上大体与税务行政复议的受案范围一致。此外，它还包括税务机关的复议行为，即复议机关改变了原具体行政行为和期限届满税务机关不予答复的情形。税务行政诉讼的管辖具体包括：

（1）级别管辖，是指上下级人民法院之间受理第一审行政案件的分工和权限。

（2）地域管辖，是指同级人民法院之间受理第一审行政案件的分工和权限。

（3）裁定管辖，是指人民法院依法自行裁定的管辖。

3.税务行政诉讼的起诉和受理。纳税人、扣缴义务人等税务管理相对人，对税务机关征税行为提起诉讼必须先经过复议，对复议决定不服的，可在接到复议决定书之日起15日内向人民法院起诉；对其他具体行政行为不服的，当事人可以在接到通知或知道之日起15日内直接向人民法院起诉。

人民法院接到诉状，经过审查，应在7日内立案或作出不予受理的裁定。原告对不予受理的裁定不服的，可以提起上诉。

4.税务行政诉讼的审理和判决。人民法院审理行政案件，实行合议、回避、公开审判和两审终审的审判制度。审理的核心是审查被诉具体行政行为是否合法，该行为是否依据一定的事实和法律作出，税务机关作出该行为是否遵照必备的程序等。

人民法院对受理的税务行政案件，经过调查、收集证据、开庭审理之后，作出维持判决、撤销判决、履行判决和变更判决的决定。当事人对一审人民法院的判决不服可上诉；对发生法律效力的判决，当事人必须执行，否则人民法院有权依据对方当事人的申请予以强制执行。

六、税务行政应诉的有关问题

1.税务行政应诉的机关。主要包括：

（1）公民、法人或其他组织直接向人民法院提起诉讼的，为作出具体税务行政行为的税务机关。

（2）经税务行政复议的案件，复议机关决定维持原具体行政行为的，为作出原具体行政行为的税务机关。

（3）复议机关改变原具体行政行为的，为税务行政复议机关。

（4）由法律、法规授权作出具体行政行为的组织。

（5）由税务机关委托的组织作出具体行政行为的，为委托税务机关。

（6）两个以上税务机关作出同一具体行政行为的，为共同作出具体行政行为的税务机关。

（7）税务机关被撤销的，为继续行使其职权的税务机关。

2.税务行政应诉的准备。主要包括：

（1）对原告起诉的审查。主要审查原告主体合法性、原告诉讼时间性和原告诉讼程序等。

（2）委托诉讼代理人。税务机关应由其法定代表人，或由法定代表人委托的1~2名代理人进行诉讼。

（3）提交应诉答辩状。税务应诉机关应当在收到原告起诉状副本之日起10日内，向人民法院提交答辩状。

（4）申请证据保全措施。税务应诉机关对作出的具体行政行为负有举证责任，并应按照人民法院的要求提供或补充作出该具体行政行为的证据和所依据的规范性文件。

3.税务行政应诉的程序。主要包括：

（1）税务机关的出庭应诉。税务机关必须按照人民法院通知的开庭时间出庭应诉，在庭审中享有陈述权、质证权、辩论权和其他法定权利，同时应在庭审过程中履行规定的义务。

（2）税务行政诉讼的判决。经过诉讼审理，人民法院可根据不同情况，作出基本判决结论和对一些具体行政行为作出其他裁定事项。

（3）税务机关的上诉。税务机关不服人民法院的第一审判决或裁定的，应于接到行政判决书之日起15日内或接到行政裁定书之日起10日内，向原审人民法院或其上一级人民法院提起上诉。税务机关上诉，应在法定期限内提交书面上诉状。

（4）税务机关的申诉。税务机关对已经发生法律效力的判决或裁定，认为确有错误的，可向原审人民法院或上一级人民法院提出申诉，但判决或裁定不停止执行。

（5）判决、裁定的执行。税务机关和原告必须履行人民法院已经发生法律效力的判决或裁定。若税务机关拒绝履行判决或裁定，第一审人民法院可以采取相应措施；若原告对具体行政行为在法定期限内不提起诉讼、不履行或拒不执行，税务机关可依法向第一审人民法院申请强制执行或依法强制执行。

七、税务行政赔偿的有关问题

1.税务行政赔偿的构成要件。税务行政赔偿是指税务机关对本身及其工作人员的职务违法行为给纳税人和其他税务当事人的合法权益造成的损害，代表国家予以赔偿的制度。其构成要件主要包括以下四个方面：

（1）前提要件，即侵权主体是税务机关及其工作人员或法律、法规授权的组织。

（2）核心要件，即税务机关及其工作人员的职务违法行为。

（3）必备要件，即存在对纳税人和其他税务当事人合法权益造成损害的事实。

（4）因果要件，即税务机关及其工作人员的职务违法行为与现实发生的损害事实存在因果关系。

2.税务行政赔偿的请求时效。请求税务行政赔偿的时效为2年，自税务机关及其工作人员行使职权时的行为被依法确认为违法之日起计算。如果税务行政赔偿请求人在赔偿请求时效的最后6个月内，因不可抗力或其他障碍不能行使请求权，时效中止；从中止时效的原因消除之日起，赔偿请求时效期间继续计算。

3.税务行政赔偿的范围。《中华人民共和国国家赔偿法》规定的赔偿只包括对直接损害的赔偿，不包括对间接损害的赔偿。其范围限于对财产权和人身权中的生命健康权、人身自由权的损害进行赔偿，不包括精神损害等。税务行政赔偿的范围包括侵犯人身权的赔偿和侵犯财产权的赔偿。但在特定情况下，虽有损害发生，税务机关也不予赔偿，其情形主要包括：税务机关工作人员与行使职权无关的个人行为和法律规定的其他情形。

4.税务行政赔偿的方式。税务行政赔偿以支付赔偿金为主要方式。赔偿义务机关能够通过返还财产或恢复原状实施赔偿的，应当返还财产或恢复原状。返还财产是指税务机关将违法取得的财产返还给受害人的赔偿方式，但其实施应当注意原物是否存在，是否比以金钱赔偿更为有利或便捷，是否影响公务活动等；恢复原状是指税务机关对受害人所受损害进行修复，使之恢复到损害前的形式和性能的赔偿方式。

一、判断题

1.税收管理体制的实质，体现了中央与地方在课税及管理全过程中的一种权利分配关系。（　　）

2.我国的税收立法权是按照税法构成要素和税收执法级次来划分的。（　　）

3.我国税收立法权一律集中在中央，地方不享有任何税收立法权。（　　）

4.经全国人大及其常委会的授权，国务院可以以“条例”或“暂行条例”的形式发布施行全国性税种。 (   )

5.财政部和国家税务总局有税法解释权及制定税收条例、税收征管法实施细则的权力。 (   )

6.税收政策的调整权集中在全国人大及其常委会和国务院，各地一律不得自行制定涉外税收的优惠措施。 (   )

7.各地区、各部门及单位和个人在税法规定之外一律不得减免税，也不得采取先征后返的形式变相减免税。 (   )

8.除税收实体法中有规定外，各地均不得擅自停征全国性地方税种。 (   )

9.民族自治地区有全国性地方税种某些税目、税率的调整权和地方性税种的减免税权。 (   )

10.税务机关具有多重性质和功能，它是代表国家行使税务行政管理、执行税收法令和组织税收收入的职能机关。 (   )

11.经全国人大及其常委会的授权，国务院有税法的解释权；经国务院授权，国家税务主管部门有税收条例的解释权和制定税收条例实施细则的权力。 (   )

12.税务所是县级税务局的派出机构，一般是按照行政区划或行业来设置的。 (   )

13. 税务行政处罚是行政处罚的重要组成部分。 (   )

14.全国性税种的立法权，即全部中央税、中央与地方共享税和在全国范围内征收的地方税税法的制定、公布和税种的开征、停征权，属于全国人民代表大会及其常务委员会。 (   )

15.海洋石油企业缴纳的资源税部分归中央政府，其余部分归地方政府。 (   )

16.现行税收管理体制规定，国内的增值税、关税和海关代征的增值税、消费税是中央的固定收入。 (   )

17.我国地方政府的固定收入是企业所得税、个人所得税、房产税、土地增值税等税收收入。 (   )

18.中国铁路总公司、各银行总行、各保险总公司集中缴纳的城市维护建设税部分归中央政府，其余部分归地方政府。 (   )

19.税务行政处罚是行政处罚的重要组成部分，故《中华人民共和国行政处罚法》是税务行政处罚的主要法律依据。 (   )

20.税收立法权主要集中在中央，地方有适当的立法权，因此地方性法规和规章可以设定税务行政处罚。 (   )

21.全国人大及其常委会可以通过法律形式设定各种税务行政处罚，包括经济处罚、限制人身自由等。 (   )

22.国家税务总局可以通过规章的形式设定警告和罚款，但罚款有最高数额限制，超过限额的应报国务院批准。 (   )

23.税务行政处罚的实施主体是县以上税务机关，派出机构不具有处罚主体资格。因此，税务所作为县级税务机关的派出机构，不能对任何纳税人的税务违法行为进行处罚。 (   )

24.对个体工商户及未取得营业执照从事生产经营的单位、个人罚款在2 000元以下

的，税务所有权进行处罚。（　）

25.根据现行有关法律规定，只有当事人税务违法行为发生地的税务机关才有权对当事人实施税务行政处罚，其他税务机关无权实施。（　）

26.海关负责征收和管理的项目有关税、行李和邮递物品进口税，但进口环节的增值税和消费税由税务机关负责征收和管理。（　）

27.对公民处以50元以下、对法人或其他组织处以1 000元以下罚款的税务行政处罚，税务行政执法人员可当场作出处罚决定。（　）

28.税务当事人对税务机关作出的罚款行政处罚，可以在收到“税务行政处罚事项告知书”后的有效期限内提出听证要求，税务机关不得拒绝。（　）

29.税务机关对当事人当场作出行政处罚决定，具有依法给予20元以下罚款或不当场收缴罚款事后难以执行情形的，其执法人员可以当场收缴罚款。（　）

30.税务行政处罚实行罚款决定和罚款收缴分离的办法，由国家税务总局具体确定。（　）

31.税务行政复议与诉讼是因纳税人和其他税务当事人对税务机关具体行政行为有争议或不服而产生的。（　）

32.税务行政复议是税务行政诉讼的必需前置程序，未经复议不得向人民法院起诉，人民法院也不得受理。（　）

33.税务当事人（纳税人等）对税务机关作出的行政处罚行为，可以不经复议而直接向人民法院起诉。（　）

34.纳税人对税务机关作出的取消增值税一般纳税人资格的决定不服的，必须先向上一级税务机关申请行政复议，而不能直接进行诉讼。（　）

35.纳税人认为税务机关的具体行政行为所依据的规章不合理，无论是哪一级机关制定的，在申请复议时都可一并向复议机关提出对该规章的审查申请。（　）

36.申请人向税务复议机关申请行政复议的，复议机关已经受理的，不得再向人民法院起诉；申请人向人民法院提起行政诉讼的，人民法院已经受理的，不得申请行政复议。（　）

37.印花税属于中央政府与地方政府共享收入，证券交易印花税收入的94%归中央政府，其余6%和其他印花税收入归地方政府。（　）

38.税务当事人对国家税务总局作出的处理决定不服的，可以向国务院申请行政复议。（　）

39.对税务机关依法设立的派出机构，依照法律、法规或规章的规定，以自己名义作出的具体行政行为不服的，可向设立该派出机构的税务机关申请行政复议。（　）

40.税务行政复议的申请人、第三人和被申请人，可以委托代理人代为参加税务行政复议。（　）

41.税务行政复议机关应当在收到复议申请之日起30日内作出复议决定。（　）

42.税务行政复议机关改变原税务处理决定的，作出原税务处理决定的税务机关仍是税务行政行为的被告。（　）

43.税务行政诉讼是指公民、法人和其他组织认为税务机关的具体行政行为违法或不当，依法向人民法院提出诉讼请求，人民法院对具体税务行政行为的合法性和适当性进行

审理和判决的司法活动。 (　　)

44.税务行政诉讼不适用调解的原则，即人民法院不能对存在争议的征纳双方当事人进行调解。 (　　)

45.在税务行政诉讼中，税务机关只能作为被告，而且不能反诉。 (　　)

46.税务当事人对税务机关的复议决定不服的，可以在接到复议决定书之日起30日内向人民法院起诉。 (　　)

47.在税务行政诉讼中，人民法院审理税务行政案件实行合议、回避、公开审判和两审的审判制度。 (　　)

48.税务行政赔偿的必备要件是税务机关及其工作人员的职务违法行为。 (　　)

49.税务行政赔偿请求人要求赔偿的，其赔偿的义务机关、复议机关、人民法院不得向该请求人收取任何费用；对赔偿请求人取得的赔偿金也不予征税。 (　　)

50.国务院可通过行政法规的形式设定除限制人身自由以外的税务行政处罚，国家税务总局可以通过规章的形式设定警告和罚款。 (　　)

51.税务行政赔偿的费用，由承担赔偿义务的侵权税务机关承担。 (　　)

52.税务机关依法进行税务行政赔偿后，对存在故意或重大过失的税务工作人员，可以追究全部赔偿费用。 (　　)

53.税务行政诉讼不适用调解原则，同理，税务行政赔偿诉讼也不适用这一原则。 (　　)

54.税务行政赔偿以支付赔偿金为主要方式，但赔偿义务机关也可以通过返还财产或恢复原状的方式实施赔偿。 (　　)

55.税务机关及其工作人员的职务违法行为，给纳税人等税务当事人的生命健康权、人身自由权造成损害的，应依法予以赔偿；但税务工作人员的非职务行为对他人造成上述损害的，责任由个人承担，不属于税务行政赔偿的范围。 (　　)

二、单项选择题

1.我国现行的税收立法权是按照（　　）来划分的。

A.税种类型　　B.税法构成要素　　C.征税对象类型　　D.税收执法级次

2.经国务院的授权，财政部和国家税务总局的税收立法权是（　　）。

A.制定地方税法规　　B.税法解释权

C.税收条例解释权　　D.税目调整权

3.关于税务行政处罚，下列陈述中不正确的是（　　）。

A.税务所可以实施罚款额在2 000元以下的税务行政处罚

B.税务行政处罚的实施主体主要是县级以上的税务机关

C.税务行政处罚必须以事实为依据

D.国家税务总局可以针对纳税人的违法行为设定各种税务行政处罚，对其他违法行为不能设置行政处罚

4.下列税务行政复议受理案件中，必须经复议程序的是（　　）。

A.因税务机关作出行政处罚引起争议的案件

B.因不给予举报奖励引起争议的案件

C.因纳税信用等级评定引起争议的案件

D.因核定征收引起争议的案件

5.根据《税收征管法》及其他相关规定，对税务机关的征税行为提起诉讼，必须先经过复议，对复议决定不服的，可以在接到复议决定书之日起（　　）日内向人民法院起诉。

A.15　　B.30　　C.60　　D.90

6.按照税务行政处罚的地域管辖来看，我国税务行政处罚实行的是（　　）。

A.居住地原则　　B.行为发生地原则

C.收入来源地原则　　D.户籍所在地原则

7.税务所可以实施罚款额在（　　）元以下的税务行政处罚。

A.200　　B.2 000　　C.500　　D.1 000

8.下列各项中，不符合《行政复议法》和《税务行政复议规则》规定的是（　　）。

A.对税务机关作出的逾期不缴纳罚款加处罚款的决定不服的，向作出行政处罚决定的税务机关申请行政复议

B.对国家税务总局作出的具体行政行为不服的，向国家税务总局申请行政复议

C.对国家税务总局作出的具体行政行为不服的，向国家税务总局申请行政复议，对行政复议决定不服的，可以向国务院申请裁决

D.对省级税务机关作出的具体行政行为不服，经向国家税务总局申请复议，对复议决定仍不服的，可以向国务院申请裁决

9.我国税务行政处罚的实施主体是（　　）。

A.税务机关的内设机关　　B.税务机关的派出机构

C.县以上的税务机关　　D.税务所

10.对税务行政复议决定不服的，可在接到复议决定书之日起（　　）日内向人民法院起诉。人民法院接到诉状，经过审查，应在（　　）日内立案或作出裁定不予受理。

A.15，15　　B.7，15　　C.15，7　　D.30，7

11.税务行政复议的申请人可以在知道税务机关作出具体行政行为之日起（　　）日内提出行政复议申请。

A.15　　B.30　　C.45　　D.60

12.下列行政复议情形中，需中止行政复议的是（　　）。

A.行政复议申请受理后，发现人民法院已经受理的

B.作为申请人的公民被宣告失踪的

C.申请人申请停止执行，复议机关认为其要求合理的

D.申请人与被申请人按规定达成和解的

13.甲市乙县税务局丙镇税务所在执法时给予本镇纳税人赵某1 500元罚款的行政处罚，赵某不服，向行政复议机关申请行政复议，则被申请人是（　　）。

A.甲市税务局　　B.乙县税务局　　C.丙镇税务所　　D.乙县人民政府

14.下列税务行政复议受理案件中，必须经复议程序的是（　　）。

A.因税务机关作出行政处罚引起争议的案件

B.因不予代开发票引起争议的案件

C.因停止出口退税权引起争议的案件

D.因不予审批减免税或者出口退税引起争议的案件

15.下列关于税务行政处罚权力清单相关规定的表述，不正确的是（　　）。

A.纳税人未按照规定安装、使用税控装置，或者损毁、擅自改动税控装置的，税务机关责令其限期改正，情节严重的，处2 000元以上1万元以下的罚款

B.非法印制、转借、倒卖、变造或者伪造完税凭证的，税务机关责令其改正，处2 000元以上1万元以下的罚款

C.纳税人逃避、拒绝或者以其他方式阻挠税务机关检查的，税务机关责令其改正，可处2 000元以下的罚款

D.扣缴义务人的开户银行或者其他金融机构拒绝接受税务机关依法检查扣缴义务人存款账户的，处10万元以上50万元以下的罚款，对直接负责的主管人员和其他直接责任人员处1 000元以上1万元以下的罚款

16.税务机关对当事人作出罚款处罚决定的，当事人应当在收到行政处罚决定书之日起15日内缴纳罚款，到期不缴纳的，税务机关可以对当事人每日按罚款数额的（　　）加处罚款。

A.5%　　B.0.05%　　C.3%　　D.0.03%

17.根据现行规定，纳税人对税务机关作出的（　　）不服的，必须先申请行政复议。对复议决定不服的，再向人民法院起诉。

A.征收税款、加收滞纳金　　B.责令提供纳税担保

C.税收保全措施　　D.税收强制执行措施

18.在税务行政复议受理的案件中，（　　）必须先经复议，对复议结果不服时才可提起税务行政诉讼。

A.税款征收问题　　B.审批出口退税　　C.税务行政处罚　　D.提供纳税担保

19.下列关于税务行政处罚设定和实施主体的陈述，不正确的是（　　）。

A.实施税务行政处罚的主体主要是县以上的税务机关

B.全国人大及其常务委员会可通过法律形式设定各种税务行政处罚

C.国务院可通过行政法规形式设定除限制人身自由以外的行政处罚

D.国家税务总局可以通过规章的形式设定警告，但不可以设定罚款

20.税务复议机关决定不予受理或受理后超过复议期限不作答复的，纳税人和其他税务当事人可以自收到不予受理决定书之日起或行政复议期满之日起（　　）内，依法向人民法院提起行政诉讼。

A.10日　　B.15日　　C.30日　　D.60日

21.税务行政复议的申请人可以在得知税务机关作出具体行政行为之日起（　　）内提出行政复议申请。

A.60日　　B.30日　　C.7日　　D.3日

22.税务行政诉讼的（　　）是指同级人民法院之间受理第一审行政案件的分工和权限。

A.级别管辖　　B.地域管辖　　C.裁定管辖　　D.管辖权的转移

23.税务行政处罚的实施主体是（　　）。

A.市级以上税务机关　　B.省级税务机关

C.国家税务总局　　D.县级以上税务机关

24.法律规定，人民法院接到税务行政诉状，应在（　　）内立案或作出不予受理裁定。

A.7日　　B.10日　　C.15日　　D.30日

25.复议机关应自受理申请之日起（　　）日内作出行政复议决定；情况复杂、不能在规定期限内作出行政复议决定的，经复议机关负责人批准，可适当延长，并告知申请人和被申请人，但延长期限最多不超过（　　）日。

A.60，60　　B.30，60　　C.60，30　　D.30，30

26.根据《税收征管法》的规定，不能按照规定安装、使用税控装置，或者毁损、擅自改动税控装置的，由税务机关责令限期改正，可处以（　　）罚款。

A.5 000元以下

B.2 000元以上5 000元以下

C.2 000元以上10 000元以下

D.2 000元以下

27.下列关于税务行政处罚的设定中，正确的是（　　）。

A.国务院可以通过法律的形式设定各种税务行政处罚

B.国家税务总局可以通过规章的形式设定警告和罚款

C.地方人大可以通过法律的形式设定各种税务行政处罚

D.省税务机关可以设定税务行政处罚的规范性文件

28.申请人对下列税务行政复议范围中的（　　）不服的，必须先申请行政复议，对复议结果不服的才可以向人民法院提起行政诉讼。

A.没收财物　　B.确认抵扣税款

C.不予开具完税凭证　　D.税务人员不予认定为增值税一般纳税人

29.税务机关作出具体行政行为时，未告知当事人诉权和起诉期限，致使当事人逾期向人民法院起诉的，其起诉期限从当事人实际知道诉权或起诉期限时计算，但最长不得超过（　　）。

A.1年　　B.2年　　C.3年　　D.5年

30.下列项目中不属于税务行政赔偿的是税务机关（　　）。

A.向税务当事人乱摊派　　B.非法拘禁当事人

C.税务人员殴打纳税人　　D.税务人员因个人恩怨对他人造成损害

三、多项选择题

1.税务行政复议与诉讼的区别有（　　）。

A.受理机关不同　　B.适用程度不同

C.调节广度不同　　D.争议双方的法律地位不同

2.全国人大及其常委会的税收立法权主要包括（　　）。

A.中央税税法的制定　　B.税种开征停征权

C.税目、税率调整权　　D.税收法律解释权

3.经全国人大及其常委会授权，国务院的税收立法权主要有（　　）。

A.全国性税种可先以“实施条例”的形式发布施行

B.全国性税种可先以“暂行条例”的形式发布施行

C.制定税法实施细则

D.税目、税率调整权

4.税务机关实施的下列具体行政行为中，属于税务行政处罚的有（　　）。

A.罚款　　B.收缴发票

C.没收违法所得　　D.停止出口退税权

5.下列关于税务行政复议管辖范围的说法中，不正确的有（　　）。

A.对计划单列市税务局的具体行政行为不服的，向省税务局申请行政复议

B.对直辖市税务局作出的行政行为不服的，可以向直辖市人民政府申请行政复议

C.对税务所（分局）的具体行政行为不服的，向所属税务局的上一级申请行政复议

D.对某市税务局作出的行政行为不服的，只能向省税务局申请行政复议

6.由税务局系统负责征收管理的税种主要有（　　）。

A.关税　　B.房产税与印花税　　C.车船税与契税　　D.城镇土地使用税

7.根据现行分税制财政管理体制的规定，属于中央政府固定收入的有（　　）。

A.国内消费税　　B.进出口关税

C.国内增值税　　D.海关代征增值税和消费税

8.税务行政诉讼的管辖分为（　　）。

A.属地管辖　　B.级别管辖　　C.地域管辖　　D.裁定管辖

9.下列关于税务行政复议受理的陈述，正确的有（　　）。

A.行政复议机关收到行政复议申请以后，应当在5日内审查，决定是否受理

B.对符合规定的行政复议申请，自行政复议机构收到之日起即为受理；受理行政复议申请，应当书面告知申请人

C.上级税务机关认为有必要的，可以直接受理或者提审由下级税务机关管辖的行政复议案件

D.具体行政行为在行政复议期间，行政复议机关认为需要停止执行的，可以停止执行

10.国家税务总局制定的税务行政处罚规章中，对非经营活动中的违法行为设定的处罚为（　　）。

A.违法行为设定罚款不得超过1 000元

B.违法行为设定罚款不得超过10 000元

C.有违法所得的，设定罚款最高不得超过30 000元

D.没有违法所得的，设定罚款不得超过10 000元

11.根据税法的规定，我国现行的税务行政处罚种类主要有（　　）。

A.罚款　　B.没收非法所得

C.停止出口退税权　　D.注销税务登记

12.税务行政复议机关可以对某些税务行政复议事项进行调解。以下符合税务行政复议调解要求的有（　　）。

A.遵循客观、公正和合理的原则

B.尊重申请人和被申请人的意愿

C.在查明案件事实的基础上进行

D.不得损害社会公共利益和他人合法权益

13.下列属于税务行政处罚听证案件范围的有（　　）。

A.对公民作出2 000元以上罚款的案件

B.对公民作出1 000元以上罚款的案件

C.对法人作出10 000元以上罚款的案件

D.对法人作出5 000元以上罚款的案件

14.税务机关执法人员对当事人可以当场收缴罚款的情形主要有（　　）。

A.依法给予20元以下罚款　　B.当场对当事人作出处罚决定

C.依法给予20～100元罚款　　D.不当场收缴事后难以执行

15.侵犯纳税当事人合法权益的特定税务行政诉讼受案范围包括（　　）。

A.税务机关通知银行冻结其存款的行为

B.税务机关对其所缴的税款没有上缴国库的行为

C.税务机关逾期未对其复议申请作出答复的行为

D.税务机关制定的规范性文件损害纳税人合法权益的行为

16.税务行政复议受案范围中所指的税务机关作出的征税行为主要包括（　　）。

A.征收税款　　B.扣押、查封货物等财产

C.加收滞纳金　　D.依法代扣代收税款

17.属于税务行政复议受案范围的，主要有税务机关（　　）。

A.制定规范性文件的行为　　B.作出的税收保全措施

C.作出的征税行为　　D.作出的行政处罚行为

18.关于行政复议申请人，下列说法正确的有（　　）。

A.有权申请行政复议的公民为无民事行为能力人或限制民事行为能力人的，其法定代理人可代为申请行政复议

B.虽非具体行政行为的相对人，但其权利直接被该具体行政行为所剥夺、限制或被赋予义务的第三人，在行政管理相对人没有申请行政复议时可单独申请行政复议

C.有权申请行政复议的法人或其他组织发生合并、分立或终止的，承受其权利义务的法人或其他组织可申请行政复议

D.有权申请行政复议的公民死亡的，其近亲属可以申请行政复议

19.下列各项符合税务行政复议管辖规定的有（　　）。

A.对省级税务局作出的具体行政行为不服的，向国家税务总局或省级人民政府申请行政复议

B.对国家税务总局作出的具体行政行为不服的，向国家税务总局申请行政复议

C.对扣缴义务人作出的扣缴税款行为不服的，向主管该扣缴义务人的税务机关申请行政复议

D.对受税务机关委托的单位作出的代征税款行为不服的，向委托税务机关的上一级税务机关申请行政复议

20.在税务行政复议期间，税务具体行政行为不停止执行，但是有下列（　　）情形之一的，可以停止执行。

A.被申请人认为需要停止执行的　　B.复议机关认为需要停止执行的

C.法律规定停止执行的　　D.具体行政行为不当的

21.税务行政机关对复议申请经过审理，发现具体行政行为（　　），应决定撤销、变更，并可以责令被申请人重新作出具体行政行为。

A.主要事实不清的　　B.程序不足的

C.明显不当的　　D.超越或者滥用职权的

22.税务行政诉讼的受案范围包括（　　）。

A.税务机关作出的罚款行为　　B.税务机关作出的复议行为

C.税务机关作出的税收保全措施　　D.税务机关作出的税收强制执行措施

23.税务申请人对税务机关作出的（　　）行为不服的，应当先向税务机关申请复议，对复议决定不服的，才能向人民法院起诉。

A.征收税款　　B.受托代扣代缴　　C.罚款　　D.没收违法所得

24.纳税人对税务机关作出的（　　）行为不服的，可申请复议或直接诉讼。

A.不予核准延期纳税　　B.加收滞纳金

C.税收强制执行措施　　D.税务行政处罚

25.下列各项中，属于税务行政复议的受案范围的有（　　）。

A.税务机关作出的征税行为

B.税务机关作出的责令纳税人提供纳税担保行为

C.税务机作出的取消增值税一般纳税人资格的行为

D.税务机关作出的税务行政处罚行为

26.人民法院对受理的税务行政案件，经过调查、收集证据、开庭审理后作出判决，其判决形式有（　　）。

A.维持原判　　B.撤销判决　　C.重新判决　　D.变更判决

27.税务行政赔偿的范围主要有（　　）。

A.侵犯人身权　　B.税务人员非职权行为侵害

C.侵犯财产权　　D.纳税人自身行为发生损害

28.根据《中华人民共和国国家赔偿法》的规定，税务行政赔偿的方式主要包括（　　）。

A.支付赔偿金　　B.退还税款　　C.返还财产　　D.恢复原状

29.税务行政赔偿的构成要件主要有（　　）。

A.税务人员的职务违法行为

B.职务违法与损害事实有因果关系

C.存在对纳税人合法权益造成损害的事实

D.存在对纳税人非法权益造成损害的事实

四、综合题

某百货商场（增值税一般纳税人）2020年10月购销业务如下：

（1）代销服装一批，从零售总额中按10%提取代销手续费3.6万元。

（2）购入副食一批，货款已付，但尚未验收入库，取得的专用发票上注明价、税款分别为64万元和8.32万元，专用发票已通过认证。

（3）购入百货类商品一批，货款已付，取得专用发票上注明税款3.26万元；购入化妆品一批，取得的专用发票上注明价、税款分别为60万元和7.8万元，已支付50%的货款。后由于未能与厂家就最终付款方式达成一致，在当地主管税务机关已承诺开具进货退出证明单的情况下，将进货的一半退回厂家，并已取得厂家开具的红字专用发票。

（4）采取分期付款方式购入钢琴两台，已取得专用发票，注明价、税款分别为6万元和0.78万元，当月已经付款40%，余款分6个月付清。

（5）采取以旧换新方式销售冰箱136台，每台冰箱零售价3 000元，对以旧换新者以每台2 700元的价格出售，不再支付旧冰箱收购款。

（6）采取分期收款方式销售本月购进的钢琴两台，每台零售价4.68万元，合同规定当月收款50%，余款再分5个月收回。

（7）除以上各项业务外，该百货商场本月其他商品零售总额为168万元。

申报期内该百货商场计算并申报的本月应纳增值税情况如下：

销项税额=3.6×13%+0.27×136×13%+4.68÷2×2×13%+168×13%=27.69（万元）

进项税额=3.26+7.8 +0.78=11.84（万元）

应纳税额27.69-11.84=15.85（万元）

经主管税务机关审核，该百货商场被认为进行了虚假申报，税务机关据此作出了相应的补税税务处理决定。

要求：请根据上述资料，分析和回答下列问题。

（1）该百货商场计算的当月应纳的增值税税款是否正确？如有错误，请指出错在何处，并正确计算当月应纳增值税税款。

（2）构成逃税罪的具体标准是什么？该百货商场是否构成逃税罪？

（3）对于主管税务机关的处理决定，该百货商场拟提出税务行政复议申请和行政诉讼，就此案例说明：应向何处提出复议申请？被申请人是谁？复议机关应在多少日内作出复议决定？是否可以不经复议程序直接向法院提起行政诉讼？为什么？

附录1　习题参考答案

第1章

一、判断题

1.×	2.×	3.○	4.○	5.×	6.○	7.×	8.×	9.×
10.×	11.○	12.×	13.○	14.×	15.×	16.○	17.○	18.○
19.×	20.×	21.○	22.×	23.○	24.○	25.○	26.×	27.×
28.○	29.○	30.○	31.○	32.×	33.○	34.○	35.○	36.×
37.×	38.○	39.○	40.○	41.○	42.○	43.×	44.○	45.○
46.×	47.○	48.○	49.×	50.×	51.○	52.×	53.○	54.○
55.○	56.×	57.×	58.×	59.×	60.×	61.○	62.×	63.×
64.○	65.○	66.×	67.○	68.○	69.×	70.×		

二、单项选择题

1.A	2.B	3.C	4.C	5.A	6.D	7.D	8.C	9.B
10.C	11.C	12.D	13.C	14.C	15.D	16.A	17.D	18.A
19.A	20.D	21.C	22.D	23.C	24.C	25.A	26.A	27.D
28.C	29.B	30.D	31.A	32.D	33.A	34.A	35.D	36.D
37.C	38.D	39.D	40.B					

三、多项选择题

1.ACD	2.ABCD	3.ABCD	4.ABD	5.BCD	6.ABD
7.BC	8.CD	9.ACD	10.CD	11.ABD	12.ACD
13.BC	14.BC	15.ABD	16.AC	17.ABD	18.CD
19.AD	20.AC	21.BCD	22.BC	23.ABD	24.ACD
25.AD	26.BC	27.ABC	28.BCD	29.AC	30.AC
31.BC	32.ABC	33.BCD	34.AC	35.ABC	36.CD
37.BCD	38.AC	39.ABD	40.AD		

四、计算题

1.解答：各级次速算扣除数计算为：

第1级速算扣除数=0

第2级速算扣除数=1 000×（10%-5%）+0=50（元）

第3级速算扣除数=5 000×（20%-10%）+50=550（元）

第4级速算扣除数=20 000×（30%-20%）+550=2 550（元）

第5级速算扣除数=100 000×（40%-30%）+2 550=12 550（元）

2.解答：各级次速算扣除数计算为：

第1级速算扣除数=0

第2级速算扣除数=500×（5%−0）+0=25（元）

第3级速算扣除数=2 000×（10%−5%）+25=125（元）

第4级速算扣除数=5 000×（18%−10%）+125=525（元）

第5级速算扣除数=8 000×（25%−18%）+525=1 085（元）

第6级速算扣除数=15 000×（32%−25%）+1 085=2 135（元）

第7级速算扣除数=30 000×（40%−32%）+2 135=4 535（元）

第8级速算扣除数=50 000×（55%−40%）+4 535=12 035（元）

3.解答：各级次速算扣除率计算为：

第1级速算扣除率=0

第2级速算扣除率=5%×（10%−0）+0=0.5%

第3级速算扣除率=15%×（15%−10%）+0.5%=1.25%

第4级速算扣除率=30%×（25%−15%）+1.25%=4.25%

第5级速算扣除率=50%×（30%−25%）+4.25%=6.75%

第2章

一、判断题

1.○	2.○	3.×	4.×	5.×	6.×	7.○	8.×	9.○
10.○	11.○	12.○	13.○	14.×	15.×	16.○	17.×	18.○
19.○	20.×							

二、单项选择题

1.C	2.A	3.C	4.D	5.B	6.B	7.C	8.B	9.C
10.A	11.A	12.B	13.B	14.C	15.B	16.A	17.B	18.A
19.B	20.C	21.B	22.C	23.D	24.B	25.C	26.B	27.C
28.C	29.B	30.A						

三、多项选择题

1.CD	2.ABC	3.CD	4.BCD	5.BCD	6.ABCD
7.AD	8.AC	9.BC	10.CD	11.ABD	12.BCD
13.ABD	14.CD	15.ABCD	16.ACD	17.AC	18.AC
19.AD	20.ACD	21.AB	22.ABC	23.ABC	24.AC
25.ABC	26.ABCD	27.CD	28.BCD	29.BCD	30.ACD

四、计算题

1.解答：（1）进项税额=（800×50+600×100）×13%+9 100−80×200÷（1+13%）×13%=20 259.29（元）

（2）销项税额=（160 000+20 000）÷（1+13%）×13%+2 400÷（1+13%）×80×13%+15 000÷5%÷（1+13%）×13%+175 500÷（1+13%）×13%=97 500（元）

（3）应纳税额=97 500−20 259.29−6 000=71 240.71（元）

2.解答：（1）销项税额=［50 000+2 320÷（1+13%）+68 000+116×10÷（1+13%）−8 000］×13%
=14 700.35（元）

（2）进项税额为10 200元。

（3）进项税额转出=50×140×13%=910（元）

（4）应纳税额=14 700.35-10 200+910=5 410.35（元）

3.解答：（1）进项税额=8.45+4×9%+8×（1-1/5）+6×9%=15.75（万元）

（2）销项税额=9 000×500×1/3÷10 000×13%+200×500÷10 000×13%+500×500÷10 000×13%+25×9%
=26.3（万元）

（3）应纳增值税=26.3-15.75=10.55（万元）

4.解答：（1）本月可以抵扣的进项税额为22.5万元。

（2）本月租金的销项税额=30×12×9%=32.4（万元）

（3）需要预缴增值税；应该向办公楼所在地的税务机关预缴增值税。

出售办公楼应预缴税额=（1 400-600）÷1.05×5%=38.1（万元）

（4）由于该小汽车于2008年购进，未抵扣进项税额，因此销售时应该按照3%减按2%计算缴纳增值税。应纳增值税=3÷1.03×2%=0.06（万元）

（5）应纳增值税=32.4-22.5+38.1-38.1+0.06=9.96（万元）

5.解答：（1）购入粮食的进项税额=11.66×10%=1.17（万元）

（2）外购货物进项税额=2×13%+4.2×13%×3/4=0.67（万元）

（3）增值税销项税额=15.6×13%+1.13÷（1+13%）×13%+14.5×13%=4.04（万元）

（4）应纳的增值税额=4.04-（1.17+0.67）=2.20（万元）

6.解答：（1）应转出的进项税额=（3-1）×13%+1×9%=0.35（万元）

（2）本月准予从销项税额中抵扣的进项税额=3×9%+5.46+1.04+1×9%-0.35=6.51（万元）

（3）本月应确认的销项税额=［35+（28+2.4）÷（1+13%）］×13%=8.05（万元）

（4）本月应纳增值税=8.05-6.51=1.54（万元）

7.解答：（1）进口货物增值税进项税额=1×500×（1+15%）×13%=74.75（万元）

（2）增值税销项税额=（400+2+20）×1.8÷（1+13%）×13%=87.39（万元）

（3）可抵扣进项税额=74.75+9×9%+1.3×9%=75.68（万元）

（4）应纳增值税额=87.39-75.68=11.71（万元）

8.解答：（1）当期可抵扣的进项税额=7 000×9%+19 500+90 000÷（1+3%）×3%=22 751.36（元）

（2）销售800辆自行车给予8%的销售折扣，不应减少销售额。

该自行车厂销售自行车的销项税额=（800×280+500×280）×13%=47 320（元）

（3）该自行车厂销售使用过的小轿车应纳增值税额=120 000÷（1+3%）×2%=2 330.10（元）

（4）逾期未收回包装物押金应换算为不含税销售额再并入销售额中。

该自行车厂包装物押金的销项税额=60 000÷（1+13%）×13%=6 902.65（元）

（5）当期该厂应纳增值税的合计数=47 320+2 330.10+6 902.65-22 751.36-3 000=30 801.39（元）

9.解答：应纳税额=110÷（1+9%）×9%-10×13%-20×13%-40×9%=1.58（万元）

五、综合题

1.解答：公司应纳的增值税计算为：

（1）销售甲产品的销项税额=80×13%+5.8÷（1+13%）×13%=11.07（万元）

（2）销售乙产品的销项税额=30÷（1+13%）×13%=3.45（万元）

（3）自用新产品的销项税额=20×（1+10%）×13%=2.86（万元）

（4）销售使用过的摩托车的应纳税额=1.04÷（1+3%）×2%×5=0.10（万元）

（5）外购货物应抵扣的进项税额=8.45+6×9%=8.99（万元）

（6）外购免税农产品应抵扣的进项税额=（30×10%+5×9%）×（1−20%）=2.76（万元）

（7）企业该月合计应纳的增值税=11.07+3.45+2.86+0.10−8.99−2.76=5.73（万元）

2.解答：（1）销售避孕药品不得抵扣的进项税额=（100×1 000×10%+50×1 020×10%）×80 000÷（100 000+200 000）

=4 026.67（元）

（2）5月应纳增值税的计算：

销项税额=100 000×13%+（200 000−80 000）×13%=28 600（元）

进项税额=100×1 000×10%+50×1 020×10%−4 026.67=11 073.33（元）

应纳增值税额=28 600−11 073.33=17 526.67（元）

6月应纳增值税的计算：

销项税额=200 000×50%×13%+1 000 000×13%−58 000÷（1+13%）×13%=136 327.43（元）

进项税额=2 000×9%+26 000=26 180（元）

应纳增值税额=136 327.43−26 180=110 147.43（元）

7月应纳增值税的计算：

销项税额=100 000×50%×13%+139 200÷（1+13%）×13%=22 514.16（元）

进项税额=1 050×10×10%−1 020×20×10%=−990（元）

应纳增值税额=22 514.16−（−990）=23 504.16（元）

3.解答：（1）业务（1）准予抵扣的进项税额=730+24+120×（1−5%）=868（万元）

（2）应纳进口关税=（800+80+20）×20%=180（万元）

应纳进口增值税额=（800+80+20+180）×13%=140.40（万元）

（3）应确认的销项税额=（3 600×50%+12 000）×13%=1 794（万元）

业务（3）准予抵扣的进项税额=150×9%=13.50（万元）

（4）业务（4）应确认的销项税额=（4+1）×12 000÷800×13%+2×3 600÷200×13%=14.43（万元）

（5）业务（5）应确认的销项税额=（46.80+14）÷（1+13%）×13%=6.99（万元）

（6）该企业当月应向税务机关缴纳的增值税额=（1 794+14.43+6.99）−（868+140.4+13.5）

=793.52（万元）

4.解答：（1）进项税额=1.2×9%+1.3×13%+6.4 − 3×13%+0.4×13%+10×（1+21%）×13%=7.91（万元）

销项税额=［30×0.7+3÷（1+13%）+20×0.65+（2.52+0.28）÷（1+13%）］×13%+50×0.65×13%+1.3×13%

=9.48（万元）

（2）应纳增值税税额=9.48−7.91=1.57（万元）

5.解答：有关计算、回答问题为：

（1）公司自行计算、申报缴纳增值税处理情况的错误之处及理由：

①交款提货方式销售的汽车30辆，由于已经全额开具了增值税专用发票，应按450万元确认为销售收入，企业按430万元的销售收入计算有误。

②销售给特约经销商的汽车50辆，销售折扣不能冲减销售额，将扣除销售折扣的销售额作为销售收入计税有误。

③销售给本公司职工的汽车按成本价格计算税金，明显偏低，应核定计税依据。由于

没有同类汽车销售价格，应采用组成计税价格计算。公司按成本价格50万元计税有误。

④销售2008年购买的汽车，应按3%计算税额再减按2%征收。

⑤无错误。

⑥装卸费、保险费用不得作为运费计算抵扣进项税额，公司计算抵扣的进项税额有误。

⑦从小规模纳税人处购进货物支付的运费也可以抵扣进项税额，进项税额计算有误。

⑧在发生的原材料损失中的运费进项税额计算有误，应当是2.79×9%，公司将属于运费的进项税额按原材料的税率计算进项税额转出有误。

（2）应纳增值税额=450×13%+78+5×10×（1+8%）÷（1−9%）×13%−［2.6+65+20×9%+0.6+2×9%−（35−2.79）×13%−2.79×9%］+64.96÷（1+3%）×2%=79.73（万元）

应补缴增值税额=79.73−72.67=7.06（万元）

第3章

一、判断题

1.○	2.×	3.○	4.×	5.○	6.○	7.×	8.○	9.○
10.×	11.○	12.○	13.○	14.×	15.×	16.×	17.×	18.×
19.×	20.×	21.○	22.○	23.○	24.×	25.○		

二、单项选择题

1.D	2.D	3.A	4.C	5.D	6.B	7.A	8.B	9.B
10.D	11.D	12.A	13.D	14.D	15.C	16.B	17.C	18.C
19.C	20.B	21.A	22.B	23.D	24.B	25.D	26.A	27.C
28.C	29.D	30.D	31.A	32.A	33.B			

三、多项选择题

1.BCD	2.ABC	3.AB	4.ABC	5.ACD	6.ACD
7.AC	8.ABCD	9.CD	10.BC	11.BC	12.BCD
13.ABD	14.ABD	15.ABD	16.ABC	17.CD	18.ABC
19.AD	20.ABCD	21.AC			

四、计算题

1.解答：（1）进口化妆品应纳消费税=［（1 380 000+20 000）×（1+0.3%）+280 840］÷（1−15%）×15%

=297 360（元）

（2）A企业应代收代缴消费税=（80 000+50 000+5 000）÷（1−15%）×15%=23 823.53（元）

（3）应纳消费税=（1 500 000÷3+215 000×58+1 000×58+130×100）×15%−297 360×45%=1 822 338（元）

2.解答：（1）计算外购货物可抵扣的增值税进项税额：

购入原木的进项税额=300 000×9%+1 000×9%=27 090（元）

购入油漆的进项税额=3 250×80%=2 600（元）

购入粘胶的进项税额为1 300元。

购入未涂漆的实木地板的进项税额为23 400元。

可抵扣的进项税额合计=27 090+2 600+1 300+23 400=54 390（元）

（2）计算企业进项税额转出数：

进项税额转出数=（31 680−1 395）÷（1−9%）×9%+1 395×9%

=3 120.77（元）

（3）计算增值税销项税额：

粘胶赠送客户视同销售应缴纳的销项税额=10 000×（1+10%）×10%×13%=143（元）

销售自产实木地板销项税额=560 000×13%=72 800（元）

增值税销项税额合计=143+72 800=72 943（元）

（4）应纳增值税=72 943−54 390+3 120.77=21 673.77（元）

（5）应纳消费税=560 000×5%−180 000×70%×5%=21 700（元）

3.解答：企业应缴纳或已代收代缴的消费税为：

（1）甲企业向专卖店销售白酒应纳消费税=（200+50+20）÷（1+13%）×20%+20×2 000×0.5÷10 000

=49.79（万元）

（2）乙企业已代收代缴消费税=（10+1）÷（1−10%）×10%=1.22（万元）

（3）甲企业销售瓶装药酒应纳消费税=1 800×100÷10 000×10%=1.8（万元）

（4）甲企业分给职工散装药酒，不缴纳消费税。

（5）甲企业应纳消费税=49.79+1.8=51.59（万元）

4.解答：（1）金银首饰与其他产品组成成套消费品销售的，应按销售额全额征收消费税。

销售套装礼盒应缴纳的消费税=29.25÷（1+13%）×5%=1.29（万元）

（2）以旧换新销售金项链应缴纳的消费税=2 000×0.03÷（1+13%）×5%=2.65（万元）

（3）将银基项链无偿赠送给客户应缴纳的消费税=70.2÷（1+13%）×5%=3.11（万元）

（4）商城2月份应缴纳的消费税=1.29+2.65+3.11=7.05（万元）

（5）商城2月份应缴纳的增值税=（29.25+2000×0.03+70.2）÷（1+13%）×13%−6.5=11.84（万元）

5.解答：卷烟厂应代收代缴和应缴纳的消费税计算为：

（1）卷烟厂应代收代缴的消费税：

收购烟叶成本=100×（1+10%）×（1+20%）×（1−10%）+8=126.8（万元）

应代收代缴的消费税=（126.8+12）÷（1−30%）×30%=59.49（万元）

（2）纳税人自产的应税消费品，用于连续生产应税消费品的，不征收消费税。因此，当月该卷烟厂领用特制自产烟丝生产雪茄烟应纳消费税为零。

（3）准予扣除外购烟丝已纳消费税=（30+400+300−50−20）×30%=198（万元）

（4）卷烟厂国内销售环节应纳消费税：

销售卷烟和雪茄烟消费税=[600+9.28÷（1+13%）]×36%+400×250×100÷10 000×56%+150×400÷10 000

=784.96（万元）

国内销售环节应纳消费税=784.96−198=586.96（万元）

五、综合题

1.解答：（1）企业计算当月应纳增值税和消费税均有错误。

①支付给代销方的手续费不得从销售额中扣减。

②没有收到代销货物清单的10辆小轿车不应开具相应的专用发票。

③已开具的40辆小轿车的增值税专用发票，应按发票所列销售额计算增值税销项税额和消费税。

④运费发票上开给合作单位的运输费，不得抵扣进项税额。

⑤以物易物换出的小轿车，应核算销售额并计算销项税额和消费税。

⑥售后服务部销售已使用过的小轿车，应按3%的征收率减按2%征收增值税。

⑦提供汽车修理劳务应纳增值税。

⑧企业购进货物（包括外购货物支付的运输费用），必须在增值税专用发票认证通过后才能作为当期进项税额申报抵扣。

（2）计算企业应纳的增值税和消费税：

①应纳增值税=（30×10+3×10+1×10）×13%+4.24×2÷（1+3%）×2%+5.8÷（1+13%）×13%
=45.03（万元）

②应纳消费税=（30×10+3×10+1×10）×5%=17（万元）

2. 解答：（1）支付自己的采购代理人佣金属于购货佣金，不计入完税价格。

进口香水精应缴纳的关税=（98 + 8.9 + 15）×40%=48.76（万元）

进口香水精的组成计税价格=（98 + 8.9 + 15 + 48.76）÷（1 − 15%）=200.78（万元）

进口环节应缴纳的消费税=（98 + 8.9 + 15 + 48.76）÷（1 − 15%）×15%=30.12（万元）

（2）进口香水精应缴纳的增值税=（98 + 8.9 + 15 + 48.76）÷（1 − 15%）×13%=26.1（万元）

进口设备应缴纳的增值税=（13 + 2）×（1 + 20%）×13%=2.34（万元）

进口环节应缴纳的增值税=26.1 + 2.34=28.44（万元）

（3）国内生产销售环节应缴纳的增值税=（260 + 49）÷1.13×13% − 28.44=7.11（万元）

（4）国内生产销售环节应缴纳的消费税=（260 + 49）÷1.13×15% − 30.12×80%=16.92（万元）

3. 解答：企业应缴纳的有关税金计算如下：

（1）应缴纳的进口关税=（20+1+2）×35%=8.05（万元）

（2）应缴纳的进口增值税=（20+1+2+8.05）×10%=3.11（万元）

（3）代销红木工艺筷子销项税额=30×13%=3.9（万元）

（4）赊销红木工艺筷子销项税额=0

（5）展销会样品无偿赠送给参展客商的增值税销项税额=1 000×0.01×13%=1.3（万元）

（6）加工企业应代收代缴的消费税=（20+5）÷（1−5%）×5%=1.32（万元）

（7）加工企业应代收代缴的城市维护建设税和教育费附加=1.32×（7%+3%）=0.13（万元）

（8）销售使用过的机器设备应缴纳的增值税=21×13%=2.73（万元）

（9）红木工艺筷子非一次性木筷，不属于消费税征收范围。因此，应缴纳的消费税税额为零（不含代收代缴部分）。

（10）国内销售环节的增值税税额：

销项税额=3.9+1.3+40×13%=10.4（万元）

进项税额=3.11+50×10%+6×9%+5×13%=9.3（万元）

应纳增值税=10.4−9.3+2.73=3.83（万元）

第4章

一、判断题

1.×　2.×　3.×　4.○　5.○　6.×　7.×　8.○　9.○

10.○

二、单项选择题

1.B 2.B 3.D 4.B 5.C 6.D 7.C 8.B 9.D
10.D 11.D 12 D

三、多项选择题

1.ABCD 2.BCD 3.BC 4.AB 5.ABCD 6.ABC
7.ABC 8.BD 9.ABD 10.ABCD

四、计算题

1.解答：进口环节应纳的关税=（220+4+20+11）×20%=51（万元）

进口环节应纳的消费税=（220+4+20+11+51）÷（1−15%）×15%=54（万元）

进口环节应纳的增值税=（220+4+20+11+51）÷（1−15%）×13%=46.8（万元）

或 =（220+4+20+11+51+54）×13%=46.8（万元）

2.解答：（1）成交价格应采用700万元的市场价格。

（2）由买方负担的50万元包装材料费，应该计入进口完税价格。

（3）进口后的技术服务费150万元属于进口后费用，不计入完税价格。

（4）应纳的关税=（700+50）×10%=75（万元）

3.解答：根据船舶吨税的相关规定，该货轮应享受优惠税率，每净吨位3.3元。则船舶吨税为：

应纳的船舶吨税=30 000×3.3=99 000（元）

4.解答：公司应纳的关税与增值税计算如下：

（1）进口原材料应纳的关税=（120+8+3+13）×10%=14.4（万元）

（2）进口原材料应纳的增值税=（120+8+3+13+14.4）×13%=20.59（万元）

国内增值税进项税额=20.59+7×9%= 21.22（万元）

（3）进口机械设备应纳的关税=（60+3+6+2）×10%=7.10（万元）

（4）进口机械设备应纳的增值税=（60+3+6+2+7.1）×13%=10.15（万元）

国内增值税进项税额=10.15+4×9%=10.51（万元）

（5）应纳的关税合计=14.4+7.1=21.5（万元）

（6）增值税进项税额合计=21.22+10.51=31.73（万元）

五、综合题

1.解答：（1）计算进口小轿车的关税完税价格：

①小轿车的货价=15×30=450（万元）

②小轿车的运输费=450×2%=9（万元）

③小轿车的保险费=（450+9）×3‰=1.38（万元）

④小轿车的关税完税价格=450+9+1.38=460.38（万元）

（2）计算进口小轿车应纳的关税、消费税和增值税：

①应纳关税=460.38×60%=276.23（万元）

②应纳消费税=（460.38+276.23）÷（1−9%）×9%=809.46×9%=72.85（万元）

③应纳增值税=（460.38+276.23）÷（1−9%）×13%=809.46×13%=105.23（万元）

2.解答：（1）进口小轿车、卷烟及修理设备应纳关税的计算：

①进口小轿车应纳关税=（400 000+50 000+30 000+10 000）×20%=98 000（元）

②进口卷烟应纳关税=（2 000 000+120 000+80 000）×20%=440 000（元）

③修理设备应纳关税=（50 000+100 000）×20%=30 000（元）

④进口小轿车、卷烟及修理设备应纳关税=98 000+30 000+440 000=568 000（元）

（2）进口小轿车和卷烟应纳消费税的计算：

①进口小轿车应纳消费税=（400 000+50 000+30 000+10 000+98 000）÷（1−9%）×9%=58 153.85（元）

②进口卷烟从量定额应纳消费税=80 000×0.6=48 000（元）

③进口卷烟从价定率应纳消费税：

每标准条的价格=（2 000 000+120 000+80 000+440 000+48 000）÷（1−36%）÷80 000

=2 688 000÷（1−36%）÷80 000 =52.5（元）

每标准条卷烟价格低于70元，所以从价消费税税率适用36%，则：

进口卷烟从价定率应纳消费税=2 688 000÷（1−36%）×36%=1 512 000（元）

④进口小轿车和卷烟应纳消费税=58 153.85+1 512 000+48 000=1 618 153.85（元）

（3）进口小轿车、卷烟及修理设备应纳增值税的计算：

①进口小轿车应纳增值税=（400 000+50 000+30 000+10 000+98 000）÷（1−9%）×13%

=588 000÷（1−9%）×13%=84 000（元）

②进口卷烟应纳增值税=2 688 000÷（1−36%）×13%=546 000（元）

③修理设备应纳增值税=（50 000+100 000+30 000）×13%=23 400（元）

④进口小轿车、卷烟及修理设备应纳增值税=84 000+546 000+23 400=653 400（元）

3.解答：（1）小轿车在进口环节应纳的关税、消费税和增值税：

①进口小轿车的完税价格：

货价=15×30=450（万元）

运输费=450×2%=9（万元）

保险费=（450+9）×3‰=1.38（万元）

完税价格=450+9+1.38=460.38（万元）

②应纳的关税=460.38×60%=276.23（万元）

③进口环节小轿车应纳的消费税：

消费税组成计税价格=（460.38+276.23）÷（1−9%）=809.46（万元）

应纳的消费税=809.46×9%=72.85（万元）

④进口环节小轿车应纳的增值税=（460.38+276.23+72.85）×13%=105.23（万元）

（2）加工货物在进口环节应纳的关税和增值税：

加工货物的组成计税价格=20+3=23（万元）

加工货物应纳的关税=23×20%=4.6（万元）

加工货物应纳的增值税=（23+4.6）×13%=3.59（万元）

（3）国内销售环节应纳的增值税：

销项税额=40.95÷（1+13%）×13%×24=113.07（万元）

进项税额=9×9%+105.23+3.59=109.63（万元）

应纳增值税=113.07−109.63=3.44（万元）

4.解答：（1）进口业务应纳税金的计算：

进口环节应纳的关税=20×40%=8（万元）

进口环节应纳的增值税=20×（1+40%）÷（1−10%）×13%=4.04（万元）

进口环节应纳的消费税=20×（1+40%）÷（1−10%）×10%=3.11（万元）

进口环节应纳的各项税金=8+4.04+3.11=15.15（万元）

（2）本期应代收代缴的消费税=（10+5）÷（1−10%）×10%+18×10%=3.47（万元）

（3）①本期销售环节应纳的增值税：

销项税额=［148+（11.17+2.34）÷（1+13%）］×13%+50×1.48×13%+（5+2）×13%+345÷（1+13%）×80%×13%+111.7÷（1+13%）×13%=75.92（万元）

进项税额=30×13%+18×13%+1×13%+4.04=10.41（万元）

应纳增值税=75.92−10.41=65.51（万元）

②本期销售环节应纳的消费税：

可抵扣已纳消费税=（127+18−6）×10%+［（2+1）÷（1−10%）×10%+4−1］=17.23（万元）

应纳消费税=［148+（11.17+2.34）÷（1+13%）］×10%+50×1.48×10%+［345÷（1+13%）×10%×80%−17.23］+111.7÷（1+13%）×10%=40.47（万元）

第五章

一、判断题

1.○	2.×	3.○	4.○	5.○	6.○	7.×	8.×	9.×
10.○	11.○	12.×	13.○	14.○	15.×	16.○	17.×	18.○
19.○	20.×	21.○	22.×	23.×	24.×	25.×	26.×	27.×
28.×	29.○	30.×	31.×	32.×	33.×	34.○	35.○	36.×
37.○	38.○	39.○	40.×	41.○	42.×	43.×	44.○	45.×
46.○	47.○	48.×	49.○	50.×				

二、单项选择题

1.C	2.D	3.D	4.D	5.D	6.A	7.A	8.A	9.B
10.C	11.D	12.D	13.A	14.D	15.D	16.C	17.C	18.C
19.A	20.D	21.A	22.C	23.D	24.C	25.A	26.C	27.D
28.B	29.B	30.A	31.C	32.A	33.B	34.C	35.D	36.C
37.D	38.B	39.C	40.B					

三、多项选择题

1.AD	2.ABD	3.CD	4.ABC	5.BCD	6.BCD
7.BC	8.ABCD	9.AD	10.ABD	11.ABCD	12.BC
13.ACD	14.AD	15.BCD	16.BC	17.AD	18.CD
19.ABD	20.AC	21.ABC	22.BD	23.ACD	24.BCD
25.ABC	26.ABD	27.ABCD	28.BCD	29.AC	

四、计算题

1.解答：（1）企业会计利润=1 000−540−80−120−40−70−44=106（万元）

（2）企业发生的需要纳税调整的应纳税所得额：

①广告费扣除限额=1 000×15%=150（万元）

广告费实际发生仅30万元，可以据实扣除，不需要纳税调整。

②业务招待费扣除限额=10×60%=6（万元）

扣除最高限额=1 000×5‰=5（万元）

应调增应纳税所得额=10−5=5（万元）

③税收滞纳金不允许税前扣除，应调增所得额4万元。

④通过民政机构捐款应调增应纳税所得额=15−106×12%=2.28（万元）

（3）调整后应纳税所得额=106+5+4+2.28=117.28（万元）

（4）应纳企业所得税=117.28×25%=29.32（万元）

2.解答：（1）该企业按我国税法计算的境内、境外所得应纳的企业所得税：

应纳企业所得税=（100+50+30）×25%=45（万元）

（2）A、B两国的扣除限额：

A国扣除限额=45×50÷（100+50+30）=12.5（万元）

B国扣除限额=45×30÷（100+50+30）=7.5（万元）

在A国缴纳的所得税为10万元，低于扣除限额12.5万元，可全额扣除；在B国缴纳的所得税为9万元，高于扣除限额7.5万元，其超过扣除限额的1.5万元当年不能扣除。

（3）该企业汇总应纳的企业所得税=45−10−7.5=27.5（万元）

3.解答：（1）企业所得税前准予扣除的财务费用=220−30+300×6%=208（万元）

（2）企业所得税前准予扣除的管理费用为：

业务招待费扣除限额=190×60%=114（万元）

扣除最高限额=2 300×0.5%=11.5（万元）

本期业务招待费的扣除额为11.5万元。

广告费与业务宣传费限额345万元（2 300×15%），实际发生80万元（50+30），未超支，可以全额扣除。

所以，本期管理费用和销售费用可税前扣除额=260−（190−11.5）+380=461.5（万元）。

（3）本期会计利润=2 300+50+180−1 100−380−50−220−260−53.52=466.48（万元）

捐赠的扣除限额为55.98万元（466.48×12%），实际捐赠额49.52万元，可以据实扣除，不作调整。合同违约金不属于行政罚款，可以税前扣除。因此，企业所得税前准予扣除的营业外支出为53.52万元。

（4）年度应纳税所得额=466.48+220−208+380+260−461.5−50−180=426.98（万元）

（5）经济特区原适用低税率15%及享受“免二减三”政策，根据规定2020年按25%税率执行，同时“免二减三”政策执行完毕，所以税率为25%。

年度应纳企业所得税=426.98×25%=106.75（万元）

（6）企业本年度应补缴企业所得税=106.75−18.43=88.32（万元）

4.解答：（1）会计利润总额=2 500+70−1 100−670−480−60−40−50=170（万元）

（2）广告费调增所得额=450−2 500×15%=450−375=75（万元）

（3）12.5万元（2 500×5‰）大于9万元（15×60%）。

业务招待费调增所得额=15−15×60%=15−9=6（万元）

（4）捐赠支出应调增所得额=30−170×12%=9.6（万元）

（5）工会经费的扣除限额为150×2%=3（万元），实际拨缴3万元，无须调整；职工福利费的扣除限额为150×14%=21（万元），实际发生23万元，应调增23−21=2（万元）；职工教育经费的扣除限额为150×8%=12（万元），实际发生5万元，无须调整，三项经费共调增2万元。

（6）应纳税所得额=170+75+6+9.6+6+2=268.6（万元）

注明：如果采用直接法，

应纳税所得额=2 500+70−1 100−（670−75）−（480−6）−60−（160−120）−（50−9.6−6）+2
=268.6（万元）

（7）应纳企业所得税=268.6×25%=67.15（万元）

5.解答：（1）业务招待费扣除限额=30×60%=18（万元），小于20（4 000×0.5%）

（2）税前可扣除的管理费用=350−（30−18）−10=328（万元）

（3）税前可扣除的财务费用=22.5÷9×2=5（万元）

（4）税前可扣除的期间费用=328+5=333（万元）

（5）应纳税所得额=4 000−3 200−333−90+（300−200）+［250−210+30−（50−24）+45÷（1−25%）］+（60−15）
=626（万元）

（6）应纳企业所得税额=626×25%=156.5（万元）

（7）境外所得扣除限额=45÷（1−25%）×25%=15（万元）

（8）应补缴的企业所得税=156.5−15−90=51.5 （万元）

6.解答：（1）收入总额2 000万元中国库券利息收入200万元为免税收入。

（2）业务招待费实际列支30万元，可列支30×60%=18（万元），但最高不得超过1 800×0.5%=9（万元），因此只能列支9万元，应调增应纳税所得额30−9=21（万元）。

（3）职工福利费实际列支28万元，可列支150×14%=21（万元），应调增应纳税所得额28−21=7（万元）。

（4）职工教育经费实际列支5万元，可列支150×8%=12（万元），无须调整。

（5）工会经费实际列支2万元，可列支150×2%=3（万元），无须调整。

（6）税收滞纳金10万元，不得在税前扣除，应调增应纳税所得额10万元。

（7）提取的各项准备金支出21万元，不得在税前扣除，应调增应纳税所得额21万元。

（8）以上各项合计应调增应纳税所得额=21+7+10+21=59（万元）

（9）应纳税所得额=2 000−200−1 500+59=359（万元）

（10）应纳企业所得税=359×25%=89.75（万元）

（11）该企业当年购置并投入使用的环境保护专用设备300万元，该专用设备投资额的10%可从企业当年的应纳税额中抵免。

（12）该企业当年实际应纳的企业所得税=89.75−300×10%=59.75（万元）

五、综合题

1.解答：（1）全年营业收入=68 000+28×5=68 140（万元）

（2）应扣除的安全生产专用设备折旧费=200÷10÷12×6=10（万元）

（3）全年营业成本=45 800+20×5−（12−10）=45 898（万元）

（4）全年税金及附加=9 250+（5×28×13%−26+5×28×9%）×（7%+3%+2%）+5×28×9%=9 263.18（万元）

（5）全年利润总额=68 140−45 898−9 263.18−3 600−2 900−870+550+320−1 050=5 428.82（万元）

（6）业务招待费纳税调整额：

业务招待扣除限额=280×60%=168（万元）

扣除最高限额 = 68 140×5‰=340.7（万元）

纳税调增金额=280-168=112（万元）

（7）公益性捐赠纳税调整额：

公益性捐赠扣除限额=5 428.82×12%=651.46（万元）

纳税调增金额=800-651.46=148.54（万元）

（8）三项经费纳税调整额：

福利费扣除限额=3 000×14%=420（万元），纳税调增金额=480-420=60（万元）。

工会经费扣除限额=3 000×2%=60（万元），纳税调增金额=90-60=30（万元）。

职工教育经费扣除限额=3 000×8%=240（万元），实际发生70万元，可据实扣除。

（9）纳税调整增加额=112+148.54+60+30=350.54（万元）

（10）纳税调整减少额：

加计扣除=120×75%=90（万元），免税收入为550万元。

纳税调整减少额=90+550=640（万元）

（11）应纳税所得额=5 428.82+350.54-640=5 139.36（万元）

（12）应纳企业所得税=5 139.36×25%=1 284.84（万元）

2.解答：（1）该年应补缴的增值税、城市维护建设税和教育费附加的计算：

应补缴的增值税=11.3÷（1+13%）×13%=1.3（万元）

应补缴的城市维护建设税=1.3×7%=0.091（万元）

应补缴的教育费附加=1.3×3%=0.039（万元）

应补缴的增值税、城市维护建设税和教育费附加合计=1.3+0.091+0.039=1.43（万元）

（2）工资及三项费用纳税调整额的计算：

实际支付工资72万元，可据实扣除。

工会经费1.44万元未上缴，纳税调增1.44万元。

职工福利费纳税调增=15.16-72×14%=5.08（万元）

职工教育经费的扣除限额=72×8%=5.76（万元），企业实际使用1.08万元，不需要纳税调整。

工资及三项费用纳税调增金额=5.08+1.44=6.52（万元）

（3）管理费用纳税调整额的计算：

业务招待费扣除限额=（720+10）×5‰=3.65（万元）<9万元（15×60%），只能按3.65万元扣除。

为股东支付的商业保险费5万元，不得在税前扣除。

管理费用纳税调增金额=15-3.65+5=16.35（万元）

（4）销售费用纳税调整额的计算：

企业发生的广告费和业务宣传费支出不超过当年销售（营业）收入15%的部分准予扣除，超过部分准予在以后纳税年度结转扣除。

业务宣传费、广告费扣除限额=（720+10）×15%=109.5（万元），实际发生数为30万元，不需要调整。

（5）应缴纳的企业所得税的计算：

居民企业之间的股息、红利等权益性收益属于免税收入，应该依法调减所得。

应纳税所得额=20+（10-0.091-0.039）+6.52+16.35-33-10=9.74（万元）

该企业应纳税所得额为9.74万元，小于300万元，人数不超过300人，资产不超过5 000万元，符合小型微利企业的条件，且该企业已取得所得税优惠的审批，则可确定其享受小型微利企业的优惠，对年应纳税所得额低于100万元（含）的小型微利企业，其所得减按25%计入应纳税所得额，按20%的税率征收企业所得税。

应纳企业所得税=9.74×25%×20%=0.487（万元）

3.解答：（1）增值税=15 000×13%-390-230×9%=1 539.3（万元）

（2）城市维护建设税和教育费附加=1 539.3×（7%+3%）=153.93（万元）

（3）广告宣传费扣除限额=15 000×15%=2 250（万元）

本期实际发生广告费1 400万元，可以据实扣除，不需要调整。

（4）业务招待费限额=15 000×5‰=75（万元）>120×60%=72（万元），所以，可税前扣除业务招待费为72万元。

应调增应纳税所得额=120-72=48（万元）

（5）职工工会经费=820×2%=16.4（万元）和实际发生额16.4万元一致，所以，职工工会经费不需要调整。

职工教育经费=820×8%=65.6（万元）大于实际发生额25万元，所以，职工教育经费可据实扣除。

职工福利费=820×14%=114.8（万元）大于实际发生额98万元，所以，职工福利费可据实扣除。

综上，不需要调整。

（6）企业该年度应纳税所得额=5 000+48=5 048（万元）

（7）企业该年度应纳企业所得税=5 048×25%=1 262（万元）

4.解答：（1）专用设备对会计利润及应纳税所得额的影响额=81.9÷10÷12×5=3.41（万元）

（2）广告费的调整额=450-2 500×15%=75（万元）

（3）业务招待费扣除限额=15×60%=9（万元）

扣除最高限额=2 500×5‰=12.5（万元）

业务招待费应调增所得额=15-9=6（万元）

（4）调整后的会计利润总额=600-3.41+230=826.59（万元）

（5）公益捐赠扣除限额=826.59×12%=99.19（万元）>实际公益捐赠额30万元，公益捐赠不需要纳税调整。对外捐赠的纳税调整额为6万元。

（6）研究开发费用加计扣除=20×75%=15（万元），可以调减所得额。

（7）职工福利费扣除限额=150×14%=21（万元），大于实际发生额20万元，无须调整；

职工工会经费扣除限额=150×2%=3（万元），等于实际发生额3万元，无须调整；

职工教育经费扣除限额=150×8%=12（万元），大于实际发生额9万元，无须调整；

综上，“三费”无须调整。

（8）境内所得应纳企业所得税为：

境内应纳税所得额=826.59+75+6+6-15-230=668.59（万元）

应纳企业所得税=668.59×25%=167.15（万元）

（9）A国分支机构在境外实际缴纳的税额=200×20%+100×30%=70（万元）

A国分支机构境外所得的税收扣除限额=300×25%=75（万元）

A国分支机构在我国应补缴企业所得税=75−70=5（万元）

（10）本年度企业汇算清缴实际缴纳的企业所得税=167.15+5−81.9×10%−150=13.96（万元）

5. 解答：（1）税前准予扣除的财务费用 = 220 − 30 + 300×6% = 208（万元）

（2）业务招待费扣除限额 = 190×60% = 114（万元）

扣除最高限额 = 2300×0.5% = 11.5（万元）

本期业务招待费可税前扣除11.5万元。

广告费与业务宣传费扣除限额=2300×15%=345（万元），实际发生80万元（50+30），没有超支，可据实扣除。

本期管理费用和销售费用税前扣除额 = 260 − （190 − 11.5）+380 = 461.5（万元）

（3）本期会计利润 = 2 300（销售收入）+ 50（利息收入）+ 180（投资收益）− 1 100（成本）− 380（销售费用）− 50（税金）− 220（财务费用）− 260（管理费用）− 53.52（营业外支出）= 466.48（万元）

捐赠的扣除限额 = 466.48×12% = 55.98（万元），实际捐赠额49.52万元，可以据实扣除，不作调整。合同违约金不属于行政罚款，可以税前扣除。

企业税前准予扣除的营业外支出=4+49.52=53.52（万元）

（4）应纳税所得额 = 466.48 + 220 − 208+380 + 260 − 461.5 − 50 − 180 = 426.98（万元）

（5）应纳所得税额 = 426.98×25% = 106.75（万元）

（6）企业应补缴企业所得税 = 106.75 − 18.43 = 88.32（万元）

第6章

一、判断题

1.○ 2.× 3.○ 4.○ 5.× 6.○ 7.○ 8.○ 9.○
10.○ 11.× 12.× 13.× 14.○ 15.× 16.× 17.○ 18.○
19.× 20.○

二、单项选择题

1.B 2.A 3.C 4.D 5.C 6.B 7.A 8.C 9.C
10.B 11.D 12.D 13.D 14.D 15.C 16.B 17.D 18.B
19.A 20.C 21.D 22.B 23.C 24.D 25.D 26.A 27.D
28.A 29.B

三、多项选择题

1.ABCD 2.AB 3.AD 4.ABD 5.ABC 6.AC
7.ABCD 8.ABCD 9.AD 10.ABC 11.ABCD 12.ACD
13.ABC 14.AB 15.BC 16.ABCD 17.ABC 18.ABCD
19.ABCD 20.ABCD 21.AD 22.AD 23.AB 24.AC
25.ACD

四、计算题

1.解答：应预扣预缴个人所得税=56 000×60%×70%×（1−20%）×20%=3 763.2（元）

2.解答：王先生当年最多可在税前扣除2 400元（200元/月）。

年应纳个人所得税=（100 000−60 000−2 400）×10%−2 520=1 240（元）

3.解答：1月应预扣预缴个人所得税=（12 000−5 000−1 700−1 000）×3%=129（元）

2月应预扣预缴个人所得税=（12 000×2−5 000×2−1 700×2−1 000×2）×3%−129=129（元）

3月应预扣预缴个人所得税=（12 000×3−5 000×3−1 700×3−1 000×3）×3%−129×2=129（元）

4月应预扣预缴个人所得税=（12 000×4−5 000×4−1 700×4−1 000×4）×3%−129×3=129（元）

5月应预扣预缴个人所得税=（12 000×5−5 000×5−1 700×5−1 000×5）×3%−129×4=129（元）

4.解答：在甲国取得的演讲收入按我国税法应纳个人所得税=12 000×（1−20%）×20%=1 920（元），应补缴个人所得税120元（1 920−1 800）。

在乙国取得的专利转让收入按我国税法应纳个人所得税=60 000×（1−20%）×20%=9 600（元），在国外已经缴纳12 000元，不需要补缴个人所得税。

5.解答：（1）1—4月应纳个人所得税=（4 000−300−800）×20%×4=2 320（元）

（2）5—8月应纳个人所得税=（4 000−300−800−800）×20%×4=1 680（元）

（3）9月应纳个人所得税=［4 000−300−800−（3 600−800×4）］×20%=500（元）

（4）10—12月应纳个人所得税=（4 000−300−800）×20%×3=1 740（元）

（5）每月退职费1 000元，免征个人所得税。

（6）应纳个人所得税合计=2 320+1 680+500+1 740=6 240（元）

6.解答：（1）预付稿酬、加印作品稿酬，应与出版时取得的稿酬合并为一次征收个人所得税。

应纳税额=（10 000+30 000+6 000）×（1−20%）×20%×（1−30%）=5 152（元）

（2）出版后连载应视同再版稿酬，分次征收个人所得税。

应纳税额=18 000×（1−20%）×20%×（1−30%）=2 016（元）

（3）百花奖10 000元奖金，免征个人所得税。

（4）应纳个人所得税合计=5 152+2 016=7 168（元）

7.解答：（1）实际捐赠比例=4 000÷20 000×100%=20%，小于捐赠扣除比例30%，因此陈某捐赠的4 000元可从应纳税所得额中扣除。

（2）应纳税所得额=20 000−4 000=16 000（元）

（3）商场应代扣代缴个人所得税=16 000×20%=3 200（元）

（4）陈某实际可得的中奖收入=20 000−4 000−3 200=12 800（元）

8.解答：（1）李某共取得装修费=10 000+150 000÷5=40 000（元）

（2）应纳税所得额=40 000×（1−20%）=32 000（元）

（3）应纳个人所得税=32 000×30%−2 000=7 600（元）

（4）福利彩票中奖收入小于1万元，暂免征税。

9.解答：（1）业主工资不允许列支。

（2）雇工工资每人每月只允许列支3 500元。

总计列支雇工工资=3 500×5×12=210 000（元）

（3）允许扣除的业务招待费=60 000×60%=36 000（元），最高扣除限额=800 000×0.5%

=4 000（元），因为36 000>4 000，所以只能扣除4 000元。

（4）购入的运输货车不得扣除。

（5）可列支利息支出=200 000×10%=20 000（元）

（6）可列支的损失为25 000元。

（7）应纳个人所得税=（800 000−210 000−4 000−20 000−100 000−25 000−30 000）×30%−40 500
=82 800（元）

10.解答：王先生的专项附加扣除分别为：赡养老人1 000元，子女教育2 000元，住房贷款1 000元，继续教育400元，共计4 400元。

应预扣预缴个人所得税=（20 000−5 000−4 400）×10%−210=850（元）

王女士的专项附加扣除分别为：赡养老人2 000元，继续教育400元，共计2 400元。

应预扣预缴个人所得税=（12 000−5 000−2 400）×10%−210=250（元）

五、综合题

1.解答：（1）劳务报酬应预扣预缴个人所得税=30 000×（1−20%）×30%−2 000=5 200（元）

（2）特许权使用费所得应预扣预缴个人所得税=75 000×（1−20%）×20%=12 000（元）

（3）稿酬所得应预扣预缴个人所得税=25 000×70%×（1−20%）×20%=2 800（元）

（4）教育部颁发的优秀教材奖免税。

（5）财产租赁所得应纳税额为：

2月应纳税所得额=1 500−1 500×5%×（1+7%+3%）−700=717.5（元）

不足扣除额800元不纳税；除2月外，其余11个月应纳所得税：

应纳所得税=［1 500−1 500×5%×（1+7%+3%）−800］×10%×11= 679.25（元）

2.解答：（1）出租房屋应缴纳的个人所得税为：

1月房租应纳个人所得税=（3 800−800−800）×10%=220（元）

2月房租应纳个人所得税=（3 800−400−800）×10%=260（元）

房租收入共计应纳个人所得税=220+260=480（元）

（2）3月独立董事津贴应预扣预缴个人所得税=35 000×（1−20%）×30%−2 000=6 400（元）

或 =20 000×20%+8 000×20%×（1+50%）=6 400（元）

（3）3月红利应纳个人所得税=18 000×50%×20%=1 800（元），上市公司股息红利减半计入应纳税所得额。

3.解答：（1）剧本使用费应预扣预缴个人所得税=10 000×（1−20%）×20%=1 600（元）

（2）处置债权成本费用=100 000×120 000÷150 000=80 000（元）

处置债权所得=100 000−80 000=20 000（元）

应纳个人所得税=20 000×20%=4 000（元）

（3）录制个人专辑公司应代付个人所得税：

应纳税所得额=（45 000−2 000）×（1−20%）÷［1−30%×（1−20%）］=45 263.16（元）

应代付个人所得税=45 263.16×30%−2 000=11 578.95（元）

（4）个人为他人提供贷款担保，获得报酬属于偶然所得，应纳个人所得税=5 000×20%=1 000（元）。

（5）稿酬所得扣除限额=160 000×（1−20%）×20%×（1−30%）=17 920（元）

王某在乙国缴纳了16 000元，低于17 920元的扣除限额，应补缴个人所得税=17 920−16 000=1 920（元）。

4.解答：（1）稿酬所得应预扣预缴的个人所得税 =50 000×70%×（1−20%）×20% = 5 600（元）

（2）租赁所得应纳个人所得税 =（4 000−800−800）×10%=240（元）

（3）境外讲座应在我国纳税，抵免限额 =2 000×6.1×（1−20%）×20% = 1 952（元）

应在国内补缴个人所得税=1 952−80×6.1 = 1 464（元）

（4）个人将境内上市公司股票再转让而取得的所得，暂不征收个人所得税。

第 7 章

一、判断题

1.○	2.×	3.×	4.○	5.○	6.○	7.×	8.○	9.×
10.×	11.×	12.×	13.○	14.○	15.×	16.×	17.×	18.○
19.×	20.○	21.○	22.○	23.×	24.×	25.○	26.○	27.×
28.×	29.×	30.○	31.×	32.×	33.○	34.○	35.○	

二、单项选择题

1.B	2.C	3.C	4.D	5.A	6.D	7.D	8.C	9.D
10.B	11.C	12.C	13.C	14.B	15.B	16.A	17.C	18.D
19.C	20.B	21.A	22.C	23.D	24.A	25.B	26.C	27.A
28.C	29.A	30.C	31.A	32.D	33.B			

三、多项选择题

1.BC	2.ABCD	3.ABC	4.ABCD	5.BC	6.ACD
7.BC	8.BCD	9.BC	10.ACD	11.AC	12.ABCD
13.BCD	14.BC	15.AC	16.BC	17.AC	18.BD
19.ABCD	20.ABC	21.ABD	22.ACD	23.ABD	24.BCD
25.ACD					

四、计算题

1.解答：应纳资源税=（12 000×5 000+250×1 800）×6%=3 627 000（元）

2.解答：应纳资源税=10 000×6%=600（万元）

应纳增值税=10 000×13%=1 300（万元）

3.解答：应纳资源税=［9 000×500×1/3+（200+500）×500］÷10 000×5%+25×6%=10.75（万元）

4.解答：抵债部分的写字楼应视同销售。

土地使用权金额=6 000×80%×4÷5=3 840（万元）

开发成本=4 000×4÷5=3 200（万元）

开发费用=（3 840+3 200）×10%=704（万元）

附加税费=16 000×5%×（7%+3%）=80（万元）

加计扣除金额=（3 840+3 200）×20%=1 408（万元）

扣除项目金额合计=3 840+3 200+704+80+1 408=9 232（万元）

销售收入=12 000÷3×4=16 000（万元）

增值额=16 000−9 232=6 768（万元）

增值率=6 768÷9 232×100%=73.31%

应纳土地增值税=6 768×40%−9 232×5%=2 245.6（万元）

5.解答：

（1）房地产开发企业逾期开发缴纳的土地闲置费在土地增值税税前不得扣除，但在企业所得税税前可以扣除。

（2）府城房地产开发公司已经销售的40 500平方米的建筑面积，占全部可售面积45 000平方米的90%，可以扣除的土地成本和开发成本为：

土地成本=（17 000+17 000×5%）×90%=16 065（万元）

开发成本=（2 450+3 150）×90%=5 040（万元）

6.解答：房地产开发公司应纳的土地增值税：

扣除项目金额=2 000+1 000+（2 000+1 000）×10%+（4 000+1 000）×5%×（1+7%+3%）+（2 000+1 000）×20%

=4 175（万元）

土地增值额=（4 000+1 000）−4 175=825（万元）

土地增值额占扣除项目金额的比例=825÷4 175×100%=19.76%

应纳土地增值税=825×30%=247.5（万元）

7.解答：（1）扣除项目金额=100+250+（100+250）×10%+500×5%×（1+7%+3%）+（100+250）×20%

=482.5（万元）

（2）土地增值额=500−482.5=17.5（万元）

（3）土地增值额占扣除项目金额的比例=17.5÷482.5×100%=3.63%

该公司土地增值额占扣除项目金额的比例3.63%<20%，免征土地增值税。

8.解答：（1）征收土地增值税时应扣除的取得土地使用权支付的金额=（2 000+800）×12 000÷40 000=840（万元）

（2）征收土地增值税时应扣除的开发成本金额=7 200+400×12 000÷40 000=7 320（万元）

（3）征收土地增值税时应扣除的开发费用和其他项目金额=（840+7 320）×（10%+20%）=2 448（万元）

（4）房地产开发企业以不动产对外投资需要征收土地增值税；以不动产对外投资，共担风险的，不纳税。

应纳的土地增值税：

扣除项目=840+7 320+2 448+16 000×5%×（1+7%+3%）=11 488（万元）

增值额=16 000+10 000×0.32−11 488=7 712（万元）

增值率=7 712÷11 488×100%=67.13%

应纳土地增值税=7 712×40%−11 488×5%=2 510.4（万元）

9.解答：应纳城镇土地使用税=8 200×7+（3 600+5 800）×4+6 300×1=101 300（元）

10.解答：应纳城镇土地使用税=（4 000−1 000）×5+2 000×5+3 000×3=34 000（元）

应纳耕地占用税=1 200×10=12 000（元）

11.解答：（1）开采环节不需要计算缴纳资源税，应纳资源税为0。

（2）应纳资源税=480×150×5%=3 600（元）

（3）纳税人以自采原煤和外购原煤混合加工洗选煤的，应当准确核算外购原煤的数量、单价及运费，在确认计税依据时可以扣减外购相应原煤的购进金额。

应纳资源税=[820×（300−50）×60%−500×120]×5%=3 150（元）

（4）该煤矿当月应纳资源税=3 600+3 150=6 750（元）

第8章

一、判断题

1.×	2.×	3.×	4.○	5.○	6.×	7.○	8.×	9.×
10.×	11.○	12.○	13.○	14.×	15.○	16.○	17.○	18.○
19.○	20.○	21.○	22.×	23.○	24.○	25.○	26.○	27.×
28.○	29.○	30.×	31.×	32.×	33.○	34.○	35.○	36.○
37.×	38.×	39.○	40.×	41.○	42.×	43.○	44.○	45.×
46.○	47.×	48.○	49.○	50.×	51.×	52.○	53.×	54.○
55.○								

二、单项选择题

1.C	2.B	3.C	4.A	5.B	6.D	7.B	8.B	9.A
10.B	11.B	12.C	13.B	14.C	15.A	16.B	17.B	18.D
19.A	20.B	21.C	22.B	23.D	24.B	25.A	26.A	27.C
28.A	29.D	30.D	31.D	32.C	33.A	34.D	35.D	36.A
37.D	38.C	39.A	40.C	41.B	42.A	43.D	44.C	45.D
46.D	47.A	48.D	49.A	50.A	51.B	52.B	53.D	54.C
55.A	56.D							

二、多项选择题

1.AB	2.ABC	3.ABCD	4.AD	5.BC	6.ACD
7.CD	8.BC	9.AD	10.AC	11.ABC	12.BC
13.AD	14.ABD	15.ABD	16.ABCD	17.BD	18.ABCD
19.ABD	20.ABD	21.ACD	22.BCD	23.CD	24.BD
25.ABD	26.AC	27.CD	28.ACD	29.CD	30.BCD
31.ABC	32.AC	33.ABD	34.BCD	35.AC	36.AC
37.ABCD	38.BCD	39.BC	40.AD	41.AD	42.BC
43.ACD	44.BD				

四、计算题

1.解答：（1）厂房应纳的房产税=5 000×（1−20%）×1.2%=48（万元）

（2）仓库应纳的房产税=40 000×12%=4 800（元）

（3）学校、医院用房，免征房产税。

（4）应纳房产税合计=480 000+4 800=484 800（元）

2.解答：（1）国家机关自用房产，免征房产税。

（2）信托投资公司用房应纳的房产税=6 000×1/3×（1−30%）×1.2%=16.8（万元）

3.解答：（1）经营用房和仓库应纳的房产税=1 000×（1−30%）×1.2%=8.4（万元）

（2）门店应纳的房产税=20×12%=2.4（万元）

（3）办公楼应纳的房产税=40×12%+800×7/8×（1−30%）×1.2%=10.68（万元）

（4）应纳房产税合计=8.4+2.4+10.68=21.48（万元）

4.解答：1—2月从价计征的房产税=30 000×（1-20%）×1.2%×2÷12=48（万元）

3—12月从价计征的房产税=（30 000-5 000）×（1-20%）×1.2%×10÷12=200（万元）

3—12月从租计征的房产税=1 000×12%×10÷12=100（万元）

该公司2020年合计应纳的房产税=48+200+100=348（万元）

5.解答：（1）从价计征的房产税=（1 000-80）×（1-20%）×1.2%+80×（1-20%）×1.2%×7÷12
=9.28（万元）

（2）从租计征的房产税=0.3×5×12%+25×2×12%=6.18（万元）

（3）应纳房产税合计=9.28+6.18=15.46（万元）

6.解答：载货汽车、低速货车车船税的计税依据为整备质量，挂车按照货车税额的50%计算缴纳车船税。

应纳车船税=5×40×20+4×15×20×50%+2.5×10×20=5 100（元）

7.解答：公司应纳的车船税计算为：

（1）乘用车应纳车船税=5×400+3×900+2×3 000=10 700（元）

（2）商用车货车应纳车船税=5×4×100=2 000（元）

（3）应纳车船税=10 700+2 000=12 700（元）

8.解答：企业应纳的车船税计算为：

（1）机动船舶应纳车船税=3×1 000×4+2×5 000×5=62 000（元）

（2）游艇应纳车船税=15×900+20×1 300=39 500（元）

（3）应纳车船税=62 000+39 500=101 500（元）

9.解答：抵债房屋价值=180+20=200（万元）

应纳契税=200×5%=10（万元）

10.解答：（1）自用5年以上住房免征城市维护建设税等税费。

（2）应纳印花税=50×5‰ = 0.025（万元）

（3）应纳个人所得税=（50-36-0.025）×20%=2.795（万元）

（4）应纳契税=57×5%=2.85（万元）

11.解答：（1）自有房屋应纳房产税=1 000×（1-20%）×1.2%=9.6（万元）

（2）出租房屋应纳房产税=500×700×12%=42 000（元）

（3）应纳房产税=9.6+4.2=13.8（万元）

（4）应纳车船税=5×6×50+1×2×50=1 600（元）

（5）运输合同应纳印花税=500 000×5‰ =250（元）

（6）购买商品房应纳契税=20×3%=0.6（万元）

12.解答：甲公司代乙公司购买的材料属于甲公司向乙公司提供原材料的情形，所以应按购销合同缴纳印花税，加工费按照加工合同贴花，辅料按照购销合同贴花。

应纳印花税=（1 000 000+500 000）×3‰ +200 000×5‰ =550（元）

13.解答：记载资金账簿应纳印花税=（400 000+50 000）×5‰ ×50%=112.5（元）

其他账簿免征印花税。

14.解答：抵押财产转给贷款方按产权转移金额计税贴花。

甲、乙双方分别应纳印花税=2 500 000×5‰ =1 250（元）

15.解答：（1）国际联运业务，托运方持有的凭证均按全程运费计算征收印花税。应纳印花税=（1 000 000−50 000）×5‰ =475（元）。

（2）财产租赁合同未注明租赁期限，先暂按5元贴花。

（3）购销合同未载明金额的，应按市场价格计税。应纳印花税=5 000×50×3‰ =75（元）。

（4）房管部门与个人签订用于生活居住房屋租赁合同免税，用于经营的房屋租赁合同应纳税。应纳印花税=600×24×1‰=14.4（元）。

（5）印花税票揭下重用，属于违章行为，应处不缴或少缴的税款50%以上5倍以下的罚款。应纳印花税=50 000×1‰=50（元）。

16.解答：（1）购销合同应纳印花税=（8 000+3 000×2+15 000）×0.3‰=8.7（万元）

（2）加工承揽合同应纳印花税=（50+20）×0.5‰+200×0.3‰+40×0.5‰=0.115（万元）

（3）技术合同应纳印花税=1 000÷4×0.3‰=0.075（万元）

（4）建筑安装工程承包合同应纳印花税=（300+100）×0.3‰=0.12（万元）

（5）营业账簿应纳印花税=（2 000+500）×0.5‰×50%=0.625（万元）

（6）其他账簿免征印花税。

（7）应纳印花税合计=8.7+0.115+0.075+0.12+0.625=9.635（万元）

17.解答：应纳车辆购置税=2×（25+25×28%）÷（1−9%）×10%=7.03（万元）

18.解答：应纳车辆购置税=15×（1+15%）÷（1−9%）×10%×2=3.79（万元）

19.解答：（1）计算污染当量数：污染当量数=该污染物的排放量÷该污染物的污染当量值

①硫化物污染当量数=100÷0.125=800

②氟化物污染当量数=100÷0.5=200

③甲醛污染当量数=90÷0.125=720

④总铜污染当量数=90÷0.1=900

⑤总锌污染当量数=200÷0.2=1 000

⑥总锰污染当量数=120÷0.2=600

（2）总锌污染当量数（1 000）＞总铜污染当量数（900）＞硫化物污染当量数（800）＞甲醛污染当量数（720）＞总锰污染当量数（600）＞氟化物污染当量数（200）

每一排放口的应税水污染物，按照应税污染物和当量值表，区分第一类水污染物和其他类水污染物，按照污染当量数从大到小排序，对第一类水污染物按照前五项征收环境保护税，对其他类水污染物按照前三项征收环境保护税。

（3）应纳税额=（1 000+900+800）×3=8 100（元）

20.解答：自2010年12月1日起，对外商投资企业、外国企业及外籍个人征收城市维护建设税。

应代收代缴的城市维护建设税=（800 000+150 000）÷（1−5%）×5%×5%÷2=1 250（元）

21.解答：应纳的城市维护建设税=520 000×7%=36 400（元）

应补缴的增值税=200 000×13%=26 000（元）

增值税罚款=26 000元

增值税滞纳金=26 000×5‱ ×123=1 599（元）

应补缴的城市维护建设税=26 000×7%=1 820（元）

城市维护建设税罚款=1 820元

城市维护建设税滞纳金=1 820×5‱ ×123=111.93（元）

22.解答：应纳烟叶税=100 000×9×20%=180 000（元）

第9章

一、判断题

1.×	2.×	3.○	4.○	5.×	6.×	7.○	8.○	9.○
10.×	11.○	12.×	13.○	14.○	15.×	16.○	17.○	18.○
19.×	20.×	21.×	22.○	23.×	24.○	25.○	26.×	27.○
28.○	29.○	30.×						

二、单项选择题

1.C	2.A	3.A	4.C	5.A	6.C	7.C	8.D	9.C
10.C	11.D	12.D	13.B	14.D	15.C	16.C	17.B	18.C
19.D	20.A	21.D	22.C	23.C	24.C	25.B	26.B	27.A
28.D	29.B	30.B						

三、多项选择题

1.ABD	2.ABCD	3.AD	4.ABD	5.AD	6.AC
7.ABCD	8.AB	9.ABCD	10.ABC	11.ABC	12.ABCD
13.ABCD	14.ABC	15.ACD	16.ACD	17.BC	18.BD
19.AC	20.ABC	21.BC	22.ABCD	23.ACD	24.AC

四、综合题

解答：（1）该公司的行为属于逃税罪。

（2）税务机关对该公司的处罚不正确。

（3）逃税数额占应纳税额的比重=176 400÷（176 400+400 000）×100%=30.6%

（4）税务机关除追缴税款176 400元以外，因为逃税数额超过应纳税额的30%，并且逃税数额在10万元以上，根据《中华人民共和国刑法》，应处纳税人3～7年有期徒刑，并处罚金。

第10章

一、判断题

1.×	2.×	3.×	4.○	5.×	6.○	7.○	8.×	9.○
10.○	11.○	12.×	13.○	14.○	15.○	16.×	17.×	18.○
19.○	20.×	21.○	22.○	23.×	24.○	25.○	26.×	27.○
28.×	29.○	30.×	31.×	32.×	33.○	34.×	35.×	36.○
37.○	38.×	39.○	40.×	41.×	42.×	43.○	44.○	45.○
46.×	47.○	48.×	49.○	50.○	51.×	52.×	53.×	54.○
55.○								

二、单项选择题

1.D	2.C	3.D	4.D	5.A	6.B	7.B	8.D	9.C

10.C 11.D 12.B 13.C 14.D 15.C 16.C 17.A 18.A
19.D 20.B 21.A 22.B 23.D 24.A 25.C 26.D 27.B
28.B 29.B 30.D

三、多项选择题

1.ABC 2.AB 3.ABCD 4.ACD 5.ACD 6.BCD
7.ABD 8.BCD 9.ABCD 10.ACD 11.ABC 12.ABCD
13.AC 14.AD 15.AC 16.ACD 17.BCD 18.ABCD
19.ABD 20.ABC 21.ACD 22.ABCD 23.AB 24.ACD
25.ABCD 26.ABD 27.AC 28.ACD 29.ABC

四、综合题

解答：(1) 该百货商场计算申报的当月应纳增值税税款是错误的。

①代销服装应视同销售并将其零售价换算为不含税价，计算销项税额。

②购入副食货款已付并取得专用发票，其进项税额可抵扣。

③购入化妆品货款未全付清，进项税额不得抵扣，即使未付款的商品已退货，但未正式取得主管税务机关开具的进货退出证明单，取得厂家开具的红字专用发票也属无效。

④分期付款购入钢琴，在货款未付清之前，不得抵扣进项税额。

⑤以旧换新销售冰箱，不得扣减旧货物的收购价格（300元），且零售价应换算为不含税销售额计算销项税额。

⑥分期收款销售钢琴取得的零售收入，应按不含税价格计算应纳税额。

⑦该商场其他商品零售总额应换算为不含税销售额计算销项税额。

⑧计算该百货商场当期应纳增值税税款：

销项税额=3.6÷10%×（1+13%）×13%+0.3÷（1+13%）×13%×136+4.68÷（1+13%）×13%×2×50%+168÷（1+13%）×13%

=28.70（万元）

进项税额=8.32+3.26=11.58（万元）

应纳税额=28.70−11.58=17.12（万元）

(2) 构成逃税罪的数额标准是逃税数额占应缴税额的10%以上且超过1万元，该百货商场不构成逃税罪（17.12−15.85=1.27（万元），1.27÷17.12=7.42% < 10%）。

(3) 该百货商场应向其主管税务机关的上一级税务机关提出复议申请；被申请人是其主管税务机关；复议机关应在60日内作出处理决定；该百货商场不可就此案直接向法院提起行政诉讼，因为对征税行为引起的争议，当事人在向法院起诉前，必须先经税务机关行政复议。

附录2 期末测试题及参考答案

期末测试题

（1～40题每题1分，41～70题每题2分，共计100分）

一、判断题（正确的打“○”，错误的打“×”）

1. 税法是国家制定的用以调整国家与纳税人之间在征纳税方面的权利与义务关系的法律规范的总称。（ ）

2. 我国税收法律的立法权由全国人大及其常委会行使，其他任何机关都没有制定税收法律的权力。（ ）

3. 我国现行增值税、消费税等税法的暂行条例都是由国务院颁布的，因此国务院也是税收立法机关。（ ）

4. 流转税之所以称为间接税，是由于这些税种都是按照商品和劳务收入计算征收的，而这些税种虽然是由纳税人负责缴纳，但最终是由商品和劳务的购买者即消费者负担的。（ ）

5. 从各国所得税实践看，列入课税范围的所得一般应是合法收入，非法收入不予课税。（ ）

6. 融资租赁单位将租赁物的所有权转让给承租方的，征收增值税；未转移给承租方的，不征收增值税。（ ）

7. 企业购进原材料发生非正常损失，应从当期进项税额中扣除损失原材料的进项税额。（ ）

8. 工业企业发生销货退回，可冲减本企业当期的销售收入和销项税额。（ ）

9. 小规模纳税人出口的自用旧设备和外购旧设备，实行免税不退税的政策。（ ）

10. 单位和个人进口货物属于消费税征税范围的，在进口环节也要缴纳消费税。（ ）

11. 我国税法关于居民所得税国际重复征税的避免方法是全额税收抵免。（ ）

12. 个体工商户发生的支出中允许在个人所得税税前扣除的是生产经营过程中发生的财产转让损失。（ ）

13. 根据现行税法的规定，转让使用了3年的小面包车的收入属于个人所得税应税事项。（ ）

14. 纳税人转让未竣工结算房地产开发项目50%股权，应进行土地增值税清算。（ ）

15. 在确定财产租赁所得的纳税义务人时，应以产权凭据为依据；对无产权凭据的，以实际取得租金收入的个人为纳税义务人。（ ）

16.对在中国境内开采原油的单位和个人，应依法征收资源税，但对进口原油的单位和个人不征收资源税。（ ）

17.纳税人取得的非货币性资产应当按照公允价值确定收入额，公允价值是指按成本确定的价值。（ ）

18.施工单位在签订建筑工程承包合同时，应按承包总额计征印花税。（ ）

19.企业以房产投资名义与其他企业联营，取得固定收入而不承担联营风险的，应按取得的固定收入计征所得税和房产税。（ ）

20.某重点国有企业受让一国有土地使用权，因企业经营国家扶持项目，特免收土地出让金1 000万元。企业未支付土地出让金，因此同时免征契税。（ ）

二、单项选择题（错选、不选均不得分）

21.下列有关我国税收执法权的表述中，正确的是（ ）。

A.经济特区有权自行制定涉外税收的优惠措施

B.除少数民族自治地区和经济特区外，各地不得擅自停征全国性的地方税种

C.中央和地方共享税原则上由地方税务机构负责征收

D.各省级人民政府及其税收主管部门可自行调整当地涉外税收的优惠措施，但应报国务院及其税务主管部门备案

22.税收法律关系中的权利主体是指（ ）。

A.征税方 B.纳税方 C.征纳双方 D.政府

23.为解决超额累进税率计算复杂的问题，累进税率表中一般规定有（ ）。

A.比例税率 B.累进税率 C.平均税率 D.速算扣除数

24.如果纳税人通过转让定价或其他方法减少计税依据，税务机关有权重新核定计税依据，以防止纳税人偷税与避税，这样处理体现了税法基本原则中的（ ）。

A.税收法律主义原则 B.税收公平主义原则

C.税收合作信赖主义原则 D.实质课税原则

25.将购买的货物用于下列项目，其进项税额准予抵扣的是（ ）。

A.用于修建展厅 B.用于发放奖品

C.无偿赠送给客户 D.作为发放职工的福利

26.下列税费中，应计入进口货物关税完税价格的是（ ）。

A.单独核算的境外技术培训费

B.报关时海关代征的增值税和消费税

C.进口货物运抵我国境内输入地点起卸前的保险费

D.由买方单独支付的入关后的运输费用

27. 2020年10月，境外某公司为我国甲企业提供技术咨询服务，取得含税价款300万元，该境外公司在境内未设立经营机构，也没有其他境内代理人，则甲企业应当扣缴的增值税税额是（ ）万元。

A.16.98 B.21.45 C.43.59 D.8.74

28.下列汽车应征收车船税的是（ ）。

A.非机动车船 B.外资银行自用的汽车

C.捕捞用渔船 D.武警部队专用的汽车

29.下列各项中，应缴纳契税的是（　　）。

A.销售房屋的企业　　B.企业受让土地使用权

C.企业将厂房抵押给银行　　D.个人承租居民住宅

30.纳税人取得的下列项目中，不需要缴纳企业所得税的是（　　）。

A.技术转让收入

B.企业按规定取得的出口退税款（增值税）

C.即征即退、先征后退、先征后返的各种税收

D.直接减免的增值税

31.个人取得的财产转租收入，属于个人所得税征税对象中的（　　）。

A.偶然所得　　B.财产转让所得　　C.其他所得　　D.财产租赁所得

32.下表为经税务机关审定的某国有企业2015—2020年的应纳税所得额情况，假设该企业一直执行5年补亏规定，则该企业2020年的应纳税所得额为（　　）万元。

年份	2015	2016	2017	2018	2019	2020
应纳税所得额（万元）	-50	20	-40	20	20	20

A.10　　B.20　　C.0　　D.-10

33.王某的一篇论文被编入某论文集出版，取得稿酬5 000元；当年因添加印数又取得追加稿酬2 000元。上述王某所获稿酬应预扣预缴个人所得税（　　）元。

A.728　　B.784　　C.812　　D.868

34.商业企业购进货物，其进项税额申报抵扣时间是（　　）。

A.向销货方付款后　　B.购进的货物已验收入库后

C.购销合同签订后　　D.专用发票经税务机关验证后

35.下列所得中，免于征收个人所得税的是（　　）。

A.企业职工李某领取原提存的住房公积金

B.王某在单位任职表现突出获得5万元特别奖金

C.退休教师张某受聘另一高校兼职教授每月取得4 000元工资

D.徐某因持有某上市公司股份取得该上市公司年度分红

36.甲企业将一台大货车租给乙企业使用，年租金2万元，并签订了大货车的租赁合同，但合同上没有确定谁是车船税的纳税人，则该大货车的车船税纳税人为（　　）。

A.甲　　B.乙　　C.甲、乙都是　　D.甲、乙都不是

37.下列关于房产税的说法中，正确的是（　　）。

A.销售房产的，以销售价格计税

B.出租房产，租赁双方签订的租赁合同约定有免收租金期限的，免租期间由产权所有人缴纳房产税

C.融资租赁房屋的，以租金收入计税

D.以房产投资联营，共担风险的，由投资方按照房产余值缴纳房产税

38.下列各项中，应当征收土地增值税的是（　　）。

A.公司与公司之间互换房产　　B.房地产开发公司为客户代建房产

C.兼并企业从被兼并企业取得房产　　D.双方合作建房后按比例分配自用房产

39.下列各项中，应视同销售货物行为计征增值税的是（　　）。

A.将委托加工收回的货物用于连续生产　B.动力设备的检修

C.销售代销的货物　D.邮局出售集邮商品

40.增值税纳税人的下列项目中，不缴纳增值税的是（　　）。

A.随同货物一并销售的包装物　B.随同货物销售收取的包装物租金

C.逾期的白酒包装物押金　D.收取的白酒包装物押金

三、多项选择题（错选、多选、少选均不得分）

41.税收法律关系消灭的原因主要有（　　）。

A.税法的废止　B.履行了纳税义务

C.免除了纳税义务　D.纳税主体消失

42.从各国所得税的实践看，列入课税范围的所得一般应具有的特征有（　　）。

A.所得的实在性　B.所得的连续性　C.所得的合理性　D.所得的合法性

43.下列未包含在进口货物价格中的项目，应计入关税完税价格的有（　　）。

A.由买方负担的购货佣金

B.由买方负担的包装材料和包装劳务费

C.由买方支付的进口货物在境内的复制权费

D.由买方负担的与该货物视为一体的容器费用

44.下列表述中，正确的有（　　）。

A.消费税是价内税

B.消费税是价外税

C.从价定率征税的消费品，以含消费税不含增值税的销售额为计税依据

D.从价定率征税的消费品，以不含消费税含增值税的销售额为计税依据

45.下列各项中，可以是增值税扣缴义务人的有（　　）。

A.向境外联运企业支付运费的国内运输企业

B.境外单位在境内发生应税行为而在境内未设机构的，其代理人或购买者

C.分包工程的总承包人

D.从事跨地区建筑业工程劳务的劳务接受方（建设单位）

46.根据《企业所得税法》的规定，可以享受减免企业所得税优惠政策的企业有（　　）。

A.符合条件的高新技术产业　B.兼并其他企业继续经营的企业

C.符合条件的小型微利企业　D.符合条件的安排下岗就业企业

47.在计征所得税时，下列项目中允许税前扣除的项目有（　　）。

A.以经营租赁方式租入固定资产的租赁费

B.纳税人按照规定缴纳的残疾人就业保障金

C.保险公司给予纳税人的无赔款优待

D.企业直接捐赠给学校的计算机设备

48.根据《企业所得税法》的规定，下列保险费可以在税前扣除的有（　　）。

A.企业参加财产保险，按规定缴纳的保险费

B.企业为投资者支付的商业保险费

C.企业为职工支付的商业保险费

D.企业依照有关规定为特殊工种职工支付的人身安全保险费

49.某煤矿销售原煤1 200吨，按现行税法的规定应缴纳（　　）。

A.增值税　　B.契税　　C.资源税　　D.城市维护建设税

50.下列有关个人所得税税收优惠的表述中，正确的有（　　）。

A.国债利息和保险赔偿款免征个人所得税

B.个人出租自有居住用房的收入免征个人所得税

C.残疾、孤老人员和烈属的所得可以减征个人所得税

D.外籍个人按合理标准取得的境内、外出差补贴暂免征收个人所得税

四、计算题（错选、不选均不得分）

（一）某外商投资开办电脑生产企业，为增值税一般纳税人。2020年10月生产经营情况如下：

（1）进口电脑元件一批，支付买价260万元、运输费用和保险费用5万元，支付自海关地运往本单位的运输费用2万元、装卸费用和保险费用0.3万元。

（2）在国内采购原材料，支付价款480万元、增值税62.4万元，取得增值税专用发票；支付运输费用8万元，取得运输单位开具的专用发票。

（3）向国外销售电脑1 000台，折合人民币1 200万元；在国内销售电脑800台，取得不含税销售额277万元。

（4）因管理不善，损失当月外购的不含增值税的原材料金额32.79万元（其中含运费成本2.79万元），本月内取得保险公司给予的赔偿金额12万元。

注：关税税率为20%，增值税退税率为10%。

51.该企业当月进口环节应缴纳的关税、增值税合计为（　　）万元。

A.93.88　　B.94.34　　C.120.86　　D.139.68

52.该企业当月采购业务可抵扣的进项税额为（　　）万元。

A.90.46　　B.98.68　　C.104.64　　D.128.68

53.该企业当月进项税额转出额为（　　）万元。

A.35.41　　B.39.08　　C.40.15　　D.45.65

54.该企业当月应缴纳的增值税为（　　）万元。

A.-50　　B.5　　C.0　　D.-35.96

55.该企业当月应退的增值税为（　　）万元。

A.-59　　B.0　　C.56.45　　D.28.48

（二）某汽车厂为增值税一般纳税人，2020年10月主要业务如下：

（1）将小轿车20辆运往外省分支机构用于销售，出厂价13万元/辆，另支付运费2万元、装卸费5 600元，取得运输业专用发票。

（2）销售给某单位同型号小轿车2辆，销售价款总计35.1万元，开具普通发票。

（3）将同型号小轿车1辆转交给本厂售后服务部使用，开具出库单。

（4）购进一批生产原材料，已支付货款和运费，取得的增值税专用发票上注明税款160万元。

（5）购进一批零部件，货款已付，货物已验收入库，取得增值税专用发票上注明税款200万元。

(6) 购买办公用品3万元，取得普通发票。

注：上述业务中取得的增值税专用发票，均已通过税务机关验证（小轿车消费税税率为5%）。

56.当月应纳增值税的销售额是（　　）万元。

A.30　B.35.1　C.203　D.305.33

57.当月应纳消费税的销售额是（　　）万元。

A.0.56　B.35.1　C.305.33　D.450

58.当月销项税额是（　　）万元。

A.5.1　B.5.967　C.31.51　D.39.69

59.当月进项税额是（　　）万元。

A.360.18　B.200.65　C.200.71　D.360.71

60.当月应纳消费税（　　）万元。

A.1.5　B.1.755　C.15.15　D.15.27

（三）某市旅行社2020年10月组织团体旅游，收取旅游费80万元，替旅游者支付给其他单位餐费、住宿费、门票共计40万元，并付给境内接团旅行社20万，收到接团旅行社增值税普通发票。

61.该公司当月应纳增值税销项税额（　　）万元。

A.0.452　B.1.132　C.1.162　D.1.284

62.该公司当月应纳城市维护建设税和教育费附加（　　）万元。

A.0.0452　B.0.1132　C.0.1162　D.0.1284

（四）张某为某企业职员，2020年1月应发工资总额为15 000元，“三险一金”等专项扣除合计为2 000元，与妻子育有一子，经协商子女教育费用由张某扣除。2月在某公司（非任职公司）参加授课培训活动，取得该公司支付的税前一次性劳务报酬所得40 000元。3月取得某出版社支付的税前一次性稿酬15 000元。无其他减免收入及减免税额等情况。

63.张某1月应预扣预缴个人所得税（　　）元。

A.180　B.190　C.200　D.210

64.张某2月劳务报酬应预扣预缴个人所得税（　　）元。

A.7 120　B.7 600　C.7 680　D.7 800

65.张某3月稿酬应预扣预缴个人所得税（　　）元。

A.1 430　B.1 560　C.1 680　D.2 100

五、综合题（错选、不选均不得分）

位于经济特区的某中外合资家电生产企业，某纳税年度发生以下业务：

(1) 销售A产品25 000台，每台不含税单价2 000元，每台销售成本1 500元。

(2) 取得出租设备收入300万元、购买企业债券利息20万元、买卖股票转让所得80万元。

(3) 销售费用450万元（其中广告费用320万元）。

(4) 管理费用600万元（其中业务招待费90万元，支付给未提供服务的关联企业的管理费用20万元）。

(5) 以200台自产A产品作为实物股利分配给其投资方，没有确认收入。

（6）将自产家电10台作为福利发放给本企业的优秀员工，企业会计处理如下：

借：应付职工薪酬　　15 000

　贷：库存商品　　15 000

（7）与乙公司达成债务重组协议，以一批库存商品抵偿所欠乙公司一年前发生的债务180.8万元，该批库存商品的账面成本为130万元，市场不含税销售价为140万元，未作会计处理。

66.全年销售（营业）收入为（　　）万元。

A.4 445　　B.5 482　　C.7 685　　D.4 568

67.全年准予税前扣除的销售成本为（　　）万元。

A.1 200　　B.1 400　　C.3 911.5　　D.4 000

68.全年准予税前扣除的销售费用为（　　）万元。

A.450　　B.500　　C.550　　D.480

69.全年准予税前扣除的管理费用为（　　）万元。

A.466　　B.680　　C.666.8　　D.517.41

70.如准予扣除的相关税费为15万元，纳税年度应纳企业所得税（　　）万元。

A.177.67　　B.297.5　　C.150.43　　D.106.76

参考答案

一、判断题

1.○　2.○　3.○　4.○　5.○　6.×　7.○　8.○　9.○
10.○　11.×　12.○　13.○　14.×　15.×　16.○　17.×　18.○
19.○　20.×

二、单项选择题

21.B　22.C　23.D　24.D　25.C　26.C　27.A　28.B　29.B
30.B　31.D　32.C　33.B　34.D　35.A　36.C　37.B　38.A
39.C　40.C

三、多项选择题

41.ABCD　42.ABCD　43.BD　44.AC　45.BCD　46.AC
47.AB　48.AD　49.ACD　50.ACD

四、计算题

51.答案B。进口环节应纳关税=（260+5）×20%=53（万元）；进口环节应纳增值税=（260+5+53）×13%=41.34（万元）。当月进口环节应纳关税和增值税=53+41.34=94.34（万元）。

52.答案C。当月采购业务可抵扣的进项税额=41.34+2×9%+62.4+8×9%=104.64（万元）。

53.答案C。当月进项税额转出额=（32.79−2.79）×13%+2.79×9%+1 200×（13%−10%）=40.15（万元）。

54.答案C。当月应纳增值税=277×13%−（104.64−40.15）=−28.48（万元），应纳税额小于0，不交增值税。

55. 答案D。当月免抵退税额=1 200×10%=120（万元），其（120万元）大于未抵扣完的进项税额28.48万元。故当月应退增值税28.48万元。

56. 答案D。应纳增值税的销售额=13×20+35.1÷（1+13%）+［13+35.1÷（1+13%）÷2］÷2×1=305.33（万元）。

57. 答案C。应纳消费税的销售额=305.33万元。

58. 答案D。销项税额=305.33×13%=39.69（万元）。

59. 答案A。进项税额=2×9%+160+200=360.18（万元）。

60. 答案D。应纳消费税=305.33×5%=15.27（万元）。

61. 答案B。增值税销项税额=（80−40−20）÷（1+6%）×6%=1.132（万元）。

62. 答案B。当月应纳城市维护建设税和教育费附加=1.132×（7%+3%）=0.1132（万元）。

63. 答案D。1月应预扣预缴个人所得税=（15 000−5 000−2 000−1 000）×3%=210（元）。

64. 答案B。劳务报酬预扣预缴应纳税所得额=40 000×（1−20%）=32 000（元），劳务报酬应预扣预缴个人所得税=32 000×30%−2 000=7 600（元）。

65. 答案C。稿酬预扣预缴应纳税所得额=15 000×70%×（1−20%）=8 400（元），稿酬应预扣预缴个人所得税=8 400×20%=1 680（元）。

五、综合题

66. 答案B。全年销售（营业）收入=（25 000+200+10）×2 000÷10 000+300+140
=5 482（万元）。

67. 答案C。全年准予税前扣除的销售成本=（25 000+200+10）×1 500÷10 000+130
=3 911.5（万元）。

68. 答案A。广告费扣除限额=5 482×15%=822.3（万元），实际广告费用为320万元，未超过限额，可据实扣除，故全年可扣除销售费用为450万元。

69. 答案D。业务招待费扣除限额=5 482×5‰=27.41（万元），实际发生额的60%为54万元（90×60%），准予税前扣除的管理费用=600−90+27.41−20=517.41（万元）。

70. 答案A。债务重组收益=180.8−140−140×13%=22.6（万元），全年应纳税所得额=（5 482+20+80）−3 911.5（成本）−15（相关税费）−450（销售费用）−517.41（管理费用）+22.6（债务重组收益）=710.69（万元）。应纳企业所得税=710.69×25%=177.67（万元）。